城市轨道交通岗位技能培训教材

城市轨道交通运营安全

CHENGSHI GUIDAO JIAOTONG YUNYING ANQUAN

劳动和社会保障部教材办公室
广州市地下铁道总公司 组织编写

中国劳动社会保障出版社

图书在版编目(CIP)数据

城市轨道交通运营安全/劳动和社会保障部教材办公室，广州市地下铁道总公司组织编写. —北京：中国劳动社会保障出版社，2008

城市轨道交通岗位技能培训教材

ISBN 978-7-5045-7235-6

Ⅰ. 城…　Ⅱ. ①劳…②广…　Ⅲ. 城市铁路-交通运输安全-技术培训-教材　Ⅳ. U298

中国版本图书馆 CIP 数据核字(2008)第 099915 号

中国劳动社会保障出版社出版发行

（北京市惠新东街 1 号　邮政编码：100029）

出 版 人：张梦欣

*

北京隆昌伟业印刷有限公司印刷装订　新华书店经销

787 毫米×960 毫米　16 开本　12.25 印张　252 千字

2008 年 6 月第 1 版　2019 年 12 月第 31 次印刷

定价：23.00 元

读者服务部电话：（010）64929211/84209101/64921644

营销中心电话：（010）64962347

出版社网址：http://www.class.com.cn

城市轨道交通岗位技能培训教材
编 委 会

城市轨道交通岗位技能培训教材
——城市轨道交通运营安全
编 审 人 员

主　编　周小南

编　者　万宇辉　李毅雄　陈晓东　张　剑　刘书春
　　　　梁立东　林海泉　林　智　赵春明　孙卫红

主　审　陈　波

参　审　胡文伟　胡铁军　袁　健　桓素娟

序

我国城市轨道交通自 1965 年北京地铁一期工程建设开始，经过 40 余年的建设和发展，取得了显著成就，截至 2007 年底全国已有 11 个城市开通了城市轨道交通，总运营里程达 761 千米。当前城市轨道交通正处于大规模高速发展时期，其中以北京、上海、广州为代表的特大城市已进入网络化建设阶段，尚有沈阳、哈尔滨、杭州、西安、成都等 33 个城市正在建设或规划中。实践证明，发展城市轨道交通是解决大城市交通问题的必由之路，对拉动城市经济的持续发展也起到了重要的作用。

城市轨道交通作用的发挥，依靠系统的安全和高效运营。然而，城市轨道交通系统设备先进、结构复杂，高新技术应用越来越普及，要保障这样庞大系统的安全和高效，必须依靠与之相协调的高素质的人员。轨道交通行业职工队伍中一半以上是技术工人，他们是企业的主体，他们的素质直接关系着企业的生存和发展。因此，企业必须拥有一支高素质的技术工人队伍，培养一批技术过硬、技艺精湛的能工巧匠，才能确保安全生产，提高工作效率，提升非正常情况下的应急应变能力。

岗位技能培训是人才培养的重要途径，是提高企业核心竞争力的重要手段，而岗位技能培训的过程和结果需要适合的培训教材作为技术支撑，广州市地下铁道总公司在多年的实践中对这方面有深切的感受。教材的缺乏使我们下定决心依靠自己的力量编写教材，于是从 1997 年到 2007 年我们陆续编印了 51 种岗位技能培训内部教材，对广州市地下铁道总公司开展职工技术培训、职业技能鉴定提供了强有力的技术支持。

2006年底国家劳动和社会保障部张小建副部长在看到我们的自编教材后积极肯定，并鼓励我们充分发挥企业的优势把教材推向全国以飨国内同行，为我国城市轨道交通事业的发展做出贡献。为了落实部领导的指示，我们与劳动和社会保障部教材办公室合作，在对国内城市轨道交通行业进行广泛调研的基础上，按照相关国家职业标准的要求，调整、规范了岗位名称，推出了系列“城市轨道交通岗位技能培训教材”，涉及站务员、乘务员、车辆检修工、车站设备检修工、变电设备检修工、接触网检修工、通信检修工、信号检修工、自动售检票系统检修工等岗位，同时配备《城市轨道交通运营安全》《城市轨道交通概论》等通用教材。

“城市轨道交通岗位技能培训教材”由广州市地下铁道总公司组织从事城市轨道交通建设和运营管理的专家编写。在教材内容方面，力求技术和操作的全面、完整，在注重操作的基础上，尽可能将理论问题讲解清楚，并在表达上能够深入浅出。该系列教材既可以作为各技能鉴定单位开展城市轨道交通行业工种鉴定的依据，又可作为城市轨道交通管理部门运营和设备检修人员的岗位技能培训教材，还可作为大、中专院校相应专业师生用书。

在全国普遍缺乏轨道交通行业岗位技能培训教材的情况下，广州市地下铁道总公司带着时代赋予的使命感和高度的责任感，填补了这一空白，祝愿每位立志于轨道交通事业的同仁都能学有所获、握有所长，在自己的岗位上创出优异的业绩。

城市轨道交通岗位技能培训教材　编委会

前言

城市轨道交通是现代化大城市广泛采用的一种安全、快速、舒适、环保、运量大的有轨运输工具，城市轨道交通的迅速发展，对改善群众出行条件、解决城市交通拥堵、节约土地资源、促进节能减排、推进产业升级换代、引导城市布局调整、推动城市经济发展，发挥着重要作用。

由于城市轨道交通本身的特点，轨道交通运营安全除了具有安全问题的普遍性外，还有其明显的特殊性，主要表现在四个方面：

一是运营安全影响重大。轨道交通在城市公共交通中的比重越来越大，轨道交通系统一旦发生运营事故，就会影响整条线路甚至波及整个线网，导致运营中断，必然会对整个城市的地面交通造成巨大压力，直接影响社会生产、人民生活和社会安定。

二是运营安全涉及面广。城市轨道交通运营系统由车辆、供电、机电、通信、信号、线路、员工、乘客、周边环境等众多因素组成，犹如一架庞大复杂的联动机，其中任何一个环节出现问题，都可能危及运营安全。

三是运营安全受外界环境影响大。城市轨道交通系统站点多、分布广，社会治安状况、公众对轨道交通安全知识的了解程度等直接影响运营安全；轨道交通一年四季不停地运行，雨雪、风暴等特殊天气都对轨道交通特别是地面、高架线路的运营造成影响。

四是运营安全风险大。轨道交通系统设备先进、结构复杂，加之行车密度大、客流量大，行车安全的风险随之增大。

以上特点决定了城市轨道交通运营必须把安全放在首要位置。为了提高城市轨道交通系统员工的安全意识和安全技能，保证城市轨道交通系统的安全运营，我们在总结多年运营实践经验的基础上，组织编写了《城市轨道交通运营安全》一书。

本书力求系统、全面地阐述城市轨道交通运营的安全知识，适用于我国目前城市轨道交通系统的职工安全教育培训，特别是新员工的安全知识培训，不同城市的轨道交通企业可根据本企业的实际情况有所取舍。

由于编者水平有限，编写经验不足，加上时间有限，书中存在不足之处在所难免，敬请广大使用单位和个人不吝赐教，提出宝贵意见和建议。

广州市地下铁道总公司

目录

第一章

安全管理知识

第一节 安全生产管理概述

一、基本概念

1. 安全

安全泛指没有危险、不出事故的状态。生产过程中的安全指不发生工伤事故、职业病、设备或财产损失。

2. 安全生产

安全生产是指在符合物质条件和工作秩序下进行的生产过程中，防止发生人身伤亡和财产损失等生产事故，消除或控制危险、有害因素，保障人身安全与健康，使设备和设施免受损坏、环境免遭破坏的总称。

3. 安全生产管理

安全生产管理就是针对人们在生产过程中的安全问题，运用有效的资源，发挥人们的智慧，通过人们的努力，进行有关决策、计划、组织和控制等活动，实现生产过程中人与机器设备、物料、环境的和谐，达到安全生产的目标。

安全生产管理的目标是：减少和控制危害，减少和控制事故，尽量避免生产过程中由于事故所造成的人身伤害、财产损失、环境污染及其他损失。安全生产管理包括安全生产法制管理、行政管理、监督检查、工艺技术管理、设备设施管理、作业环境和条件管理等。

安全生产管理的基本对象是企业的员工，同时还涉及企业中的设备设施、物料、环境、财务、信息等各个方面。安全生产管理的内容包括：安全生产管理机构的设置与运作、安全生产责任制、安全生产管理制度、安全生产策划、安全培训教育、安全生产档案等。

4. 事故

《职业健康安全管理体系审核规范》中对事故的定义为：事故是指造成人员死亡、伤害、职业病、财产损失或其他损失的意外事件。从上述定义中可知，事故也包括职业病，但我国一般把事故和职业病分开描述。如果事件的后果是人员死亡、受伤或身体的损害就称为人员伤亡事故，如果没有造成人员伤亡就是非人员伤亡事故。

根据事故造成的人员伤亡或直接经济损失的严重程度，事故一般分为特别重大事故、重大事故、较大事故和一般事故四级。

5. 事故隐患

事故隐患泛指生产系统中可导致事故发生的人的不安全行为、物的不安全状态和管理上的缺陷。综合事故性质分类和行业分类，考虑事故起因，可将事故隐患归纳为 21 类，即火灾、爆炸、中毒和窒息、水害、坍塌、滑坡、泄漏、腐蚀、触电、坠落、机械伤害、煤与瓦斯突出、公路设施伤害、公路车辆伤害、铁路设施伤害、铁路车辆伤害、水上运输伤害、港口码头伤害、空中运输伤害、航空港伤害和其他类隐患。

6. 职业病

我国《职业病防治法》对职业病的定义为：职业病是指企业、事业单位和个体经济组织的劳动者在职业活动中，因接触粉尘、放射性物质和其他有毒、有害物质等因素而引起的疾病。我国法定职业病共有 10 类 115 种。

7. 危险

根据系统安全工程的观点，危险是指系统中存在导致发生不期望的后果的可能性超过了人们的承受程度。一般用危险度来表示危险的程度。在安全生产管理中，危险度用生产系统中事故发生的可能性与严重性表示。

危险与安全是相对的概念，按照系统安全工程的观点，无论安全还是危险都是相对的，安全性与危险性互为补数。

8. 危险源

从安全生产角度解释，危险源是指可能造成人员伤害、疾病、财产损失、作业环境破坏或其他损失的根源或状态。所以，危险源可以是一次事故、一种环境、一种状态的载体，也可以是可能产生不期望的后果的人或物。

9. 重大危险源

广义上说，重大危险源就是可能导致重大事故发生的危险源。

我国《安全生产法》对重大危险源的定义是：重大危险源是指长期或者临时的生产、搬运、使用或者储存危险物品，且危险物品的数量等于或者超过临界量的单元（包括场所和设施）。

二、现代安全生产管理理论

1. 安全生产管理发展历史

安全生产管理随着安全科学技术和管理科学的发展而发展，系统安全工程原理和方法的出现，使安全生产管理的内容、方法、原理都有了很大的拓展。

现代安全生产管理的理论、方法、模式是20世纪50年代进入我国的。在六七十年代，我国开始吸收并研究事故致因理论、事故预防理论和现代安全生产管理思想。八九十年代，开始研究企业安全生产风险评价、危险源辨识和监控，一些企业管理者开始尝试安全生产风险管理。20世纪末，我国几乎与世界工业化国家同步研究并推行了职业健康安全管理体系。进入21世纪以来，我国有些学者提出了系统化的企业安全生产风险管理理论，认为企业安全生产管理是风险管理，管理的内容包含危险源辨识、风险评价、危险预警与监测管理、事故预防与风险控制管理及应急管理等。该理论将现代风险管理完全融入到安全生产管理之中。

2. 事故致因理论

（1）海因里希因果连锁理论。1931年，美国的海因里希在《工业事故预防》一书中论述了事故发生的因果连锁理论，后人称之为海因里希因果连锁理论。该理论把工业伤害事故的发生过程描述为具有一定因果关系事件的连锁，即人员伤亡的发生是事故的结果，事故的发生原因是人的不安全行为或物的不安全状态，人的不安全行为或物的不安全状态是由于人的缺点造成的，人的缺点是由于不良环境或先天的遗传因素造成的。

海因里希将事故因果连锁过程概括为5个因素：遗传及社会环境、人的缺点、人的不安全行为或物的不安全状态、事故、伤害。这种事故因果连锁关系具有多米诺骨牌效应。企业安全工作的中心就是防止人的不安全行为，消除机械的或物质的不安全状态，中断事故连锁的进程，从而避免事故的发生。

（2）能量意外释放理论。1961年，吉布森提出事故是一种不正常的或不希望的能量释放，各种形式的能量是构成伤害的直接原因。因此，应该通过控制能量或控制作为能量达及人体的媒介——能量载体来预防伤害事故。1966年，哈登完善了能量意外释放理论，认为在一定条件下，某种形式的能量能否产生造成人员伤亡事故的伤害取决于能量的大小、接触能量时间的长短和频率以及力的集中程度。根据该理论，可以利用各种屏蔽来防止意外的能量转移，从而防止事故的发生。

（3）系统安全理论。系统安全理论认为，研究事故原因需运用系统论、控制论和信息论的方法，探索人—机—环境之间的相互作用、反馈和调整，辨识事故将要发生时系统的状态特性，特别是与人的感觉、记忆、理解和行为响应等有关的过程特性，从而分清事故的主次原因，使事故预防更为有效。该理论包括许多区别于传统安全理论的创新：

1）在事故致因理论方面，改变了人们只注重操作人员的不安全行为，而忽略硬件故障在事故致因理论中所起作用的传统观念，开始考虑如何通过改善物的系统可靠性来提高复杂系统的安全性，从而避免事故。

2）没有任何一种事物是绝对安全的，任何事物中都潜伏着危险因素。

3）不可能根除一切危险源，但可以减少现有危险源的危险性。

4）由于人的认识能力有限，有时不能完全认识危险源及其风险。即使认识了现有的危险源，随着生产技术的发展，新技术、新工艺、新材料和新能源的出现，又会产生新的危险源。

3. 事故预防与控制的基本原则

事故预防与控制主要应从安全技术、安全教育和安全管理等方面入手，采取相应对策。安全技术对策着重解决物的不安全状态问题，安全教育对策和安全管理对策主要着眼于人的不安全行为问题。安全教育对策主要是使人知道哪里存在危险源，如何导致事故，事故的可能性和严重程度如何，对于可能的危险应该怎么做；安全管理措施则是要求必须怎么做。

三、安全生产“五要素”及其关系

1. 安全生产“五要素”

安全生产“五要素”是指安全文化、安全法制、安全责任、安全科技和安全投入。

其中安全文化即安全意识，是存在于人们头脑中，支配人们行为是否安全的思想。安全法制是指安全生产法律法规和安全生产执法。安全责任主要是指搞好安全生产的责任心。安全科技是指安全生产科学与技术。安全投入是指保证安全生产必需的经费。

2. 安全生产“五要素”之间的关系

安全生产“五要素”既相对独立，又是一个有机统一的整体，相辅相成，互为条件。其中安全文化是灵魂和统帅，是安全生产工作的基础和精神指向。安全法制是安全生产工作进入规范化和制度化的必要条件，是开展其他各项工作的保障和约束。安全责任是进一步落实安全法制的手段，是安全法律法规的具体化。安全科技是保证安全生产工作现代化的工具。安全投入为其他各个因素能够开展提供物质保障。

四、职业健康安全管理体系

职业健康安全管理体系是 20 世纪 80 年代兴起的现代安全生产管理模式，它与 ISO 9000、ISO 14000 等标准化管理体系一样被称为后工业化时代的管理方法。

国际社会对职业健康安全管理体系普遍关注，一些发达国家率先开展了实施职业健康安全管理体系的活动。2001 年 12 月，原国家经贸委根据我国实际情况颁布了《职业健康安全管理体系指导意见》和《职业健康安全管理体系审核规范》。国家质量监督检验检疫总局根据我国开展职业健康安全管理体系工作的具体情况，颁布了国家标准《职业健康安全管理体系规范》（GB/T 28001—2001），进一步规范了这项工作的开展。

1. 职业健康安全管理体系的运行模式

职业健康安全管理体系是一套系统化、程序化，同时具有高度自我约束、自我完善机制的科学管理体系。实施职业健康安全管理体系，不仅可以强化企业的安全管理，完善企业安全生产的自我约束机制和激励机制，达到保护职工安全与健康的目的，也有利于增强企业的凝聚力和竞争力。

职业健康安全管理体系以著名的戴明管理思想，即“戴明模式”或称为PDCA模型为基础。一个组织的活动可分计划（Plan）、行动（Do）、检查（Check）、改进（Act）四个相互联系的环节来实现，通过此类方式可有效改善组织的职业健康安全管理绩效。

（1）计划环节。计划环节是对管理体系的总体规划，包括：确定组织的方针、目标；配备必要的资源，包括人力、物力资源等；建立组织机构，规定相应的职责、权限及其相互关系；识别管理体系运行的相关活动或过程，并规定活动或过程的实施程序和作业方法等。

（2）行动环节。按照计划所规定的程序（如组织机构、程序和作业方法等）实施。实施过程与计划的符合性及实施的结果决定了能否达到预期目标，所以，保证所有活动在受控状态下进行是实施的关键。

（3）检查环节。检查环节是为了确保计划行动的有效实施，需要对计划实施效果进行检查衡量，并采取措施修正可能产生的行为偏差。

（4）改进环节。管理过程不可能是一个封闭的系统，需要随着管理的进程，针对管理活动中发现的缺陷或根据变化的内外部条件，不断进行管理活动的调整、完善。

2. 职业健康安全管理体系要素

《职业健康安全管理体系规范》所规定的职业健康安全管理体系依据PDCA管理模式，提出了由职业健康安全方针、策划、实施与运行、检查与纠正措施、管理评审所组成的五大基本运行过程。其要素包括：

（1）总要求。组织应建立并保持职业健康安全管理体系。

（2）职业健康安全方针。组织应有一个经最高管理者批准的职业健康安全方针，该方针应阐明职业健康安全总目标和改进职业健康安全绩效的承诺。职业健康安全方针应：

1）适合于组织的职业健康安全风险的性质和规模。

2）包括持续改进的承诺。

3）包括组织至少遵守现行职业健康安全法规和组织接受的其他要求的承诺。

4）形成文件，实施并保持。

5）传达到全体员工，使其认识各自的职业健康安全义务。

6）可为相关方所获取。

7）定期评审，以确保其与组织保持相关和适宜。

（3）策划。策划是组织建立与运行职业健康安全管理体系的启动阶段，目的是对如何实现职业健康安全方针作出明确的规划。该阶段包括四个要素：对危险源辨识、风险评价和风险控制的策划，法规和其他要求，目标，职业健康安全管理方案。

（4）实施与运行。实施与运行的目的是开发实现组织的方针、目标和指标所需要的能力和支持机制，以确保体系的有效运行和计划内容的有效实施。这一大要素包括：机构和职责，培训、意识和能力，协商与沟通，文件，文件和资料的控制，运行控制，应急准备和响应，共七个要素。

（5）检查与纠正措施。组织应通过检查与纠正措施这一基本过程来经常和定期地监督、测量和评价管理体系的运行情况，对发生偏离职业健康安全方针、目标和指标的情况及时加以纠正，并防止事故、事件和不符合事项的再次发生。这一大要素包括：绩效测量和监视，事故、事件、不符合、纠正和预防措施，记录和记录管理，审核，共四个要素。

（6）管理评审。组织的最高管理者应按规定的时间间隔对职业健康安全管理体系进行评审，以确保体系的持续适宜性、充分性和有效性。管理评审过程应确保收集到的信息以供管理者进行评价。管理评审应形成文件。

管理评审应根据职业健康安全管理体系审核的结果、环境的变化和对持续改进的承诺，指出可能需要修改的职业健康安全管理体系方针、目标和其他要素。

3. 建立职业健康安全管理体系的步骤

不同的组织在建立、完善职业健康安全管理体系时，可根据自己的特点和具体情况，采取不同的步骤和方法。但总体来说，建立职业健康安全管理体系一般要经过下列基本步骤：

（1）前期准备。包括最高管理者在内的全员培训，是建立和保持职业健康安全管理体系的基本保证。组织要针对不同的人员组织不同形式的培训。为保证职业健康安全管理体系的顺利实施，组织应明确管理者代表，确定体系，建立负责机构，以及与体系有关的各单位的工作任务。

（2）初始状态评审。初始状态评审是建立职业健康安全管理体系的基础和关键环节。其主要目的是了解组织的职业健康安全管理现状，为建立体系收集信息，确定职业健康安全绩效持续改进的依据。

（3）体系策划。包括：制定职业健康安全方针、目标和管理方案；进行职能分析和机构确定；进行职能分配；确定职业健康安全管理体系文件的结构和各层次文件清单等。

（4）文件编写。文件是职业健康安全管理体系的主要特点之一。对体系策划的结构形成适用的权威性的文件，是对各类组织风险有效控制和管理的保证。

（5）体系运行。通过体系运行，检验体系策划与设计及文件的充分性、有效性和适宜性，充分发现体系存在的问题，利用体系自我发现、自我纠正和自我完善的机制，使体系不断得到完善。

（6）监督和评审。及时发现职业健康安全管理体系运行过程中出现的问题，是体系不断完善和改进的重要手段，通过体系自身的各种监督机制，检查体系是否按计划运行，判定体系的有效性、适宜性和充分性。

(7) 纠正和预防。为保证体系能够有效发挥作用，对检查中发现的问题必须采取纠正措施，以保证体系按计划实施。为防止类似的问题重复出现，还应制定相应的预防措施，并保证实施。

(8) 持续改进和保持。“建立和保持”是职业健康安全管理体系的重要要求，体系能否持续有效和适用，保持是关键。体系保持是根据组织情况和外部环境的变化而动态适应的过程。

4. 职业健康安全管理体系认证实施程序

职业健康安全管理体系认证是依据审核准则，由获得认可资格的认证机构，对受审核方的职业健康安全管理体系实施认证及认证评定，确认受审核方的职业健康安全管理体系的符合性，并颁发认证证书与标志的过程。

职业健康安全管理体系认证具有以下特征：认证的对象是组织的职业健康安全管理体系；认证的依据是职业健康安全管理体系规范；认证的方法是由认证机构派遣审核人员对组织的职业健康安全管理体系进行评定，提交审核结论，获得认证的结果；组织通过认证机构的审核，最终取得认证机构的职业健康安全管理体系认证证书和认证标志，证书和标志将向外部相关方证明，该组织的职业健康安全管理体系符合职业健康安全管理体系规范的要求；认证的性质：职业健康安全管理体系认证是第三方从事的活动，第三方是独立于第一方（供方）和第二方（需方）之外的一方，强调这一点是为了确保认证活动的公正性。

五、我国安全生产管理现状

1. 我国的安全生产方针

我国安全生产工作的基本方针为：安全第一，预防为主。

2. 安全生产法律法规体系建设

改革开放以来，我国相继制定并颁布了近二十部有关安全生产的法律和行政法规，如《海上交通法》《铁路法》《矿山安全法》《民航法》《煤炭法》《公路法》《建筑法》《消防法》和《安全生产法》等。这些法律和行政法规对依法加强安全生产管理工作发挥了重要作用，促进了安全生产法制建设。其中，2002 年颁布实施的《安全生产法》，全面、完整地反映了国家关于加强安全生产监督管理的基本方针、基本原则，确定了各行业、各部门和各类企业普遍适用的安全生产基本管理制度，并对安全生产管理中普遍存在的共性的、基本的法律问题做出了统一规范。以《安全生产法》为核心，包括法律、行政法规、部门规章及地方性安全生产法规和规章在内的我国安全生产法律法规体系正在逐步建立并完善。

3. 安全生产监督管理

我国目前实行的是国家监察、地方监管、企业负责的安全工作体制。在国家与行政管理部门之间，实行的是综合监管和行业监管；在中央政府与地方政府之间，实行的是国家监察与地方监管；在政府与企业之间，实行的是政府监管与企业管理。

第二节　企业安全管理知识

一、安全生产责任制

1. 安全生产责任制的定义

安全生产责任制是按照“安全第一，预防为主”的安全生产方针和“管生产必须管安全”的原则，将各级负责人员、各职能部门及其工作人员和各岗位生产人员在安全生产方面应做的事情和应负的责任加以明确规定的一种制度。安全生产责任制是企业岗位责任制和经济责任制的重要组成部分，是企业各项安全生产规章制度的核心，同时也是企业最基本的安全管理制度。

2. 建立安全生产责任制的目的

建立安全生产责任制的目的，一方面是增强企业各级负责人员、各职能部门及其工作人员和各岗位生产人员对安全生产的责任感；另一方面是明确企业各级负责人员、各职能部门及其工作人员和各岗位生产人员在安全生产中应履行的职责，以充分调动各部门和各级人员在安全生产方面的积极性和主观能动性，确保安全生产。

3. 建立安全生产责任制的要求

建立一个完善的安全生产责任制的总体要求是：横向到边、纵向到底，并由企业的主要负责人组织建立。具体要求如下：

（1）必须符合国家安全生产法律法规和方针、政策的要求。

（2）与企业管理体制协调一致。

（3）要根据本单位、部门、班组、岗位的实际情况制定，既明确、具体，又具有可操作性，防止形式主义。

（4）有专门的人员与机构制定和落实，并应适时修订。

（5）应有配套的监督检查等制度，以保证安全生产责任制得到真正落实。

4. 安全生产责任制的主要内容

安全生产责任制的内容主要包括两个方面：一是纵向方面，即从上到下所有人员的安全生产职责；二是横向方面，即各职能部门（包括党、政、工、团）的安全生产职责。

企业在建立安全生产责任制时，在纵向方面至少应包括下列几类人员：

（1）企业的主要负责人。企业的主要负责人是本单位安全生产的第一责任人，对安全生产工作全面负责。《安全生产法》第十七条规定其职责为：

1）建立、健全本单位安全生产责任制。

2）组织制定本单位安全生产规章和操作规程。

3）保证本单位安全生产投入的有效实施。

4）督促、检查本单位的安全生产工作，及时消除生产安全事故隐患。

5）组织制定并实施本单位的生产安全事故应急救援预案。

6）及时、如实报告生产安全事故。

应根据上述六个方面，并结合本单位的实际情况对主要负责人的职责做出具体规定。

（2）生产经营单位其他负责人。企业其他负责人的职责是协助主要负责人搞好安全生产工作。不同的负责人分管的工作不同，应根据其具体分管工作，对其在安全生产方面应承担的具体职责做出规定。

（3）生产经营单位各职能部门负责人及其工作人员。各职能部门的安全生产职责需根据各部门职责分工做出具体规定。各职能部门负责人的职责是按照本部门的安全生产职责，组织有关人员做好本部门安全生产责任制的落实，并对本部门职责范围内的安全生产工作负责，各职能部门的工作人员则是在本人职责范围内做好有关安全生产工作，并对自己职责范围内的安全生产工作负责。

（4）班组长。班组是搞好生产经营单位安全生产工作的关键环节。班组长全面负责本班组的安全生产工作，是安全生产法律、法规和规章制度的直接执行者。班组长的主要职责是贯彻执行本单位对安全生产的规定和要求，督促本班组的工人遵守有关安全生产制度和安全操作规程，切实做到不违章指挥，不违章作业，遵守作业纪律。

（5）岗位工人。岗位工人对本岗位的安全生产负直接责任。岗位工人的主要职责是接受安全生产教育和培训，遵守有关安全生产规章和安全操作规程，遵守劳动纪律，不违章作业。特种作业人员必须接受专门的培训，经考核合格取得操作资格证书方可上岗作业。

二、企业安全生产管理的组织保障

企业的安全生产管理必须有组织上的保障，否则安全生产管理工作就无从谈起。安全生产管理的组织保障主要包括两个方面：一是安全生产管理机构的保障，二是安全生产管理人员的保障。

安全生产管理机构是指企业中专门负责安全生产监督管理的内设机构。安全生产管理人员是指在企业从事安全生产管理工作的专职或兼职人员。在企业专门从事安全生产管理工作的人员是专职安全生产管理人员；在企业既承担其他工作职责同时又承担安全生产管理职责的人员则为兼职安全生产管理人员。

三、生产投入与安全技术措施计划

1. 对安全生产投入的基本要求

企业必须安排适当的资金，用于改善安全设施，进行安全教育培训，更新安全技术装备、器材及其他安全生产设备设施，以保证生产经营单位达到法律、法规、标准规定的安全生产条件，并对由于安全生产必需的资金投入不足而导致的事故后果承担责任。

对于安全生产投入资金，一般来说，股份制企业、合资企业由董事会予以保证；一般国有企业由厂长或者经理予以保证；个体工商户等个体经济组织由投资人予以保证。上述保证人承担由于安全生产所必需的资金投入不足而导致事故后果的法律责任。

安全生产投入主要用于以下方面：

（1）建设安全和卫生技术措施工程，如防火防爆工程、通风除尘工程等。

（2）增设和更新安全设备、器材等，以及这些安全设备、器材的日常维护。

（3）重大安全生产课题的研究。

（4）按照国家标准为职工配备劳动保护用品和设施。

（5）职工的安全生产教育和培训。

（6）其他有关预防事故发生的安全技术措施费用，如用于制定及落实生产事故应急救援预案等。

2. 编制安全技术措施计划的基本原则

（1）安全技术措施计划与安全技术措施

1）安全技术措施计划。安全技术措施计划是企业生产财务计划的一个组成部分，是改善企业生产条件、有效防止事故和职业病的重要保证措施。为保证安全资金的有效投入，企业应编制安全技术措施计划。

在《安全生产法》《安全技术措施计划项目总名称表》《关于安排落实劳动保护措施经费的通知》等法律法规和文件中均对编制安全技术措施计划提出了明确的要求。

2）安全技术措施。安全技术措施是指运用工程技术手段消除物的不安全因素，实现生产工艺和机械设备等生产条件本质安全的措施。安全技术措施是安全技术措施计划的核心。

安全技术措施按照导致事故原因的不同可分为防止事故发生的安全技术措施和减少事故损失的安全技术措施。其中，防止事故发生的安全技术措施有：消除危险源、限制能量或危险物质、隔离、故障—安全设计、减少故障和失误；减少事故损失的安全技术措施有：隔离、设置薄弱环节、个体防护、避难与救援。此外，安全监控系统作为防止事故发生和减少事故损失的安全技术措施，是发现系统故障和异常的重要手段。

（2）编制安全技术措施计划应遵循的原则

1）必要性和可行性原则。

2）自力更生与勤俭节约的原则。

3）轻重缓急与统筹安排的原则。

4）领导和群众相结合的原则。

（3）安全技术措施计划的基本内容

1）措施应用单位或工作场所。

2）措施名称。

3）措施的目的和内容。

4）经费预算及来源。

5）负责施工的单位或负责人。

6）开工日期和竣工日期。

7）措施的预期效果及检查验收。

（4）安全技术措施计划的编制方法

1）确定措施计划编制时间。

2）布置措施计划编制工作。

3）确定措施计划的项目和内容。

4）编制措施计划。

5）审批措施计划。

6）下达措施计划。

四、安全生产教育培训

1. 安全生产教育的对象和内容

（1）对企业主要负责人的教育培训

1）基本要求。企业主要负责人必须按照国家有关规定进行安全生产培训，经培训单位考核合格并取得安全培训合格证后方可任职。所有单位主要负责人应进行安全生产再培训。

2）安全生产教育培训的主要内容

①国家安全生产方针、政策和有关安全生产的法律法规及标准。

②安全生产管理基本知识、安全生产技术、安全生产专业知识。

③重大危险源管理、重大生产安全事故防范、应急管理和救援组织及事故调查处理的有关规定。

④职业危害及其预防措施。

⑤国内外的先进安全生产管理经验。

⑥典型生产安全事故和应急救援案例分析。

⑦其他需要培训的内容。

3）安全生产再培训的主要内容

①有关安全生产的法律法规、规章、规程、标准和政策。

②安全生产的新技术、新知识。

③安全生产管理经验。

4）培训时间。建筑施工单位主要负责人安全资格培训时间不得少于 48 学时，每年再培训时间不得少于 16 学时。其他单位主要负责人安全生产管理培训时间不得少于 32 学时，每年再培训时间不得少于 12 学时。

（2）对安全生产管理人员的教育培训

1）基本要求。建筑施工单位的安全生产管理人员必须经安全生产监督管理部门或法律法规规定的有关主管部门考核合格并取得安全资格证书后方可任职。其他单位安全生产管理人员必须按照国家有关规定进行安全生产培训，经培训单位考核合格并取得安全培训合格证后方可任职。所有单位安全生产管理人员每年应进行安全生产再培训。

2）安全生产教育培训的主要内容

①国家安全生产方针、政策和有关安全生产的法律法规及标准。

②安全生产管理、安全生产技术、职业卫生等知识。

③伤亡事故统计报告及职业危害的调查处理方法。

④应急管理、应急预案编制及应急处置的内容和要求。

⑤国内外的先进安全生产管理经验。

⑥典型生产安全事故和应急救援案例分析。

⑦其他需要培训的内容。

3）安全生产再培训的主要内容

①有关安全生产的法律法规、规程和政策。

②安全生产的新技术、新知识。

③安全生产管理经验。

④典型生产安全事故案例。

4）培训时间。危险物品生产、经营、储存单位及矿山、烟花爆竹生产单位、建筑施工单位的安全管理人员安全资格培训时间不得少于48学时，每年再培训时间不得少于16学时。其他企业的安全生产管理人员安全生产管理培训时间不得少于32学时，每年再培训时间不得少于12学时。

（3）特种作业人员的教育培训

1）对特种作业人员的培训、考核和取证要求。特种作业人员上岗前必须进行专门的安全技术和操作技能的培训与考核，并经考核合格，取得《特种作业人员操作证》后方可上岗。特种作业人员的培训实行全国统一培训大纲、统一考核标准、统一证件制度，《特种作业人员操作证》由国家统一印制，地、市级以上行政主管部门负责签发，全国通用。特种作业人员安全技术考核包括安全技术理论考试与实际操作技能考核两部分，以实际操作技能考核为主。

2）特种作业人员重新考核和证件的复审要求。离开特种作业岗位达6个月以上的特种作业人员，应当重新进行实际操作技能考核，经确认合格后方可上岗作业。取得《特种作业人员操作证》者，每两年进行一次复审。连续从事本工种10年以上的，经用人单位进行知识更新教育后，每四年复审一次。复审的内容包括健康检查、违章记录检查、安全新知识和事故案例教育、本工种安全知识考试。未按期复审或复审不合格者，其操作证自行失效。

（4）对企业其他从业人员的教育培训

1）对企业其他从业人员。生产经营单位其他从业人员是指除主要负责人和安全生产管理人员以外，该单位从事生产经营活动的所有人员，包括其他负责人、管理人员、技术人员和各岗位的工人，以及临时聘用的人员。

2）对新从业人员。对新从业人员应进行厂级、车间级、班组级三级安全生产教育培训。

厂级安全教育培训的内容主要是：本单位安全生产情况及安全生产基本知识；本单位安全生产规章制度和劳动纪律；从业人员的安全生产权利和义务；有关事故案例。

车间级安全生产教育培训的内容主要是：本车间安全生产状况和规章制度；工作环境及危险因素；所从事工种可能遭受的职业伤害和伤亡事故，所从事工种的安全职责、操作技能及强制性标准；自救、互救、急救方法，疏散和现场紧急情况的处理；安全设备设施、工人防护用品的使用和维护；预防事故和职业危害的措施以及应注意的安全事项；有关事故案例；其他需要培训的内容。

班组级安全生产教育培训的内容主要是：岗位安全操作规程；岗位之间工作衔接配合的安全与职业卫生事项；有关事故案例；其他需要培训的内容。

新从业人员安全生产教育培训时间不得少于 24 学时，每年接受再培训的时间不得小于 20 学时。

3）对调整工作岗位或离岗一年以上重新上岗的从业人员。从业人员调整岗位或离岗一年以上重新上岗时，应进行相应的车间级和班组级安全生产教育培训。脱离原岗位半年以上重新上岗时，须重新接受班组级安全教育培训。

企业实施新工艺、新技术或使用新设备、新材料时，应对从业人员进行有针对性的安全生产教育培训。

4）经常性的安全培训。企业要确立终身教育的观念和全员培训的目标，对在岗的从业人员应进行经常性的安全生产教育培训。其主要内容是：安全生产新知识、新技术；安全生产法律法规；作业场所和工作岗位存在的危险因素、防范措施；有关事故案例等。

2. 安全生产教育的形式和方法

安全生产教育的形式有：三级安全教育、特种作业人员安全教育训练、经常性的安全教育等。经常性的安全教育形式有：每天的班前班后会上说明安全注意事项，举办安全活动日、安全生产月、各类安全生产业务培训班，召开安全生产会议、事故现场分析会，张贴安全生产招贴画、宣传标语及标志，开展安全竞赛、安全考试、安全演讲等。

安全生产教育的方法有：课堂讲授法、实操演练法、案例研讨法、读书指导法、宣传娱乐法等。

五、安全生产检查

1. 安全生产检查的定义

安全生产检查是指对生产过程及安全管理中可能存在的隐患、有害与危险因素、缺陷等进行查证，以确定隐患或有害与危险因素、缺陷的存在状态，以及它们转化为事故的条件，以便制定整改措施，消除隐患和有害与危险因素，确保生产的安全。

2. 安全生产检查的内容

安全生产检查的内容包括软件系统和硬件系统。软件系统检查是查思想、查意识、查制度、查管理、查事故处理、查隐患、查整改等。硬件系统检查包括查生产设备、查辅助设施、查安全设施、查作业环境等。

3. 安全生产检查的方式

安全生产检查的方式主要有以下几种：

（1）经常性安全检查。经常性安全检查是采取个别的、日常的巡视方式来实现的。在生产（施工）过程中进行经常性的预防检查能及时发现隐患，及时整改，保证生产的正常进行。经常性安全检查的形式一般有巡回检查、岗位检查、日查等。

（2）定期安全检查。定期安全检查是企业或主管部门定期组织的全面安全检查，如季节性检查、季度检查、半年或年度检查等。这种检查声势浩大，不仅能查出并解决一些隐患问题，而且在客观上还能起到“敲警钟”的作用。

（3）专业性安全检查。专业性安全检查是企业根据安全生产的需要，组织专业人员用仪器和其他检测手段，有计划、有重点地对某项专业工作进行的安全检查。通过检查，可以了解某专业方面的设备可靠程度、维护管理状况、岗位人员的安全技术素质等情况，如锅炉及压力容器安全检查、电气安全检查、起重机安全检查等。

（4）群众性安全检查。群众性安全检查是指发动群众普遍进行的安全检查。如组织职代会代表进行安全检查，检查出的问题以职代会的名义提交行政领导解决，就是群众性安全检查的一种形式。

4. 安全生产检查的方法

（1）常规检查。常规检查是常见的一种检查方法。通常是由安全管理人员作为检查工作的主体，到作业场所的现场，通过感官或辅以一定的简单工具、仪器等，对作业人员的行为、作业场所的环境条件、生产设备设施等进行的定性检查。检查人员通过这一手段，能及时发现现场存在的安全隐患并采取措施消除，纠正施工人员的不安全行为。

常规检查完全依赖检查人员的经验和能力，检查的结果受检查人员个人素质的影响，因此，对检查人员个人素质的要求较高。

（2）安全检查表（SCL）法。安全检查表法是事先把系统加以剖析，列出各层次的不安全因素，确定检查项目，并把检查项目按系统的组成顺序编制成表，以便进行检查或评审。

这种表就叫做安全检查表。安全检查表法是进行安全检查，监督各项安全规章制度的实施，发现和查明各种危险及隐患，及时发现并制止违章行为的一种有力工具。

安全检查表应列举需查明的所有可能会导致事故的不安全因素，注明检查时间、检查者、直接负责人等，以便分清责任。编制安全检查表的主要依据是：有关标准、规程、规范及规定；国内外事故案例及本单位在安全生产管理中的经验；通过系统分析确定的危险部位及防范措施；新知识、新技术、新法规和新标准。

(3) 仪器检查法。机器、设备内部的缺陷以及作业环境条件的真实信息或定量数据，只能通过仪器检查法来进行定量化的检查与测量，发现安全隐患，从而为后续整改提供信息。检查不同对象所用的仪器和手段也不同。

5. 安全生产检查的工作程序

安全生产检查一般包括安全检查准备、实施安全检查、通过分析作出判断、及时作出决定进行处理和整改落实五个步骤。

六、建设项目“三同时”

1. “三同时”的定义

建设项目“三同时”是指生产性基本建设项目中的劳动安全卫生设施，必须与主体工程同时设计、同时施工、同时投入生产和使用，以确保建设项目竣工投产后，符合国家规定的劳动安全卫生标准，保障劳动者在生产过程中的安全与健康。

我国境内的新建、改建、扩建的基本建设项目、技术改造项目和引进的建设项目，包括在我国境内建设的中外合资、中外合作和外商独资的建设项目，都必须执行建设项目“三同时”的要求。

建设项目“三同时”是企业安全生产的重要保障措施，是一种事前保障措施。

2. 主要内容

实施建设项目“三同时”制度，要求与建设项目配套的劳动安全卫生设施，从项目的可行性研究、设计、施工、试生产、竣工验收到投产使用均应与主体同步进行。

(1) 可行性研究。建设单位或可行性研究承担单位在进行可行性研究时，应同时进行劳动安全卫生论证，并将其作为专门章节编入建设项目可行性研究报告中，将劳动安全卫生设施所需资金纳入投资计划。在建设项目可行性研究阶段，应按有关要求实施建设项目劳动卫生预评价。

对符合下列情况之一的，由建设单位自主选择并委托本建设项目设计单位以外的有劳动安全卫生预评价资格的机构进行劳动安全卫生预评价：

1) 中型或限额以上的建设项目。

2) 危险性生产类别为甲类的建设项目。

3) 爆炸危险场所等级为特别危险场所和高度危险场所的建设项目。

4）大量生产或使用Ⅰ级、Ⅱ级危害程度的职业性接触毒物的建设项目。

5）大量生产或使用石棉粉料或含有10%以上游离二氧化硅的建设项目。

6）安全生产监督管理机构确认的其他危险、危害因素大的建设项目。

建设项目劳动安全卫生预评价工作应在建设项目初步设计会审前完成。预评价机构在完成预评价工作并形成预评价报告后，由建设单位将预评价报告交由具备评审资质的单位进行评审后，将预评价报告和评审意见按相关规定一并报相应级别的安全生产监督管理部门审批。

（2）初步设计。设计单位在编制初步设计文件时，应严格遵守我国有关劳动安全卫生的法律、法规和标准，并依据安全生产监督管理机构批复的劳动安全卫生预评价报告中提出的措施建议，同时编制劳动安全卫生专篇，完善初步设计。

（3）施工。施工单位在进行主体工程施工时，应同时严格按照设计的施工图样和要求，对劳动安全卫生设施进行施工，并对劳动安全卫生设施的工程质量负责。

（4）试生产。建设单位在试生产和设备调试阶段，应同时对劳动安全卫生设施进行试生产和设备调试，并对其效果作出评价。

建设单位在试生产之前，应制定出完整的劳动安全卫生方面的规章制度及事故预防和应急处理预案，并按有关法律要求，对相关人员进行安全卫生教育培训和取证。

建设单位在试生产运行正常后、竣工验收之前，应自主选择、委托安全生产监督管理部门认可的机构进行劳动条件检测、危害程度分级和有关设备的安全卫生检测、检验，并将试运行中劳动安全卫生设备的运行情况、措施的效果、检测检验的数据、存在的问题及采取的措施写入建设项目劳动安全卫生验收专题报告。

凡符合需要进行预评价条件的建设项目，还需根据国家有关安全验收评价的法规要求，由建设单位委托具有资质的机构进行安全验收评价，形成安全验收评价报告，并由建设单位将评价报告交由具备评审资质的机构进行评审和出具评审意见。

（5）竣工验收。建设单位在竣工验收之前，应将建设项目劳动安全卫生验收专题报告或验收评价报告及评审意见按相关规定报送相应级别的安全生产监督管理部门审批。

安全生产监督管理机构根据建设部门报送并审批的建设项目劳动安全卫生验收专题报告或验收评价报告及评审意见，进行预验收或专项审查验收，提出劳动安全卫生方面的改进意见，直至建设单位按照预验收或专项审查验收改进意见如期整改后，再进行正式竣工验收。

建设项目劳动安全卫生设施和技术措施经安全生产监督管理部门竣工验收通过后，建设项目应及时办理《建设项目劳动安全卫生验收审批表》。

（6）投产使用。建设项目正式投产使用后，建设单位必须同时将劳动安全卫生设施投产使用。不得擅自将劳动安全卫生设施闲置不用或拆除，并需进行日常维护和保养，确保其效果。

第三节　现场安全管理知识

一、现场安全管理的定义

现场安全管理是指生产经营单位按照国家有关安全生产法规和本单位的安全生产规章制度，以直接消除生产过程中出现的人的不安全行为和物的不安全状态为目的的一种最基层的、具有终结性的安全管理活动。

现场安全管理是最低层次的安全管理活动，是组成生产经营单位安全管理活动的“细胞”，是其他高层次管理活动得以实施的保证。

生产经营单位的现场安全管理水平是其安全管理水平的重要标志。

二、现场安全管理的内容

1. 加强对人的管理，控制违章违纪行为

伤亡事故一般是由人的不安全行为和物的不安全状态所致。在人机系统中，人起着主导作用，物的不安全状态与操作者的操作紧密联系。人的行为受其生理、心理、环境和素质等因素的影响，易产生违章、违纪行为，导致因不安全行为和物的不安全状态而发生的事故。因此，必须严格强化现场管理，控制违章、违纪，防止事故发生。

2. 加强对设备（工具）及作业环境的管理，控制物的不安全状态

物的不安全状态主要是以能量的形式对外泄放，作用于人体或被人体吸收，消耗人体能量，致使人体生理机能部分损伤或全部损伤。现场物的不安全状态一般有以下几种形式：

（1）安全设施、安全装置的缺陷。

（2）物体的放置或工作场所的缺陷。

（3）劳动防护用品的缺陷。

（4）生产设备（工具）没有处于完好的技术状态。

因此，必须加强对设备（工具）的管理，及时发现、消除上述物的不安全状态，以保证安全生产。

三、行为管理

人的不安全行为是造成安全事故的直接原因之一。人的不安全行为就是不符合安全生产客观规律，有可能导致伤亡事故和财产损失的行为。人的不安全行为可以分为有意的不安全行为和无意的不安全行为两类。有意的不安全行为是指有目的、有意图、明知故犯的不安全行为，是故意的违章行为。无意的不安全行为是无意识的或非故意的不安全行为，是不存在需要和目的的不安全行为。

人有自由意志，容易受环境的干扰和影响，生理、心理状态不稳定，其安全可靠性就比较差，往往会由于一些偶然因素而产生事先难以预料和防止的错误行为。人的不安全行为的概率是不可能为零的。

为控制人的不安全行为，可采取如下对策：

（1）对员工进行职业适应性检查。

（2）合理选拔和调配人员。

（3）制定安全操作规程，明确哪些是不安全行为，禁止员工以不安全行为操作。

（4）制定安全操作标准，推行标准化作业。

（5）做好安全生产的教育工作，使员工增强安全意识，提高遵章守纪的自觉性，提高安全操作技能的水平。

（6）实行确认制。

（7）切实加强现场安全操作检查，及时发现、制止和纠正违章作业。

（8）竞赛评比，奖优罚劣。

现场安全管理的行为管理，就是要求生产作业的现场管理人员和专（兼）职安全管理人员认真履行安全生产的职责，使用安全检查表对生产岗位操作人员的操作行为进行检查，及时发现、制止、纠正违章行为并给予批评教育，依章处罚。

四、生产设备及安全设施管理

加强生产设备及安全设施的管理，对消除或控制物的不安全状态十分重要。要使生产设备安全可靠地运行，使安全设施有效地运行，就必须认真做好生产设备及安全设施的管理、使用、保养、维修等技术管理工作，使其处于完好的技术状态。设备管理工作主要由生产经营单位的设备管理部门负责。设备及安全设施现场安全管理，就是要严格按照安全检查制度的规定，使用安全检查表进行日常安全检查，以及时发现生产设备、安全设施出现的故障和使用过程中遭受的破坏，及时予以修复，确保在用的生产设备、安全设施保持完好的技术状态。

五、作业过程管理

作业过程指以一定方式组织起来的人群，在一定的作业环境内，使用设备和各种工具，采用一定的方法把原材料和半成品加工、制造、组合成为产品，并安全运输和妥善保存的过程。

大部分的职工伤亡事故都是在作业过程中发生的。因此，分析和认识作业过程中的不安全因素并采取对策加以消除和控制，对于实现安全生产至关重要。作业过程是以人为主体进行的，实现作业过程安全化应主要着眼于消除人的不安全行为，为此而采取的对策和措施应该包括：合理安排劳动和休息时间，调节单调性作业，确定适当的工作节奏，实行标准化作业，实行确认制。

1. 合理安排劳动和休息时间

（1）工作时间制度。我国法定实行 8 小时工作制。为了保证 8 小时工作制的实施，必须严格限制加班加点。企业由于生产需要，经与工会和劳动者协商之后可以延长工作时间，但一般每日加点不得超过 1 h。因特殊原因需加点的，在保障劳动者身体健康的条件下，加点不得超过 3 h，且每月累计加班加点不得超过 36 h。禁止安排未成年工、怀孕 7 个月以上的女工、哺乳未满 1 周岁婴儿的女工加班加点。

有下列情形之一的，加班加点不受有关法规限制：发生自然灾害、事故或者其他原因的；威胁劳动者生命安全健康和财产安全，需要紧急处理的；生产设备、交通运输线路、公共设施发生故障，影响生产和公众利益，必须及时抢修的；法律、行政法规规定的其他情形。

（2）工间休息。在工间适当安排一定的休息，能缓解疲劳，避免因疲劳引发事故。根据我国的实际情况，以每半天各安排一次 15～20 min 的工间休息为好。

2. 调节单调性作业

单调的工作使人感到枯燥乏味，容易产生心理疲劳，使生理疲劳提前到来。单调重复的工作在熟练以后，可以大大减少对意识控制的要求，容易导致工人在工作时精神涣散、漫不经心。如果所从事的是危险较大的作业，就有可能发生事故。完全消除单调是困难的，但可以减轻其影响。改善单调的措施有：

（1）充实操作内容。简单地重复一两个动作是枯燥的，而轮流进行不少于 5～6 个动作就能大大提高工作的兴趣。按此原则，在进行操作设计时，应力求把一些简单的操作适当合并，使每个工人都能从事多种多样的工作。

（2）建立中间目标。没有目标、没完没了的单调工作格外使人感到疲劳和沮丧，而把工作分解成许多阶段，每个阶段都设置一个工作目标，就能改善这种状况。

（3）定期轮换工作，创造新鲜感。

（4）实行色彩和音乐的调节。

3. 确定适当的工作节奏

工作节奏过快会增加劳动的强度并使工人感到紧张，导致疲劳加剧并诱发操作失误，造成事故；工作节奏过慢会使工人因等待而烦躁不安，注意力分散，反应速度降低，对安全也是不利的。

确定适当的工作节奏应该兼顾提高工作效率和减轻工人劳动强度两方面的要求。

4. 实行标准化作业

在总结实践经验和进行科学分析的基础上，对作业方法加以优选优化，制定作业标准，按照作业标准进行作业就是标准化作业。

标准化作业的作业标准是安全生产规章制度的具体化。作业标准不但规定了不准干什么，更明确规定了具体的操作程序和方法，这些方法都是安全行为。实行标准化作业可以让工人的操作形成习惯，避免不安全行为和违章行为。

5. 实行确认制

(1) 确认制的应用范围。凡是可能发生误操作，而误操作又可能造成严重后果的，都应制定并实施可靠的确认制。如：开动、关停机器和固定设备，驾驶车辆，危险作业，多人作业中的指挥联络，送、变电作业，检修后的开机，重要防护用品的使用及曾经发生过误操作事故的作业等。

(2) 按作业程序制定确认制

1) 作业准备的确认。作业人员在接班后应对设备、作业环境状态进行检查，采用安全检查表进行检查，确认安全、正常后才允许开始操作。

2) 作业方法的确认。即对照工艺规程或标准化作业的标准，确认采用的作业方式无误后才允许开始作业。

3) 设备运行确认。设备开动后，应对设备的运行情况进行检查，确认正常后才允许继续运行。

4) 关闭设备的确认。按作业标准或操作规程的规定进行检查，确认符合规定后才允许关闭设备。

5) 多人作业的确认。如多人协同作业，则在开始作业前，按照工艺规程或作业方案的规定，对参加作业的人员、人员的作业位置、作业方法、指挥联络方式和作业中出现异常情况时的对策等进行确认，确认无误后才允许开始作业。

六、作业环境管理

作业环境即生产现场的空间和生产设施所构成的人、机环境。在作业环境中，有各种机器、设备、原材料、半成品和产品等，还有机械设备产生的噪声和振动，泄漏的有害气体、蒸气、粉尘和热量等。在这样的人、机环境里，管理有缺陷或不符合安全规范、标准要求，都有可能给操作者带来危害。

作业环境管理包括下列内容：

1. 作业空间的合理设计

作业空间的合理设计就是按照人的操作要求，对机器、设备、工具合理进行空间布置，以及在机器、设备上合理地安排操纵器、指示器和零部件的位置。

作业空间设计的基本原则是按照为操作者创造舒适、安全的作业条件的要求，合理地设计、布置机器、设备和工具。

2. 作业场所的清理、整顿

作业场所的清理、整顿是保证作业场所清洁、整齐，实现文明生产，保证作业高效安全的重要条件。

清理即把需要的和不需要的物品区分开，并且清除不需要的物品。生产过程中产生的垃圾和边角料应及时清除。除了为参加生产因条件所限不得不带进作业场所的少量生活、学习用品外，其他的个人用品都不允许带进生产作业场所。

整顿就是把需要的东西以适当的方式放在该放的地方以便于使用。

（1）化学危险物品（包括易燃、易爆物品，压缩气体，毒品，副食品等）要按有关安全法规规定存放、保管。

（2）安全通道上在任何时候都不能放置物品。

（3）对安全通道和堆放物品的场所要划出明显的界限或架设围栏，堆放物品的场所应悬挂标牌，写明放置物品的名称和要求。

3. 合适的照明、通风、温度、湿度

（1）合适的照明的目的在于创造一个良好的光环境。良好的照明能提高人的视觉灵敏度，使人容易看清物体，减缓视力疲劳。明亮、整洁的作业环境还可以使人在工作时心情舒畅，精力集中，情绪高昂。所有这些都有助于减少事故的发生。

良好的光环境主要体现在两个方面，即适当的照度和良好的光的质量。

1）照度要求。照度反映了光的量的要求。照度过大或过小都会加速人的视觉疲劳。照度不足往往可能成为安全事故的诱因。适当的照度应使人既能清楚地看清外界情况，又不容易产生视觉疲劳。

2）光的质量要求。光的质量要求主要是均匀、稳定，光色效果得当，有适当的亮度对比和亮度分配，不产生眩光。均匀主要是指照度均匀和在视野内的亮度均匀。稳定则指光源不产生频闪，照度应保持标准值，不产生波动。光色效果是指照明的光色与设备的色彩一致，照明光源的显色性应该保证设备和物品在受到照射时显示本色而不失真。

物体与背景的亮度对比（或颜色对比）对视觉灵敏度的影响很大，对比越大，辨别物体越清楚，反之则困难。好的光照应该保证有适当的对比度。

良好的照明还应有适当的亮度分配。一方面要保证操作面和周围环境的亮度大致相等，或使周围的亮度稍低一些；另一方面应保证物体不产生对比度过强的阴影。

眩光即刺眼和耀眼的强烈光线。眩光产生的原因是物体表面过于光亮、亮度对比过大或直接强光照射。眩光可使人视力下降，造成不适的视觉条件，容易引发事故。

作业环境采光照明的具体要求和实际应用可参照《工业企业采光设计标准》和《工业企业照明设计标准》。

（2）合适的温度、湿度和通风的目的在于创造一个良好的热环境。温度、湿度和通风情况三者相互联系、相互影响，构成了作业场所的热环境。其中，环境温度即环境中的空气温度，起主导作用。人体主观感觉到的温度不仅与环境温度有关，还受到环境湿度和通风情况的影响。在环境温度、湿度和气流速度的综合作用下，人的主观感觉温度称为有效温度。人感觉舒适的有效温度范围大体为 20～28℃。人在这个温度范围内心情愉快、精力集中，不易疲劳，能安全而高效地工作。

改善高温环境的措施如下：

1）减少热源的热作用。首先应考虑改革工艺，实现机械化、自动化，消除或减轻体力劳动，以减少工人与热源的接触，这是本质安全措施。其次是疏散热源，如将热源移至室外，将加工完的灼热工件尽快运出车间。第三是隔离热源，割断热源的热辐射是有效的降温措施。

2）通风散热。采用自然通风和机械通风，安装空调设备。

3）局部降温冷却。安装风扇或喷雾风扇，以及用冰块降温等。

有关改善高温环境的具体要求可参照《工业企业设计卫生标准》。

4. 安全信号装置、安全标志的完善

安全信号装置和安全标志是警告装置，它在不能消除、控制危险的情况下，提醒人们避开危险的装置。虽然是一种消极被动的、防御性的措施，但对于防止伤亡事故、实现安全生产仍然有十分重要的作用。

安全信号装置分声、光信号装置（如警铃、信号灯等）和各种显示设备（运行参数的仪器、仪表，如温度计、压力计、液位计等）。

安全标志即用简明醒目的颜色（安全色）、几何图形符号并辅以必要的文字说明，以提醒、警告人们防止危险，注意安全。

企业应视生产的实际情况及按国家安全法规的要求设置安全信号装置和安全标志。

作业环境的现场安全管理就是要在具备了国家安全生产法规要求的作业环境条件后，通过编制安全检查表，按安全检查制度的规定，进行严格的检查、检测，以及时发现不符合国家安全生产法规和本单位安全管理规章制度要求的隐患并及时整改，使作业环境持续保持符合安全生产要求的状态。

七、危险作业的现场管理

1. 危险作业的概念

危险作业即容易造成严重伤害事故和财产损失的作业，主要是指临时性作业、非生产性作业和劳动条件恶劣的作业，如：清扫作业场所，立体交叉作业，易燃易爆场所动火，重大设备的拆迁、吊运、安装、带电作业等。

2. 危险作业的基本特点

危险作业的基本特点是临时性、不固定性和危险性，具体表现在：

（1）作业时间、地点不固定。

（2）临时组织作业人员，彼此不熟悉，难以配合默契。

（3）作业程序不固定，不熟悉，甚至是完全生疏的。

（4）使用的设备、工具不固定，甚至不适合，缺乏安全保障。

（5）一般都比较复杂、困难，技术要求高，危险性大。

危险作业的这些特点决定了它比固定地点的重复性作业有更多的潜在危险，如不认真对待，极容易发生事故，且事故的后果往往比较严重。

3. 危险作业的确定

为对危险作业实行安全控制，生产经营单位应根据危险作业的特点结合本单位的具体情况，划分危险作业的范围，确定本单位常见的危险作业。

由于危险作业的时间、地点、条件、规模等变化差异较大，要想预先规定所有危险作业的危险等级是困难的。但应该就本单位开展得较多，规模、条件相对较为固定的危险作业作出危险性评价。

危险作业的等级一般可定为两级，分别由厂级和车间级两级进行控制。危险作业等级的评定可按照危险性评价的方法并结合实践经验进行。

4. 危险作业的控制管理

（1）提出申请。需要进行危险作业的部门应向上级提出申请，说明要求作业的理由及作业时间、地点和内容。由厂级控制的危险作业由厂主管领导审批，由车间级控制的危险作业由车间领导审批。

（2）危险辨识和危险评价。接受申请的领导应组织有关部门的有关人员和专职安全管理人员，对作业的全过程进行危险辨识和危险评价。

（3）制定控制危险的措施。针对危险辨识找出的不安全因素，制定相应的消除、控制措施。

（4）审批。如落实上述措施后可确保消除、控制这些不安全因素，则可批准作业。

（5）下达作业任务。下达、布置进行危险作业的任务时，应同时布置须采取的消除、控制不安全因素的措施，并明确批准作业的时间、地点、参加的人员、作业的分工及指定作业的负责人。

（6）作业前的准备。由作业负责人和作业单位安全管理人员负责对参加作业的全部人员进行培训，使他们熟悉作业安全措施及要求，掌握作业的操作技能，经考试合格后才能进行作业。作业前必须经过检查，确认已落实了应采取的消除、控制不安全因素的各项措施后方可进行作业。

（7）监督检查。审批单位应派出安全管理人员到作业现场进行监督检查。监督检查应使用安全检查表进行。一旦发现有违反安全措施的情况，应立即制止、纠正甚至停止作业。

危险作业的现场安全管理的重点是确保上述第六点和第七点的落实。

八、交叉作业的现场安全管理

1. 交叉作业的定义

交叉作业是指两个以上的生产经营单位（或部门）在同一区域内进行生产经营活动，可能危及对方安全生产的施工作业行为。

2. 交叉作业的现场安全管理

（1）交叉作业的作业单位应在作业前派出本单位的安全管理人员共同研究，进行危险辨识，找出交叉作业全过程存在的各方可能危及他方安全的因素，制定消除这些因素的措施，签订安全生产管理协议，以明确各方的安全生产管理职责和应采取的安全措施，并指定专人进行安全检查与协调。

（2）交叉作业的单位必须制定交叉作业的安全管理办法，对于危险性大、影响人身安全的交叉作业，必须制定专项安全方案；开展交叉作业的安全技术交底，确保作业人员清楚作业场所和岗位存在的危险因素、了解作业规程和作业标准、掌握异常情况的应急措施。必须严格按照技术方案、安全技术规程进行施工作业，加强安全检查，落实各项安全防护措施，切实保护人员安全和设备安全。

1）在城市轨道交通运营正线、辅助线路、车厂、车站、主变电所、控制中心进行交叉作业，必须严格按照城市轨道交通企业制定的有关行车设备维修施工管理等的规定，落实施工安全防护措施。

2）在运营正线、辅助线路、车厂等进行列车、工程车调试、试验的交叉作业，必须严格按照城市轨道交通企业有关行车设备维修施工管理等的规定，落实调试、试验安全防护措施。

3）在城市轨道交通建设期间，轨行区与轨道车的运行是重点的交叉作业，必须严格按照城市轨道交通企业制定的有关轨道交通建设工程车运输管理等的规定，落实工程车运行、施工的安全防护措施。

3. 交叉作业的安全检查与监察

（1）交叉作业的安全检查必须坚持作业前安全检查、作业中安全监护、作业后安全清理，主要内容包括：作业前的安全培训，作业规程与标准，作业安全要点与异常情况的对策，设备工具的完好，监护人员的配备，安全标志的使用，作业中的指挥联络方式，作业场所的清理整顿等。检查发现的问题和隐患必须立即进行整改，落实防护措施之后方能作业。

（2）交叉作业的安全检查必须坚持作业人员自我检查、负责人检查、安全管理人员检查，检查发现的问题和隐患必须立即进行整改，落实防护措施之后方能作业。

（3）交叉作业的主体单位（部门）负有检查其他作业单位（部门）安全情况的责任，其他作业单位（部门）必须积极支持、配合主体单位（部门）的安全检查，落实每次交叉作业的安全检查。施工监理单位负有检查作业单位（部门）交叉作业安全情况的责任，对于危险性大、影响人身安全的交叉作业，监理必须实行旁站监理。城市轨道交通企业对本单位管辖内的交叉作业，必须定期或不定期地进行安全检查或抽查；安全监察部门应定期或不定期地进行安全监察。

第四节 安全文化

安全文化的概念起源于 20 世纪 80 年代的国际核工业领域。国际原子能机构在 1991 年编写的 75-INSAG-4 评审报告中，首次定义了安全文化的概念。由此，安全文化从核安全文化、航空航天安全文化逐渐拓宽并发展到全民安全文化。

一、安全文化的概念

安全文化伴随人类的生存发展而产生和发展，是人类文化的一个重要组成部分，其内涵十分深刻，外延也十分广泛。到目前为止，对于什么是安全文化，还没有一个公认的统一定义。但这并不影响人们去认识、发展安全文化，并将其应用于生产和生活的实践中。

1. 文化的概念

文化是指一个国家或民族的历史、地理、风土人情、传统习俗、生活方式、文学艺术、行为规范、思维方式、价值观念等。根据文化的结构和范畴，文化可有广义文化和狭义文化之分。广义的文化指的是人类在社会历史发展过程中所创造的物质财富和精神财富的总和，它包括物质文化、制度文化和心理文化三个方面。物质文化是指人类创造的种种物质文明，包括交通工具、服饰、日常用品等，是一种可见的显性文化。制度文化和心理文化分别指生活制度、家庭制度、社会制度以及思维方式、宗教信仰、审美情趣等，它们属于不可见的隐性文化，包括文学、哲学、政治等方面内容。狭义的文化是指人们普遍的社会习惯，如衣食住行、风俗习惯、生活方式、行为规范等。

2. 安全文化的概念

相对于广义文化，我国有人将安全文化定义成“人类在生产生活的实践过程中，为保障身心健康安全而创造的一切安全物质财富和安全精神财富的总和”。这一定义所描述的安全文化称为广义安全文化。

安全文化的首创者国际核安全咨询组（INSAG）则对安全文化给出了相对狭义的定义：“安全文化是存在于单位和个人中的种种素质和态度的总和。”英国健康安全委员会核设施安全咨询委员会（HSCASNI）对 INSAG 的定义进行了修正，认为：“一个单位的安全文化是个人和集体的价值观、态度、能力和行为方式的综合产物，它决定于健康安全管理上的承诺、工作作风和精通程度。”这两种定义基本上把安全文化限定在人的精神和素质修养等方面，称为狭义的安全文化。

3. 安全文化的层次

广义的安全文化的构成要素具有层次性，由表及里表现为：

（1）安全物质文化——器物层。安全物质文化是为了保证人们的安全生活和安全生产而以物质形态存在的条件、环境和设施的总和，或者说是能够满足人们安全需求的各种物质要素或物质财富的总称。它们是安全文化的物质载体，居于安全文化的表层或最外层。安全物质文化是安全文化的根本保障和基础。

（2）安全行为文化——行为层。安全行为文化是在安全精神文化和安全制度文化指导下，人们借助一定的安全物质文化，在生活和生产过程中的安全行为表现，居于安全文化的中间层。安全行为文化既是安全精神文化和安全制度文化的反映，同时又反作用于安全精神文化和安全制度文化。

（3）安全制度文化——制度层。安全文化中一切制度化的法规、法令、标准、社会组织形式，是安全文化中重要的、带有强制性的组成部分。安全制度文化是协调生产关系、规范组织和个体行为的各项法规和制度，居于安全物质文化和安全精神文化之间，是安全文化的中间层次，发挥着协调、保障、制约和促进的作用。

（4）安全精神文化——精神层。安全精神文化居于安全文化的内层，是指为全体成员所共同遵守、用于指导和支配人们安全行为的以价值为核心的意识观念的总称。作为安全文化的软件和核心，安全精神文化对安全制度文化、安全行为文化和安全物质文化起着主导和决定性的作用。

以上四个层次构成了安全文化的整体结构，它们相互联系、相互影响、相互渗透、相互制约。其中，安全物质文化是基础，安全精神文化是核心和精髓，作为中介的安全行为文化和安全制度文化是安全精神文化通向安全物质文化的桥梁和纽带。

4. 安全文化的特点

（1）安全文化是硬、软两种文化的结合。安全物质条件是安全文化的硬件，安全精神因素是安全文化的软件。安全文化的发展过程就是硬、软两种文化相互影响、相互制约而又融会贯通的过程。

（2）安全文化是强制性与非强制性的结合。管理制度、行为准则是强制性要求，必须遵守；而人们的意识、情感和主观能动性又可以通过精神力量去暗示、启发和领悟，进而成为人们的自觉或自发行为。

（3）安全文化是普遍性和特殊性的结合。安全文化追求的安全价值观念体现了普遍的安全文化特征，而每个领域、每个时期、每个行业的个性特点，使得安全文化又呈现出多姿多彩的独特特征。安全文化共性与个性的结合构成了整个社会和谐统一的安全文化机制。

5. 安全文化的特征

（1）人本性特征。安全文化所要解决的问题是生产、生活领域人们从事一切活动的安全和健康问题，突出了从事一切活动的人们的身心安全和健康，体现了尊重人权、关爱生命、珍惜人生、以人为本的思想。

（2）群体性特征。安全文化是组织内的共同性文化，是全体成员所认同的安全理念、安全目标、安全行为规范等，或者说，是全体成员达成的安全共识。安全的保障有赖于组织中全体成员而非某部分人员的积极参与。

（3）继承性特征。任何时代、任何地域的安全文化，都是经过传播、继承、优化、融合、发展而成的，都具有历史继承性，能体现人们长期生活和生产的方式和痕迹。

（4）时代性特征。任何安全文化的内容都不是固定不变的，而是随着社会的进步、经济的发展和人们需求的变化而不断地增添新的内容，表现出强烈的时代性特征，反映了人们的最新安全需求。

（5）系统性特征。安全文化以辩证的观点系统地分析安全问题，把安全事故的发生和出现看成是由自然和人为多种因素发生作用所致，所以，安全事故的预防和安全问题的解决不仅仅依赖于科学的安全设施、设备、环境和方法，更取决于人们的态度和行为。

二、安全文化在安全生产工作中的地位及作用

安全文化是安全生产的根本。安全文化最基本的内涵就是人的安全意识。建设安全生产领域的安全文化，前提是要加强安全宣传教育工作，普及安全常识，强化全社会的安全意识，强化公民的自我保护意识。安全要真正做到警钟长鸣，居安思危，言危思进，常抓不懈。

1. 安全文化在安全生产工作中的重要性

2005 年国家安全生产监督总局成立伊始，局长李毅中就多次强调要努力将安全生产“五要素”落实到位，以此建立安全生产的长效机制。所谓“五要素”，一是安全文化，即加强安全文化建设，强化全民安全意识，提高全民安全素质；二是安全法治，即健全安全法制，依法规范全社会的安全行为；三是安全责任，即强化安全责任，建立严格的安全生产责任制和问责制；四是安全科技，即推进安全科技进步，实施“科技兴安”战略，解决影响安全生产的重大科技问题；五是安全投入，即加大安全投入，建立国家、地方和企业共同投入的机制。可以说，“五要素”基本抓住了当前我国在政府层面的安全工作和企业层面的安全生产工作的要害和重点。

安全生产“五要素”既相对独立，又是一个有机统一的整体，相辅相成甚至互为条件。而把安全文化放在“五要素”之首，更是把握住了建立安全生产长效机制的核心问题。安全文化是灵魂和统帅，是安全生产工作基础中的基础，是安全生产工作的精神指向，其他的各要素都应该在安全文化的指导下展开。安全文化又是其他各个要素的目的和结晶，只有在其他要素健全成熟的前提下，才能培育出深入人心的“以人为本”的安全文化。

安全文化不但指职工安全知识的提高，更是指人们对待安全科学技术的态度；不但指企业安全管理活动产生的成果，还包括造成那种管理方式的原因和所体现出来的安全行为准则；不但指有序的安全生产环境，更是指产生这种环境的感情基础；不但指企业领导作出的

安全决策，更是指这种决策折射出的领导者信仰的安全哲学；不但指事故及损失率的下降值，更是指对待这种下降的心理态势。总之，企业安全文化是渗透在安全管理一切活动中的灵魂。

2. 安全文化的功能和作用

(1) 安全文化的功能

1) 凝聚功能。安全文化是大家的共识，体现着一种强烈的整体意识。具体表现为：全体成员在安全的观念、目标和行为准则等方面保持一致，有利于形成强烈的心理认同力量，表现出强大的凝聚力和向心力。

2) 导向功能。安全文化具有巨大的感召力，通过教育培训和安全氛围的烘托，通过潜移默化的作用，使员工的注意力逐步转向企业所提倡、崇尚的方向，接受共同的价值观念，从而将个人的目标引导到企业目标上来。

3) 激励功能。企业安全文化能通过发挥人的积极性、主动性、创造性，使员工从内心产生一种高昂、奋发进取的情绪。作为自然人，每个人都有力量，有基本思维能力；作为社会人，每个人又都有精神需要，蕴含着巨大的精神力量。在未获得激励时，人发挥的只是物质力量，获得激励后，人的精神力量就得到开发，激励越大，所开发的精神力量就越大。

4) 约束功能。企业安全文化对企业每个员工的思想和行为具有约束和规范作用，这种作用与传统的管理理论所强调的制度约束不同，它虽也有成文的硬制度约束，但更强调不成文的软约束。它通过文化的作用使信念在职工心理深层形成一种定势，构造出一种响应机制，只要有诱导信号发生，即可得到积极响应，并迅速转化为预期行为。这种约束机制能够有效地缓解员工自治心理与被治现实形成的冲突，削弱由其引起的心理抵抗力，从而产生更强大、深刻、持久的约束效果。

5) 协调功能。安全文化的形成，使人们对安全有了共识，有共同的价值观、态度和信念，不仅便于互相间的沟通，也便于团结协作。而且，安全文化也能成为协调矛盾的尺度和准则。

(2) 倡导安全文化的目的及作用。倡导安全文化的目的是在现有的技术和管理条件下，使人类生活、工作得更加安全和健康。而安全和健康的实现离不开人们对安全健康的珍惜与重视，并使自己的一举一动符合安全健康的行为规范要求。在安全生产的实践中，人们发现，对于预防事故的发生，仅有安全技术手段和安全管理手段是不够的。不安全行为是事故发生的重要原因，大量不安全行为的结果必然是发生事故。安全文化手段的运用，正是为了弥补安全管理手段不能彻底改变人的不安全行为的先天不足。

安全文化的作用是通过对人的观念、道德、伦理、态度、情感等深层次的人文因素的强化，利用领导、教育、宣传、奖惩、创建群体氛围等手段，不断提高人的安全素质，改进其安全意识和行为，从而使人们从被动地服从安全管理制度，转变成自觉主动地按安全要求采取行动，即从“要我遵章守法”转变成“我要遵章守法”。

三、安全文化建设

1. 安全文化建设的观点

进行安全文化建设活动，需要正确的态度和观点予以指导，才能沿着正确的方向前进。现代社会需要的安全文化基本观点是：

（1）“安全第一”的哲学观。“安全第一”是一个相对、辩证的概念，它是在人类活动的方式上（或生产技术的层次上），相对于其他方式或手段而言，并在与之发生矛盾时，必须遵循的原则。建立起辩证的“安全第一”哲学观，才能处理好安全与生产，安全与效益的关系，才能做好企业的安全工作。

（2）重视生命的情感观。安全维系人的生命安全与健康，反之，事故对人类安全的毁灭，则意味着生存、康乐、幸福、美好的毁灭。由此，充分认识人的生命与健康的价值，强化“善待生命、珍惜健康”的人之常情是每一个人应建立的情感观，以人为本、尊重与爱护职工是企业法人代表或雇主应有的情感观。

（3）安全效益的经济观。实现安全生产，保护职工的安全与健康，不仅是企业的工作责任和义务，而且是保障生产顺利进行、企业效益得以实现的基本条件。“安全是效益”，安全不仅能“减损”而且能“增值”，这是简单而朴素的安全经济观。

（4）预防为主的科学观。要高效、高质地实现企业的安全生产，必须走“预防为主”之路，必须采用“超前管理”“预期型管理”的方法，这是生产实践证实的科学真理。

（5）人机系统观。保障安全生产要通过有效的事故预防来实现。安全系统的要素是：人——人的安全素质，物——设备与环境的安全可靠性，能量——生产过程的控制，信息——充分可靠的安全信息流。

2. 安全文化建设的内容

与安全文化的构成要素相对应，企业安全文化建设的内容包括以下方面：

（1）建立稳定可靠、规范的安全物质文化。安全物质文化需要依靠技术进步和技术改造来不断提高本质安全化程度，它主要包括三方面内容：

1）作业环境安全。生产场所中有不同程度的噪声、高温、尘毒和辐射等有害因素，它们直接影响作业人员的身心健康和生命安全，应将其控制在规定的标准范围内，创造舒适、安全的工作条件，使环境条件符合人的心理和生理要求。

2）工艺过程安全。工艺过程主要指对生产操作、质量等方面的控制过程。工艺过程安全应做到操作者了解物料的性质，正确控制好温度、压力和质量等参数。

3）设备控制过程安全。通过对生产设备和安全防护设施的管理来实现设备控制过程安全。在具体实践中应做到：从设备的设计、制造等方面全面考虑其防护能力、可靠性和稳定性；对设备要正确使用、精心养护和科学检修；开发应用并推广安全新技术、新产品和新设施。

(2) 建立符合安全伦理道德、遵章守纪的安全行为文化。安全行为文化的建设包括以下两方面内容：

1）多渠道、多手段地让员工在掌握安全知识的基础上，熟练掌握各种安全操作技能。

2）严格执行安全操作规程。

(3) 建立健全完善、切实可行的安全制度文化。安全制度文化指的是与物态、心态、行为安全文化相适应的组织机构和规章制度的建立、实施及控制管理的总和，主要包括：

1）建立健全完善、切实可行的企业安全管理机制。主要指建立起切实执行企业职责，各方面各层次责任落实，横向到边、纵向到底，高效运作的企业安全管理网络；建立起切实履行群众监督职责，奖惩严明，上下结合，对各层次进行有效监督的企业劳动保护监督体系。

2）建立完善的企业安全管理规章制度和奖惩制度，使其规范化、科学化、适用化并严格执行。

(4) 建立“安全第一、预防为主”的安全精神文化

1）首先应通过多种形式的宣传教育提高员工的保护意识，包括应急安全保护意识、间接安全保护意识和超前的安全保护意识，并进行生产作业安全知识、生活安全知识等的教育培训。

2）进行安全伦理道德教育，为他人和集体的安全考虑，自觉约束自己的行为，承担起应尽的责任和义务。这种教育不仅要面对普通员工，更应集中于各级管理人员和技术人员。

3. 企业安全文化建设的方式

企业安全文化建设的根本内涵是将企业安全理念和安全价值观表现在决策者和管理者的态度和行动中，落实在企业的管理制度中，将安全管理融入企业的整个管理实践中，将安全法规、制度落实在决策者、管理者和员工的行为方式中，将安全标准落实在生产的工艺、技术和过程中，由此形成一种良好的安全生产气氛。通过安全文化的建设，影响企业各级管理人员和员工的安全生产自觉性，以文化的力量保障企业安全生产和经济发展。企业安全文化的建设可通过如下方式进行：

(1) 班组及职工的安全文化建设。运用传统有效的安全文化建设手段：三级教育（333模式）、特殊教育、日常教育、全员教育、持证上岗、班前安全活动、标准化岗位和班组建设、技能演练等。推行现代安全建设手段：“三群（群策、群力、群观）”对策、班组建小家活动、事故判定技术、危险预知活动、风险抵押制、“仿真”演习等，进行班组和职工的安全建设。

(2) 管理层及决策者的安全文化建设。运用传统有效的安全文化建设手段：全面安全管理责任制、“三同时”、“五同时”、“三同步”监督制、定期检查制、有效的行政管理手段、常规的经济手段等。推行现代的安全文化建设手段：“三同步原则”、“三负责制”、意识及管理素质教育、目标管理法、无隐患管理法、系统科学管理、人机环境设计、系统安全评价、

应急预案对策、事故保险对策、三因（人、物、环境）安全检查等。

（3）生产现场的安全文化建设。运用传统的安全文化建设手段：安全标语（旗）、安全标志（禁止标志、警告标志、指令标志）、事故警示牌等。推行现代的安全文化建设手段：技术及工艺的本质安全化、现场“三标”建设、“三防”管理（尘、毒、烟）、“四查”工程（岗位、班组、车间、厂区）、“三点”控制（事故多发点、危险点、危害点）等。

（4）企业人文环境的安全文化建设。运用传统的安全文化建设手段：安全宣传墙报、安全生产周（日、月）、安全竞赛活动、安全演讲比赛、事故报告会等。推行现代的安全文化建设手段：安全文艺（晚会、电影、电视）活动、安全文化月（周、日）、事故祭日、安全贺年（个人）活动、安全宣传的“三个一”工程（一场晚会、一副新标语、一块墙报）、青年职工的“六个一”工程（查一个事故隐患、提一条安全建议、创一条安全警语、讲一件事故教训、当一周安全监督员、献一笔安全经费）等。

4. 城市轨道交通企业的安全文化建设

安全文化是普遍性和特殊性的结合。安全文化共性与个性的结合构成了整个社会和谐统一的安全文化机制。城市轨道交通企业的安全文化建设有以下几个特点：

（1）安全文化应作为城市轨道交通企业的核心文化来建设。城市轨道交通企业的安全文化建设有一般企业安全文化建设的共性，同时也有作为运输行业安全文化建设的特性。城市轨道交通系统的根本任务就是把旅客安全及时地运送到目的地。城市轨道交通系统运营的作用、性质和特点，决定了轨道运输必须把安全生产摆在各项工作的首要位置，因此，城市轨道交通企业安全文化建设是企业文化建设的首要工作。

（2）城市轨道交通企业安全文化建设应树立大安全的观念。城市轨道交通运营系统是由轨道交通设备设施、行车组织、员工、乘客和周边环境等众多因素组成的一个庞大联动机，运营过程中的各个环节和因素均会对运营安全产生影响，因此，城市轨道交通企业应树立大安全的观念。例如，广州地铁公司借鉴兄弟城市安全管理经验，将行车安全管理推进到运营安全管理的层面，建立起包括行车安全、设备安全、治安安全、消防安全、员工职业卫生与安全、乘客人身与财产安全、防恐反恐安全等方面在内的大安全概念，扩充了地铁运营安全管理的内涵。

（3）城市轨道交通企业安全文化建设应树立“以人为本”的观念。以人为本是科学发展观的本质和核心。城市轨道交通作为大众化交通工具，其服务的主体和对象主要是人，确保运输对象——人的安全，是城市轨道交通企业最基本、最重要的要求。以以人为本、尊重人的生命、促进企业发展为内涵的安全文化在运营安全管理中发挥着重要的作用。首先，具有规范人的安全行为的作用，使人能意识到安全的含义、安全的责任和应有的道德，从而自觉地规范自己的行为，避免不安全行为。其次，具有组织及协调安全管理机制的作用，使运营组织内部的各部门、各人员都为实现安全运营而协调一致运作。再次，具有使生产进入安全高效的良性循环的作用。实践证明，城市轨道交通运营安全不但要有可靠的安全生产设备，而且必须有高水平的管理和高素质的职工。高的安全素质必须靠企业的安全文化来进行培育。

（4）城市轨道交通企业安全文化建设应树立“全员、全社会安全管理”的观念。城市轨道交通运营安全直接关系到乘客的人身安全和财产安全，与广大人民群众的切身利益息息相关。要实现城市轨道交通运营安全有序，在加强员工安全教育的基础上，必须对广大乘客进行宣传教育，要大力向乘客宣传并督促其遵守轨道交通安全管理制度，提高全民的安全防范意识。

广州地铁公司在安全文化建设上做了有力的探索，积极扩大“全员安全管理”的外延，致力于建造“安全型社会”。如在大力建设广州地铁企业文化中，积极推进建设运营安全文化，努力提高全体员工和全社会的安全意识。首先，在企业内部持续开展“安全生产月”“安全生产示范岗”“安全知识竞赛”和“6S 管理”等活动，以不同层次和不同主题的具体活动为载体，使员工在潜移默化中受到安全教育，提高员工的安全意识和安全素质。其次，培养“安全型地铁虚拟组织”，定期与地铁车站内的公安、保洁人员、商铺银行营业人员等召开安全联席会，组织他们参加各种地铁安全演练，使他们的安全理念与地铁公司保持一致，安全知识和应急技能与地铁员工同步提高；对外单位的施工负责人进行地铁施工管理规章和安全培训，实行持证上岗；与地铁车站周边的社区进行联合，共同维护地铁运营安全。第三，培养“安全型地铁乘客”，定期开展“地铁安全咨询日”和“地铁开放日”等活动，向市民派发地铁安全知识小册子，充分发挥地铁车站和列车等宣传阵地的作用，通过新闻媒体等进行广泛的安全宣传教育，大力营造“关爱生命、关注安全”的氛围，在广大乘客当中普及安全知识和基本安全技能。事实证明，将地铁运营安全管理中的“全员”概念延伸为“全民、全社会”，建设“安全型社会”，对地铁的运营安全起到了重要的作用。安全文化不但发挥了保证地铁运营安全的作用，而且影响了市民的道德行为。如提倡搭乘扶梯靠右站立，不但大大降低了在扶梯上发生客伤的危险性，而且形成了一种良好的互敬互让、与人方便的社会公德，从而在实践中推进了社会文化的建设。

第二章

城市轨道交通通用安全技术

第一节 行车安全

一、行车安全概述

轨道交通运行是一个具有规律性的动态过程，在这个动态过程中要避免各种不利因素对行车工作的影响，如人的因素、设备因素、环境因素等。而这些因素的影响所造成的后果将辐射到安全、服务、运营乃至社会的各方面。

1. 行车安全的概念

轨道交通运输的产品是乘客的位移，实现位移的必要手段为列车运行，通常把列车的组织和运行工作统称为行车工作。行车工作是城市轨道交通运营系统的主要工作，也是最容易产生不安全因素的工作环节，城市轨道交通运营过程中所出现的大部分不安全现象都在行车工作中。因此，从某种程度上说，保证行车工作安全的同时也就是保证了城市轨道交通运营安全。

行车安全一般是指城市轨道交通列车在运送乘客的过程中对行车人员、行车设备以及乘客产生作用和影响的安全。行车安全工作包括：行车调度安全、列车驾驶安全、车站作业安全、接发列车作业安全、调车作业安全等。

2. 行车安全的意义

行车安全是城市轨道交通运营安全的核心部分。对于城市轨道交通运营本身而言，行车安全不仅是运营生产的基本要求，而且它的质量指标也成为衡量城市轨道交通管理水平的重要环节。由于城市轨道交通行车安全涉及人民生命财产和国家财产的安危，涉及社会稳定和企业的形象，因此，确保行车安全成为城市轨道交通运营安全工作的重中之重。

二、行车调度安全

城市轨道交通系统是一个大联动机，具有高度集中、统一指挥、各个工作环节紧密联系和协同动作的特点。城市轨道交通行车工作是一个由互相联系、互相影响的多部门、多单位所组成的完整的系统。在这个系统中，各部门、各单位、各工种间的紧密联系和协调一致对于保证行车安全和提高运输效率有着决定性的意义。行车调度（一般简称行调）是为适应城市轨道交通运输特点而设置的行车工作的统一指挥者，在保证行车安全的大系统中具有重要的地位和作用。

城市轨道交通行车调度工作由调度控制中心实施，实行高度集中统一指挥，以使各个环节紧密配合，协调工作，保证列车安全、正点地运行。行车调度工作是城市轨道交通系统的核心，直接影响行车安全及运输质量。

1. 行车调度工作的基本任务及作用

（1）行车调度工作的基本任务

1）组织指挥各部门、各工种严格按照列车运行图工作。

2）监控列车到达、出发及途中运行情况，确保列车运行秩序的正常。

3）当列车运行秩序不正常时，及时采取措施，尽快恢复正常运行秩序。

4）及时、准确地处理行车异常情况，防止行车事故的发生。

5）随时掌握客流情况，及时调整列车运行方案。

6）检查监督各行车部门执行运行图的情况，发布调度命令。

7）当发生行车事故时，按规定程序及时向上级主管部门汇报，并采取措施防止事故扩大，积极参与组织救援工作。

（2）行车调度在行车安全工作中的作用。行车调度贯彻集中领导、统一指挥的原则，组织协调行车有关各部门、各单位、各工种的工作，指挥和监督行车工作的全过程，保证行车工作均衡协调、安全准确地运行。

在日常运输工作中，行车调度负责编制日常运输工作计划，发布各种有关行车的调度命令，组织行车各部门协同动作，保证列车按列车运行图运行，实现日（班）计划规定的各项任务；负责监督和检查行车各部门执行运输工作日常计划和规章制度的情况以及列车运行情况，及时组织处理和排除各种危及或有可能危及行车安全的意外情况；遇发生行车事故或灾害而中断行车时，采取积极有效的措施，组织事故救援，迅速恢复行车，保证运输畅通。

概括起来说，行车调度在安全工作中的作用有以下几个方面：

1）指挥行车人员完成各项行车作业，保证列车安全正点运行。

2）组织、协调、监督、检查行车各有关部门的安全生产，纠正各种违章现象，及时处理行车中发生的问题，消除事故隐患，防止发生行车事故。

3）在发生事故后，积极组织救援，减少事故损失。

2. 行车调度安全指挥工作的基本要求

调度指挥必须坚持安全生产，正确及时地指挥列车运行，防止因指挥不当造成事故隐患。遇突发紧急事件时，要冷静、正确、及时处理，必须提高业务水平，提高应变能力。

（1）城市轨道交通行车组织工作必须严格执行单一指挥的原则。行车各有关部门必须服从所在区段行车调度的集中统一指挥，各级领导对列车运行的指示必须通过行车调度下达，坚决禁止令出多口或多头指挥，维护调度命令的严肃性和权威性。

（2）行车调度要具备较高的业务水平和紧急处理能力。熟练掌握调度工作技术是做好安全指挥工作的基础。行车调度必须熟悉主要行车人员情况，掌握车辆、线路、设备等方面的知识，熟知各项规章制度和各种行车作业的程序，掌握与其他调度的工作衔接，掌握处理各种行车意外情况和行车事故的方法，做到调度指挥胸有成竹、沉着冷静。

（3）发布调度命令要正确、完整、清晰。调度命令是城市轨道交通运输工作实行集中领导、统一指挥的具体体现和保证之一。具体要求如下：

1）凡是指挥列车运行的命令和口头指示，只能由行车调度发布，有关行车人员必须坚决执行，不得违反。

2）发布调度命令前应详细了解现场情况，听取有关人员意见。发布调度命令时应严格按行车相关规章办理，必须先拟后发，不得边拟边发。

3）发布调度命令应按“一拟、二签、三发布、四复诵核对、五下达命令号码和时间”的程序办理。

4）制定对常用的行车调度命令格式和用语的统一规定，使调度命令发布规范化、用语标准化，调度命令内容更加准确、简练、清晰、完整。

5）发布调度命令时为确保命令的传达准确无误，行车调度应指定其中一人复诵其口头命令内容，其他人核对，确保无误，书面调度命令须填写记录。

三、列车驾驶安全

列车驾驶安全是整个城市轨道交通行车安全工作的关键环节之一，是把好行车安全的最后一道关口。

1. 影响列车驾驶安全的主要因素

（1）行车纪律松弛、制度执行不严。纪律松弛，出乘标准化作业不落实，责任制贯彻不力，是影响安全行车的一大顽症。

（2）疲劳行车、带情绪开车。司机睡眠不足和将受外界环境影响而产生的情绪带入运行作业中，会产生生理、心理的疲劳，从而精力不济、精神不集中，给安全行车带来隐患。

（3）业务素质不高。由于技术问题及缺乏经验，司机业务水平不精，不能及时处理运行中的突发事件和故障。

（4）安全意识不强。司机思想波动大、情绪不稳定、责任心不强、行车纪律观念淡薄、臆测行车是造成行车事故的重要原因。

(5) 行车技术、设备不完善。行车设备老化，技术结构不合理，使之不能适应实际行车的需要。

(6) 风、雪、雷、电等恶劣气候及环境的影响。风、雪、雷、电等恶劣天气对安全运行的影响是不可低估的。列车司机对气候环境变化及对突发事件能否正确处置直接影响城市轨道交通运输的安全。

(7) 安全管理及制度、规章的适用性存在缺陷。安全管理归根结底是对人的管理，而各项制度的健全和完善是行车安全的基础，是行车安全的依据，没有完整有效的制度与规定是制约安全行车的重要因素。

2. 不安全因素的控制

从安全运行管理的角度分析，行车事故是各种不安全因素相互作用的结果。因此，对行车不安全因素的控制是行车安全的重要环节。

(1) 加强对司机的违章行为造成行车事故的管理与控制。许多行车事故案例表明，人的不安全行为是引起行车不安全的因素及行车事故的直接原因。因此，通过对列车司机的教育、培训、考核、惩戒等方法，可使列车司机对安全行车采取正确的态度。

(2) 不断做好对列车司机的技术业务培训。司机的技术知识不足特别是安全行车知识的缺乏、没有经验是引起行车不安全的重要原因。通过加强安全行车知识和业务技术知识的学习，可使司机在技术和经验上得到提高，成为合格的操纵者。

(3) 强化和改善对行车设备的管理。许多行车事故的发生都留下了行车设备技术状态不良的痕迹，因而应不断进行相关行车设备的技术改造，使行车设备功能符合运营要求。

(4) 提高司机适应环境变化与处置突发事件的应变能力。由于运行环境的变化和行车中产生的突发事件难以预测，因而提高司机在发生意外事件时的应变能力是防止与减少行车事故的重要因素。应在不断学习的基础上，以各类预案和规定为依据，开展定期和不定期的讲解、演练、培训，以提高应变能力。

3. 列车安全驾驶的基本规定

(1) 列车司机必须牢记“安全第一”的宗旨，严格按照安全制度、行车规则执行驾驶任务，驾驶列车时做到“三严格”：

1) 严格遵守各种规章制度，正确执行各种作业程序，确保列车运行安全。

2) 严格按照运营时刻表及信号显示行车，工作时严守岗位，不得擅自离岗。

3) 严格遵守动车前认真确认“行车三要素”：进路、信号、道岔。

(2) 列车司机必须掌握列车（车辆）的基本构造、性能，具有一般的故障处理能力，熟悉城市轨道交通线路和站场等基本设施情况，包括必须明确驾驶区段、站场线路纵断面等情况。

(3) 列车司机必须掌握其他相关的业务知识并具有一定的应变能力。在列车的运行过程中，一般情况下只有司机一个人值乘，而运行中的突发事件有着不可预测性，在事件的初期往往只有司机能够最早发现，所以一名职业素质较好的司机应该而且必须掌握有关事件初期的处理方法，使事件能够在初期阶段得到控制和处置，减小损失，稳定现场局面。

（4）列车司机上岗值乘的必要条件。鉴于列车司机在整个运行过程中的重要作用，城市轨道交通管理部门规定了列车司机上岗值乘的必要条件。首先，司机必须经过考试合格，并取得列车驾驶证后方准独立驾驶列车；其次，脱离驾驶岗位 6 个月以上，如需再驾驶列车必须对业务知识和安全运行知识等进行再培训，并且考核合格，对其纪律性和身体状况、心理状况由相关管理部门及有关领导做出鉴定。

4. 列车驾驶作业安全准则

列车司机的操作应在正常情况下确保“准确”，在非正常情况下确保“安全”，所有操作均动作紧凑、快速正确。列车驾驶作业包括调车作业、整备作业、正线作业、折返作业、站台作业等，具体的作业安全准则有以下内容：

（1）调车作业安全准则

1）设置铁鞋防溜时，不拿出铁鞋不动车。

2）凭自身动力动车时，没有制动不动车。

3）机车、车辆制动没有缓解不动车。

4）调车作业目的不清不动车。

5）调车作业没有联控不动车。

6）没有信号或信号不清不动车。

7）道岔开通不正确不动车。

8）侵限、侵物不动车。

（2）整备作业安全准则

1）整备作业前必须了解列车停放位置及列车状态。

2）检查列车走行部时，必须确认列车已降下受电弓。

3）严禁跨越地沟，进行车底检查时戴好安全帽，应注意空间位置，避免碰伤。

4）受电弓升起后，严禁触摸电气带电部分、进行地沟检查及攀登车顶。

5）检查列车时必须佩戴检查灯、一字旋具，并严格按要求整备列车，列车没有经过整备严禁动车。

6）车库内动车前，必须确认地沟无人和两侧无侵限物后方可动车。

（3）列车运行安全准则

1）司机在取得司机驾驶证并经鉴定合格后，方准独立驾驶。

2）严格遵守各种规章制度，按照要求操作使用设备，正确执行各项作业程序，确保列车运行安全。

3）严格按运营时刻表动车，动车前必须确认行车凭证。列车退行或推进运行时，运行前端必须有人引导。

4）班前注意休息，班中集中精力，保持不间断了望。严禁在列车运行中打盹、看书或干与工作无关的事。

5）接受调度命令或行车指示时，司机必须认真逐句复诵并领会命令内容。

（4）折返作业安全准则

1）严格遵守交接班制度。

2）关门前必须确认行车凭证、道岔、进路正确。

3）动车前确认所有人员均在安全区域。

（5）站台作业安全准则

1）开关屏蔽门、车门时，必须严格执行开关门作业程序。

2）列车到站停稳后，应先确认列车停在规定的范围内。

3）跨出站台开关屏蔽门、车门时，应注意列车与站台间的空隙，避免摔伤。

4）关屏蔽门、车门前应先确认车载信号或进路防护信号开放或者具有行车凭证。

5）动车前，司机应确认屏蔽门、车门关好，同时确认屏蔽门与车门间空隙无人无物，方可进驾驶室。

（6）人身安全准则

1）升弓前，必须确认所有人员均在安全区域。

2）严禁擅自带无关人员进入驾驶室，因工作需要有人登乘驾驶室时必须确认其相关登乘证件。

3）在正线或出入厂线，禁止未经行调同意擅自进入线路。

四、车站作业安全

车站的行车组织工作是在调度统一指挥下，合理运用车站的各项技术设备，负责车站行车控制指挥、施工及其他作业。

1. 车站安全工作的基本任务

（1）建立健全各类行车作业、管理的规章制度。这些制度包括车站行车控制室的管理、交接班制度、行车值班员岗位责任制等，对车站的行车组织工作进行规范管理，确保行车安全。

（2）进行车站各项安全检查，检查车站安全隐患并落实整改。

（3）建立各类事故预案，开展演练，以提高车站员工的应急处理能力，有效处理车站突发事件。

最终通过明确职责、落实责任、加强安全管理，确保车站行车、施工、治安、消防等工作以及车站员工、乘客人身安全和车站所辖设备运行安全。

2. 车站行车安全工作的基本要求

车站工作包括列车运行控制、车站的施工组织、接发列车作业等，其中各项作业均涉及行车安全。车站各项作业情况下的具体行车安全要求如下：

（1）列车运行控制。车站的列车运行控制根据整个系统列车运行控制方式的变化而变化。在调度集中控制方式下，车站行车组织的主要工作是监护行车运营状态；在自动控制方式下，车站除了对列车的运营状态进行监护外，如中控因故放权而由车站进行控制，则在有集中控制设备的车站应负责对列车的折返、进路排列等人工作业；在半自动控制方式下，车站负责列车运行控制的工作，人工操作信号设备进行接发车、调车等行车作业，并根据行调指令对列车运行进行调整；在非正常情况下，车站根据调度的指令，按规定的作业办法要求负责列车在车站的接车、发车、调车等作业。

（2）设备施工组织。在车站管辖范围内的任何施工均应在车站行车控制室登记，在得到行车值班员的签字确认后方可进行；对影响运营的施工检修作业，如信号设备检修、道岔检修等作业，必须得到调度的同意后方可进行。

（3）接发列车作业。车站员工应确保在各种控制方式下车站的接、发列车组织工作安全、有序。

五、接发列车作业安全

接发列车是城市轨道交通行车工作中最重要的环节之一。接发列车的作业安全直接关系到城市轨道交通的行车安全，因此，所有参与接发列车的作业人员，均应以高度的工作责任感认真履行岗位职责，严格执行规章规范，保证接发列车作业安全。

1. 接发列车作业安全基本知识

车站在办理接发列车作业时，列车车次、列车运行方向及运行指挥系统等，都是安全保证体系中的重要条件。

（1）列车车次与行车安全。列车车次具有区别列车种类、作业性质及其运行方向等重要作用，同时与行车安全密切相关。接发列车作业中，列车车次的误听、误传、误抄、误填，往往是造成行车事故的直接原因。为此，办理接发列车时，列车车次必须传准听清，复诵无误，防止误听误传；抄写或填记行车簿册、命令及行车凭证时，要认真核对，防止误抄误填。车次不清楚时，必须立即询问，严禁臆测行车。

（2）列车运行方向与行车安全。列车运行方向也是保证接发列车及行车安全的重要条件之一。尤其是一端有两个及其以上列车运行方向的车站更须引起注意，在办理列车闭塞及下达接发车进路命令等作业事项时，均应冠以邻站方向或线路名称，以防止列车开错方向。

（3）列车运行指挥与行车安全。行车工作必须坚持集中领导、统一指挥、逐级负责的原则。为安全顺利地组织列车运行，列车运行的指挥工作应注意两点，即正确指挥和服从指挥。

列车运行的指挥工作首先应强调其安全正确性。日常行车作业中，行车调度错发、漏发调度命令，盲目指挥列车运行，或车站值班员错发、漏发接发列车命令，盲目指挥及错误操纵控制台等，往往都是造成列车事故的重要因素。因此，在指挥列车运行工作时，行车调度在发布命令之前，应详细了解现场情况，并听取有关人员的意见，以便正确下达指挥列车运行的调度命令和口头指示。

车站值班员在指挥及办理接发列车作业时，须认真遵守行车有关规章要求，严格执行接发列车作业规定，正确下达接发列车的有关命令，确保列车运行安全。

2. 接发列车作业惯性事故的种类及主要原因

车站在办理接车、发车和列车通过作业程序中发生的一切行车事故称为接发列车事故。

(1) 接发列车作业惯性事故的种类

1) 向占用区间发出列车。

2) 向占用线路接入列车。

3) 未准备好进路就接发列车。

4) 未办或错办闭塞就发出列车。

5) 列车冒进信号或越过警冲标。

6) 错误办理行车凭证发车或耽误列车。

(2) 发生接发列车惯性事故的主要原因

1) 当班人员离岗、打盹或做与接发列车作业无关的事情。

2) 办理闭塞时没有确认区间处于空闲状态。

3) 不按规定检查确认接发列车进路。

4) 不认真核对行车凭证。

5) 错办或未及时办理信号。

6) 取消、变更接发列车进路时联络不彻底。

3. 接发列车作业安全要求

接发列车作业，从办理闭塞、准备进路到开放信号、交递凭证，直至列车由车站发出或通过，其间任何一个环节的漏洞都可能埋下事故隐患，任何一项作业的差错都往往危及列车安全。因此，日常办理每一趟列车，均须高度重视，认真作业。

目前，国内外城市轨道交通均采用信号系统控制列车运行，监控列车运行安全。列车正常行车时，由信号系统自动控制，信号正常时车站不需要接发列车，只需由车站值班员、站台人员完成站台安全监控和乘客乘降的服务工作。只有遇到特殊情况（信号系统出现故障需人工排列进路组织列车运行时或列车退回车站等情况）须接发列车，应注意以下安全要求：

(1) 办理闭塞作业的安全要求。办理列车闭塞是接发列车的首要作业环节，是列车取得区间占用权的重要环节，也是较易发生列车事故的关键环节。

1) 办理闭塞前，必须认真确认区间已空闲。车站值班员在办理闭塞时，为防止向占用区间发出列车，在确认区间空闲时必须认真做好以下工作：

①检查确认前一列车是否完整到达。

②通过闭塞设备确认区间空闲。

③检查确认区间是否有列车占用。

④检查确认区间是否封锁。

⑤检查确认区间是否遗留车辆。

⑥检查确认区间内设有道岔时，发车进入正线的列车，区间道岔是否向正线开通并锁闭。

⑦检查确认有关记录情况。

⑧检查确认其他占用区间的情况。

2）办理闭塞时，车次必须准确清晰。

3）办理闭塞时，用语必须准确完整。

现场作业中，有的车站值班员承认闭塞时，仅简化回答“同意”两字而未复诵，未起到与相邻站互控、联控的作用，极易发生错办车次。为此，办理闭塞及承认闭塞时，均须完整按照行车标准用语执行。

（2）准备进路作业的安全要求。准备进路，泛指将列车经由车站所运行的线路安全开通。准备进路是接发列车工作中一项极为重要的作业环节，应引起注意的方面主要有：

1）确认接车线路空闲。车站在准备列车的接车进路或通过进路时，首先必须确认接车（通过）的线路空闲，以防止线路上存有机车、车辆及其他危及列车运行安全的障碍物等。为此，车站值班员和现场作业人员必须对接车（通过）进路线路是否空闲进行检查和确认；设有轨道电路及控制台上设有股道占用标识的，通过控制台对股道是否占用进行确认。

2）确认接发车进路正确无误。接发列车进路的正确与否，直接关系列车运行安全。因此，在接发列车作业中，对列车进路的确认极为重要，切切不可疏忽。联锁设备正常时车站可通过信号设备的显示来确认接发车进路；遇有联锁设备停用时，对列车进路的现场检查则更须严密细致，对进路上的道岔逐个确认，确认道岔位置正确及按要求加锁后，方可报告接发车进路准备妥当。

3）确认影响进路的其他作业已经停止。

（3）办理及交付行车凭证的安全要求。行车凭证是列车占用区间的依据，包括信号机显示、路票、调度命令等。有关作业人员办理行车凭证时，必须认真严谨，注意防止因差错而造成行车事故。

1）防误操作信号设备。信号是指示列车运行的命令。信号正常时，信号机上显示的准许列车运行的各种信号均为列车行车凭证。信号的开放和关闭至关重要。因此，车站值班员、信号员在操作信号设备时，必须全神贯注，精力集中，遵章守纪，严格坚持“眼看、手指、口呼”一致的确认操纵制度，确保信号指示准确无误。

2）防误填写行车凭证。使用路票、调度命令等书面凭证办理行车时，对其使用日期、区间、车次、地点、电话记录号码或调度命令号码等应特别注意。书面凭证填写后，必须逐字逐项复诵，认真进行核对经确认无误后，方可交付使用，以防止因填写错误而导致行车事故。

（4）接发列车作业程序及用语要求。为确保接发列车作业的安全稳定，尤其在应急处理中，车站接发列车作业应按规定程序办理，并使用规定用语。随意简化，甚至颠倒或遗漏作业程序及用语，将危及行车安全。

（5）接送列车及指示发车作业的安全要求。接送列车及指示发车直接关系接发列车作业安全。在信号正常的情况下，车站原则上不办理接发列车作业，遇特殊情况（指信号联锁故障需要人工排列进路组织列车运行时，或列车开到区间因故障要退回车站等情况）须接发列车时，车站接发列车人员应严格执行接发列车作业程序。

1）确认列车整列到达。

2）严密监视列车运行安全状态。站台岗人员随时注意站台乘客动态，当客车进站时应于站台扶梯口靠近紧急停车按钮附近站岗，防止乘客在关门时冲上车被夹伤，维护站台秩序，监督司机按规范动作关门。发车时，站台岗（或司机）若发现站台或屏蔽门异常，应立即用对讲机通知司机（或站台岗）并及时处理。

3）确认列车发车条件无误后，方可指示发车。

六、调车作业安全

调车作业是指除列车在正线运行、车站（车厂）到发以外的一切机车、车辆或列车的有目的的移动。在调车作业中发生的事故称为调车事故。一般来说，调车作业惯性事故分为撞、脱、挤、溜四种类型，即冲突、脱轨、挤岔、机车车辆溜逸。

1. 调车作业事故的常见原因

（1）调车作业计划不清或传达不彻底。调车作业计划是信号员、调车组等调车作业相关人员统一的行动计划，如果调车作业计划本身不清，造成调车进路排错，机车车辆进入线路；或调车作业计划传达不彻底，造成信号员及调机司机行动不一致，极易发生事故。

（2）作业前检查不彻底，准备不充分。调车作业前，必须按规定提前排风，摘解风管，核对计划，确认进路，检查线路、道岔和停留车辆情况，手闸制动时要选闸、试闸，铁鞋制动时要准备足够、良好的铁鞋。

（3）误排进路或未扳、错扳、临时扳动道岔或错误转动道岔。信号员误排进路或未扳、错扳、临时扳动或错误转动道岔，调车员和司机不认真确认信号及道岔位置，极易造成冲突、脱轨和挤岔事故。

（4）调车手信号显示不标准。调车手信号显示不标准有三种情况：一是未按规定的要求显示信号；二是错过了显示信号的时机；三是错误地显示信号。上述情况都有可能导致事故的发生。

（5）前端无人引导推进运行或推进车辆不试拉。推进作业时，前端无人引导，由于调车司机无法确认线路和停留车情况，极易造成撞车和挤岔事故。推进车辆不试拉，一旦车辆中有假连接，制动或停车时车辆脱钩发生溜逸，也容易发生撞车、脱轨、挤岔和溜逸等事故。

（6）没按规定采取防溜措施。调车作业在线路上停放车辆时，如不按规定采取防溜措施，极易发生车辆溜逸事故，一旦车辆溜逸入区间，后果不堪设想。

2. 调车作业安全的基本要求

（1）调车作业指挥及各岗位作业要求

1）车厂调车工作由车厂调度员集中领导、统一指挥，车厂值班员负责办理接发列车、排列列车进路和调车作业进路控制，调车作业人员应按相关标准和调车作业计划单执行。

2）车厂调度员应根据机车车辆（包括客车，下同）、线路、设备检修计划和现场作业情况，科学、合理地编制调车作业计划，组织调车人员安全、及时地完成调车任务。

3）调车作业由调车员单一指挥，根据调车作业计划单，正确、及时地显示信号，指挥调车司机，并注意行车安全。

4）调车司机应根据调车员的信号准确、平稳地操纵机车，时刻注意确认信号，不间断进行了望，正确、及时地执行信号显示要求，负责调车作业安全。

5）车厂值班员根据调车作业计划单和现场作业情况、机车车辆停放股道，正确、及时地排列调车进路、开放调车信号，做到随时监控机车车辆运行、干一钩勾划一勾。

（2）编制和布置调车作业计划的基本要求

1）编制调车作业计划。编制计划必须在确保安全的前提下，充分考虑调车效率，做到有调车机车名称，有编解或摘挂车次，有作业起止时间，有编制人员姓名、日期。一批作业超过 3 钩或变更计划超过 3 钩，应使用调车作业通知单。

2）布置调车作业计划。调车作业计划要正确及时布置。调车领导人要将调车作业计划亲自传达给调车员，调车员亲自传达给参加调车作业的司机。调车员必须确认有关人员均已了解调车作业计划后方可开始作业。

3）变更调车作业计划。变更计划时，调车领导人必须停止调车作业，将变更内容重新传达给每一名作业人员，确认无误后方可作业。

（3）调车作业前准备工作的基本要求。认真检查线路、道岔、停留车情况：一是检查进行调车作业的线路上有无障碍物，二是检查停留车位置，三是检查防溜措施，四是检查确认道岔开通位置，五是检查“道沿”距离，检查确认无误后方可作业。

（4）调车作业显示信号的基本要求。目前，有部分城市轨道交通企业在车厂内调车作业和正线工程车推进运行时已采用无线调车电台进行现场指挥。正常情况下，使用无线调车电台指挥调车作业及进行调车作业人员相互间的联系，但在该设备发生故障时，则改用手信号指挥调车作业。因此，调车作业人员不但要熟悉信号显示内容，还必须熟练掌握显示方法。

显示信号时，应严肃认真，做到位置适当，正确及时，横平竖直，灯正圈圆，角度准确，段落清晰。

1）正确选择显示信号的位置。调车员应站在易于了望、能确认前方进路又能使司机看见信号的位置上显示信号。

2）正确显示连挂信号。在推进车辆连挂作业时，为了使司机及时了解调车车辆与停留车之间的距离，调车员应显示连挂信号和距离信号，以做到平稳连挂。没有显示连挂信号和距离信号不准挂车。调车员显示信号后，没有听到司机鸣示回示信号时，要立即显示停车信号。机车、车组接近被连挂车辆不少于 1 m 时一度停车，确认车钩位置正确后再连挂。确认连挂好后，推动车辆前应指挥司机进行试拉。

（5）调车运行安全的基本要求

1）调车作业四禁止：设备或障碍物侵入线路设备限界时，禁止调车作业；禁止提活钩，溜放调车作业；客车转向架液压减振器被拆除但空气弹簧无气时，禁止调车作业；禁止两组车组或列车同时在同一条股道上相对移动。

2）车厂值班员正确、及时地排列调车进路、开放调车信号，做到随时监控机车车辆运行。调车作业中，司机与车厂值班员保持联系，严格执行呼唤制度。

3）调车作业中司机要准确掌握速度，在了望条件差、天气不良等非常情况下应适当降低速度。

4）在尽头线上调车时，距线路终端应有 10 m 安全距离，遇特殊情况需小于 10 m 时，应与司机联系，严格控制速度并采取防溜措施。

5）在机车、车辆移动中，作业人员禁止有下列行为：在平板车的侧板或端板、支架上坐立；站在车梯上探身过远；在装载易于窜动货物的车辆间和货物空隙间站立或坐卧；骑坐车帮，跨越车辆；进入线路内摘挡或调整钩位；在机车前后端坐立。

（6）车辆停留、防溜及止轮器存放的规定

1）连接线、牵出线、洗车线、走行线（接发列车时除外）、试车线、咽喉道岔区禁止停放机车车辆。在其他线路存放车辆时，应经车厂调度员同意方可占用。机车车辆应停在线路两端信号机内一侧。

2）工程机车、轨道车停放在带电区时，应在上车顶扶梯处悬挂“高压电，禁止爬上”标志牌。

3）调车作业，应做到摘车时先做好防溜（电客车应恢复气制动和停车制动，工程车拧紧手闸，必要时放置铁鞋）后再摘车；挂车前应首先检查防溜措施状况，确认无误后才能挂车，挂妥后再撤除防溜。

4）铁鞋应统一放置于机车车辆一侧的车轮下，撤除防溜后，铁鞋应及时放归原位。

第二节 施工作业安全

行车的安全，在很大程度上取决于施工安全。做好施工安全工作，确保行车设备、设施维修保养符合技术要求，才能使城市轨道交通顺利开展运营。一旦施工安全出了问题，将会给人民生命财产造成损害，给国家和企业财产造成严重损失，使城市轨道交通运输的秩序紊乱，严重影响乘客出行。因此，要高度重视施工安全工作，为城市轨道交通的安全运营打下良好的基础。

为提高维修、施工的效率，保证设备维修质量，确保维修和施工的安全，要成立有效的施工管理组织，加强对维修、施工作业的管理：

- 组织对工程施工方案进行审核。
- 协调各单位的作业计划。处理作业计划变更事宜，跟进作业计划实施情况。
- 编制、发布施工行车计划。
- 组织对工程质量进行检查和验收。
- 组织对外单位人员进行轨道施工安全培训。
- 定期对施工工作的开展情况进行分析、总结，并有针对性地改进工作。

一、施工计划的制定

1. 施工计划

施工计划可按计划的时间不同进行划分，也可按计划的施工作业地点和性质不同划分，例如是否影响正线、是否影响车厂等。

（1）属于正常修程内的作业应结合设备检修计划进行编制，加强计划性。

（2）如在运营时间对设备进行临时抢修，须在停运后继续安排临时性的设备补修。

2. 施工计划申报程序

（1）外单位施工负责人须接受培训后才能够申请在城市轨道施工作业中担任负责人，施工作业编制部门与外单位施工负责人签订安全协议。

（2）施工单位、内部相关部门应按规定时间向施工计划编制部门提报计划，施工计划编制部门平衡协调后发相关部门执行。

（3）施工单位、内部相关部门应填写施工计划申报单，其中包括作业日期、作业部门、作业时间、作业区域、作业内容、供电安排、申报人、防护措施、备注（列车编组、配合部门及详细配合要求、联系电话等）。

3. 施工计划的编制

（1）计划编制原则

1）在确保安全的前提下，考虑均衡安排，避免集中作业。

2）处理好列车的开行时间和密度、施工封锁等几方面的关系，避免抢时、争点现象。

3）经济、合理地使用机车车辆，避免浪费资源。

（2）施工进场作业令

1）凡进行计划施工，都必须领取施工进场作业令，以此作为请点施工的凭证。

2）施工计划编制部门负责施工进场作业令的管理工作。

二、施工安全管理

1. 施工责任人制度

每项施工作业需设立一名施工负责人，辅站另设施工责任人，两者须经过培训后取得安全资格证书，并实行持证上岗制度。

（1）施工负责人\施工责任人职责

1）负责作业人员\设备的管理。

2）办理请\销点手续。

3）作业过程的组织指挥。

4）及时与车站、车厂联系作业有关事项。

5）组织设置\撤销作业安全防护设施。

6）出清作业区域\设备状态恢复正常。

（2）施工负责人\施工责任人任职条件

1）熟知行车规章制度及有关规定。

2）熟悉该项作业的性质、内容、方法、步骤、要求等。

3）具备与该项作业相关的安全知识和技能。

4）经过培训并考试合格，取得相关资格证书。

2. 施工防护要求

（1）接触网停电检修或需接触网停电配合挂地线时，在该作业地段两端挂接地线。

（2）站内或站间线路施工时，需在施工区域两端轨道上设置红闪灯防护。

（3）在折返线、存车线、联络线上施工时，须在作业区域的可能来车方向处放置红闪灯防护。

（4）车站值班人员到站台检查红闪灯是否按规定摆放，并监督红闪灯状态是否良好。

（5）施工作业时除严格执行以上规定外，还要按施工部门的有关施工操作程序的防护规定执行。

（6）凡在运营时间内进行作业的，必须做好防护措施，确保城市轨道交通乘客的安全，最大限度减少对乘客的影响。

3. 现场施工要求

（1）人、工程车在同一区域作业时，由施工负责人与车长根据现场情况协调。

1）按施工前进方向，列车在前，人员在后，原则上不得颠倒或列车运行前后皆有作业。

2）非随车施工人员与列车应有一定的安全间隔，原则上列车不得随便后退，如有需要动车时，须施工负责人和车长协商后才能动车，确保人身安全。

3）作业人员应在现场作业区的来车方向设置红闪灯防护。

（2）组织工程车运行时，在工程车运行的到达站前方必须保证至少有一个站间区间空闲。

（3）在开行工程车进行作业的封锁作业区前后方必须保证至少有一个站台区或站间区间空闲。

（4）在开行高速调试列车的封锁作业区前后方必须保证至少有一个站间区间空闲。

（5）凡进入线路施工的施工作业人员必须按要求穿荧光衣，并根据作业性质及作业要求使用其他安全防护用品。

（6）施工作业过程中如要进行动火作业，必须事前办理有关动火手续，严禁在未办理动火手续的情况下进行动火作业。

（7）外单位施工由主办部门或主配合部门负责安全管理、安全监督。

（8）各施工单位、部门在申报施工计划时应严格按照相关规定，结合施工作业过程中的实际情况，提出安全防护要求和配合要求。在施工作业过程中，施工单位、部门应严格遵守安全规定和施工进场作业令中的要求。

三、施工组织

1. 施工时间的安排

（1）如有工程车运行时须等工程车过后才能开始施工。

（2）严格按照施工计划按时完成施工作业。

（3）每日尾班车离开起点站后，可由车站根据施工登记表向行车调度预请点。

（4）车厂内施工（作业）时间安排严格按照施工计划的要求执行，车厂调度、维修调度、派班员应根据当日施工计划提前做好线路空闲、车辆和司机配合准备。

2. 施工的组织

（1）各施工单位及部门的施工、检查作业，严格控制作业区范围及作业时间

1）外单位施工负责人（责任人）须持安全资格相关证件后，方可在城市轨道交通范围内进行施工。

2）施工负责人持安全资格相关证件，方有资格申请城市轨道交通施工。

3）持有安全资格相关证件的施工负责人，向施工计划编制部门申报施工计划。

4）以主办部门或主配合部门名义申报的外单位作业，由外单位人员担任施工负责人，

主办部门或主配合部门协助办理请销点。

（2）施工人员进出站规定

1）施工负责人持作业令在作业令规定的施工开始时间前到达主站；施工责任人及维修人员在作业令规定的施工开始时间前到达辅站和相关车站；按规定程序办理施工作业手续。

2）向内部相关部门配发车站紧急出入口的钥匙。施工人员遇特殊情况需在收车后到达车站的，施工负责人到内部相关部门申请领取车站出入口钥匙，经各站指定的紧急出入口进出车站，及时将出入口上锁。

3）外单位的施工人员进出车站须提前与车站当值人员联系，并于关站前进站。特殊情况确需关站后进入的应事先与车站预约，车站根据预约的地点、时间，查验手续后开门放行。

（3）施工组织规定

1）每日运营结束后，维修部门按计划对各设备系统进行检修作业，并应于规定时间内完成运行线路巡道和施工线路出清程序。

2）在正线及辅助线施工开始前，施工负责人应进行施工登记，经行车调度批准、发布封锁命令。车站签认后，通知施工负责人设置防护信号，并送维修施工人员到站台端墙，确保施工人员进入正确的施工区域。

3）对维修、调试、施工等作业按性质、地点分别组织：涉及正线的施工作业须经行车调度批准方可进行；涉及车厂内的施工作业须经车厂调度员同意方可进行，如影响正线行车须报行车调度批准；涉及车站的施工作业须经车站批准方可施工。

4）在两站之间作业需要开行工程车时，由行车调度指定的车站值班员负责掌握施工情况，监督施工安全。

5）施工结束后，施工负责人负责线路出清、人员撤离现场，经检查确认撤除防护后，办理注销施工登记手续，车站报告行车调度取消封锁线路的命令。

6）需由多个车站进入施工的作业项目，施工负责人除到主站办理外，还需核实辅站情况。辅站施工责任人在作业令规定的施工开始时间前到达辅站办理登记手续，辅站值班员向主站值班员核实施工事项并请点。主站接到行车调度允许施工的命令后，传达给施工负责人及辅站，辅站值班员允许施工责任人开始该作业点的施工。

7）当多站销点时，辅站施工责任人负责本段线路出清并报施工负责人后，在辅站销点；辅站值班员向主站值班员销点；施工负责人负责该项作业区域全部出清后，方可报主站值班员销点，主站值班员向行车调度销点。

8）有外单位作业时，由指定的施工主办部门或主配合部门人员协助办理请点后，方可开始作业。

四、工程车开行

1. 行车调度统一指挥

行车调度负责统一指挥工程车开行，在进行作业安排时，有关人员应注意以下几点：

（1）安排工程车作业时，必须严格按照划分的区域安排作业。

（2）工程车离开作业区返回时，车长、司机负责观察工程车返车厂途中的前方线路出清情况，保证车上物品及部件不掉落，工程车在回库前向行车调度汇报。

（3）工程车进路排列由行车调度负责，行车调度在指挥工程车运行时要严格确认工程车运行前后有无施工作业。

（4）封锁区域工程车运行由施工负责人负责指挥。

（5）涉及接触网停电挂地线且需工程车配合的作业时，工程车到达作业区后，行车调度同意后才可挂地线；作业完毕，拆除地线，得到行车调度命令后司机方可动车回厂。

2. 工程车开行

（1）在工程车出车厂前，工程车司机要与行车调度试验无线电台的性能；工程车在运行中，司机和车长要加强与行车调度的联系（如联系不上时通过车站转达），掌握列车运行计划，确认进路。

（2）工程车在进站、出站、运行至曲线前、站内或区间动车前，按规定鸣笛示警。

（3）工程车在车站装卸物料时，物料必须整齐稳固地堆放在距站台边缘安全限界以外的地方，车站要负责监控，查看是否有物品侵限。

3. 正线发生各类设备故障或事故时工程车、救援列车进出封锁区间的组织

（1）维修调度负责向行车调度提出使用工程车的计划（上人、设备地点和数量），由行车调度向车厂调度员发布调车指令。

（2）车厂调度员按行车调度的要求组织工程车开行到车厂内指定地点。

（3）抢修工作执行部门原则上在工程车到达后 10 min 内完成装载设备、物品等工作，并安排跟车人员上车。

（4）行车调度负责组织工程车或救援列车从车厂至封锁区间前一站的运行，在封锁区间前一站把工程车或救援列车交给维修调度，并命令该站向工程车或救援列车交付封锁命令。

（5）维修调度负责通知现场指挥指派一名联络员登乘工程车或救援列车驾驶室，将进入区间的计划交给车长，由车长引导进入封锁区间，并按计划指挥动车。

（6）如封锁区间内有道岔、辅助线时，由车长与车站联系调车进路计划，车站排好进路后通知车长，由车长指挥动车。

第三节 调试、试验安全

一、调试、试验安全管理的内容

规范在城市轨道交通范围内的新线、新系统、新设备和科研技改设备在安装、软硬件更换与调试、测试的安全管理，确保不因设备安装、软硬件更换与调试、测试而影响正常运营的安全、效率等。

设备安装、软硬件更换与调试、测试项目的责任部门负责项目协调、计划、组织、技术、安全工作，负责对外的联络，贯彻统一指挥、逐级负责的原则。

凡进行设备安装、软硬件更换与相应调试、测试的项目，应严格执行工作流程，工作流程包括编写与确定方案、学习方案、现场组织与实施及结果确认等。

二、硬件及软件更换要求

在设备安装、软硬件更换与调试、测试项目方案中应明确外单位和本单位工作职责与流程。参与设备安装、硬软件更换与调试、测试项目的人员应严格按规定执行相关流程。

当进行可能造成运营负面影响的硬软件更换（含软件升级）、调试、试验项目时，应执行以下要求：

1. 硬件更换要求

硬件更换包括：硬件故障处理、硬件升级。

（1）硬件故障处理

1）判断硬件的故障，检查相关参数、配置记录。

2）更换硬件后测试相关参数并做好记录。

3）分析更换备件后可能造成的运营风险，需要进一步测试时，做好现场测试记录并签字确认后留存。

（2）硬件升级

1）在硬件升级方案中应注明更换影响的范围，更换时的注意事项，更换后的现场测试内容、记录表格和相关确认项目等。

2）测试完成后，详细记录具体的参数配置、参数设置要求，做好现场测试记录。

3）应存放好升级前被更换的硬件，一旦因硬件升级原因造成运营故障，应立即恢复原硬件。

2. 软件更换要求

软件更换是指进行软件更换、测试与修改系统参数等活动。

（1）在软件更换方案中要注明软件升级说明、各系统情况相关说明等内容。

（2）应准备好软件的备份及足够的相关硬件的备件，要控制好更换新软件的测试时间，以避免由新软件测试失败对运营造成的影响。

（3）软件测试完成后，详细记录具体的参数配置、参数设置要求，做好现场测试记录。

（4）在软件测试期间，升级前的软件应保留，一旦因软件升级原因造成运营故障，应立即恢复原软件。

三、调试、试验方案管理

（1）进行调试、试验项目的责任主办部门必须制定调试、试验方案。

（2）需定期实施的调试、试验项目，必须编制调试、试验大纲。

（3）现场的调试、试验工作不得超越国家规定、行业标准及本单位相关规定。

（4）所有涉及外部门协助的调试、试验，由主办部门负责整个调试工作，牵头组织调试、试验准备会，共同讨论方案及确定安全调试计划；调试部门必须制订详细的调试、试验方案，明确调试、试验步骤、配合的要求、安全防护措施等相关事项。

（5）由于特殊的原因，本应在出厂前应完成的设备调试、试验，需在城市轨道交通范围内进行，主办部门必须将调试、试验方案送相关部门会签，并报上级批准后方可进行。

（6）协办部门需根据调试、试验方案制定本部门的相关安全措施，确保调试、试验工作顺利进行。

（7）凡经批准的国产化、技改等项目上线调试、运行，必须经批准并报送安全部门备案，方可实行。

四、调试、试验计划申报与实施管理

（1）对正线范围内的调试、试验，在调试、试验过程中，行车调度与调试、试验负责人必须加强联系，行车调度有权向调试、试验负责人了解调试、试验进行情况，调试、试验负责人有责任向行车调度通报调试、试验进行情况。对车厂范围内的调试、试验，在调试、试验过程中，车厂调度员与调试、试验负责人必须加强联系，车厂调度员有权向调试、试验负责人了解调试、试验进行情况，调试、试验负责人有责任向车厂调度员通报调试、试验进行情况。

（2）在调试过程中，无论调试区段是否封锁，在调试区段原则上不能进行其他施工作业。若确需进入调试区段抢修设备时，由抢修施工负责人与调试、试验负责人联系，在得到调试负责人许可后，行车调度可在保证运营安全的原则下，安排进入调试区段抢修。

（3）凡在城市轨道交通范围内进行的调试、试验工作，控制中心负责跟踪调试、试验过程。

（4）调试、试验作业现场的请点与销点流程及作业安全防护措施应按施工管理规定执行。

（5）调试、试验作业结束后，调试、试验工作人员应清扫、整理现场。调试、试验负责人应进行周密检查，确认无误后方可离开。

五、调试、试验车辆行车安全

（1）客车调试、试验作业的行车工作由司机负责，在调试、试验客车运行过程中，禁止调试、试验人员擅自动用与行车安全有关的设备设施。

（2）客车进行任何调试、试验，须由调试、试验负责人统一指挥，司机必须根据调试、试验负责人的要求操纵客车。需要动车时，必须与车厂值班员或行车调度联系落实运行进路的安全，得到其同意并确认行车“三要素”（进路、信号、凭证）符合行车条件后方可动车。

（3）严禁爬上客车车顶，运行中严禁探身车外、飞乘飞降上下车，任何人不得扶着手扶杆站在车厢外面。进行动态试车前，必须确保客车的制动系统功能良好。静态试验前，必须对车辆施加停车制动。

（4）客车司机应按列车操作条款及检车流程对调试、试验客车进行全面检查、试验，确保客车状态符合行车要求。客车有异常或故障要严格按照相关要求及时汇报、处理。

（5）在客车动车出厂前，司机必须正确理解调度命令内容，明确调试指挥负责人，与其确认调试内容及安全注意事项，清楚并明确调试程序。司机须检查确认客车制动试验、线路限界、进路信号的显示、调试人员及设备到位等情况具备行车安全条件，如有异常及时报告车厂调度员。

（6）严禁客车实习学员操纵列车进行调试、试验作业。司机应严格执行规章制度控制好速度，加强了望和呼唤应答，认真操作，密切注意观察设备、仪表的状态，遇信号异常或危及行车安全时，应立即采取紧急停车措施，并及时报告调试、试验负责人及行车调度或车厂调度员，听从其指示，确保调试客车安全。作业途中停止时，没有调试、试验负责人的指示，严禁擅自动车。

（7）在调试、试验作业过程中出现车辆故障时，客车司机应及时向调试负责人汇报，由其进行处理，视其需要给予协助。禁止未经调试负责人同意擅自动用车载设备或进行任何试验操作。

（8）在客车调试、试验期间，司机需服从调试、试验负责人的指挥，但调试、试验负责人提出的调试要求超出计划内容时，司机应及时向行车调度（在车厂则报车厂调度员）汇报并得到其同意后方可执行。下列情况则司机应给予坚决制止，严禁动车，并将情况报告行车调度（在车厂则报车厂调度员）处理。调试人员不听劝阻者，出现以下情况时，司机有权停止作业：

1）调试、试验指令违反相关安全规定或规章时。

2）危及行车安全（如有物品侵入限界、道岔位置不对等情况）时。

3）不具备动车条件（如客车上的设备未恢复正常位置、未进行制动试验等情况）时。

4）无调试、试验负责人在场时。

5）作业计划不清或计划与实际有出入时。

（9）试车线调试、试验的安全措施

1）严格执行施工管理规定中有关在车厂内调试、试验作业组织流程。车厂调度员在接到调试、试验任务时将调试、试验计划有关内容向司机布置清楚。

2）在试车线进行客车调试、试验时要严格遵守试车线的限制速度，按照试车线行车信号、标志要求，严格控制速度运行。

3）雨天、大雾天时严禁在试车线进行客车的高速调试、试验，制动时做到早拉少拉，并按规定停车。夜间严禁进行人工模式下的高速调试、试验。

4）进行调试时，必须安排两名司机上岗，一人操作一人监控。司机要按试验大纲要求操作，严格控制好两端速度。

（10）正线调试、试验的安全措施

1）司机应严格执行相关规定，整备客车，确保客车状态符合上正线运行要求。

2）客车出厂前，司机必须检查调试、试验人员的到位情况，确认调试区间具体线路，明确调试项目、程序及其安全事项。

3）列车在始发站动车前，司机要与行车调度共同确认调试、试验进路的开通情况。司机要密切注意列车运行前方的线路状态，严格执行行车调度命令，听从调试、试验负责人指挥。

4）列车调试、试验原则上按信号显示行车，如行车调度要求列车在封锁线路进行调试、试验时，司机必须认真确认进路上的每副道岔位置，在通过进路防护信号机、道岔时要适当降低速度。

5）每次动车前，司机要认真确认信号、进路、道岔情况，运行时要集中精力，严格按照规定的速度或按行车调度的限速命令运行，严禁超速驾驶。

6）遇较难确认信号的车站或区间，司机应适当降低速度直至能清楚确认信号显示后按规定的速度运行。

7）列车在两端终点站或在运行中途站需要折返换端后，司机应确认进路信号机的显示、道岔位置正确并与行车调度落实运行进路后方可开主控钥匙，凭调试、试验负责人的指令动车。

六、设备安装及调试、试验注意事项

（1）所有参加设备安装、软硬件更换与调试、试验的人员必须符合城市轨道交通安全规定的要求，并熟悉方案的要求，严禁无证操作。

（2）在调试期间如发现有危及行车安全的情况，任何人都有权中断调试。

（3）发生雷雨或暴风时，禁止在电线杆上作业。打雷时，禁止对避雷器、地线等进行调试。

（4）因为调试、试验需要挖坑、沟时，应与有关部门联系，了解地下设备情况，土质松软处应设防护和加固措施，以防坍塌，坑、沟一般不过夜，不得已时须采取防护措施。

（5）凡进行危险性较大、影响行车和人身安全的调试、试验时，必须事先拟定安全措施，并由调试负责人组织，派专人进行防护。

（6）在设备安装、硬软件更换与调试、测试过程中须使用易燃、易爆和有毒材料的，应设专人负责，隔离存放，妥善保管。

（7）调试、试验作业中需下地沟作业时应戴安全帽，上车顶作业时应采取安全防护措施并确认其状态良好。禁止穿拖鞋、高跟鞋、硬底鞋进行作业。

（8）任何人未经允许和接地线未挂好不得进入车顶检修平台，任何时候不得翻越车顶检修平台，未经允许不得使用移动扶梯上车顶。

（9）调试人员因调试需要进出屏蔽门端门时，必须关好端门以免因活塞风影响将端门吹动撞烂。

（10）调试期间，任何参与调试的人员原则上不能下调试区域的轨行区，如确有需要下去时必须征得调试现场指挥的同意，并确认在车上已采取了相关的安全措施后，方可进入轨行区。

（11）外单位调试人员进入设备房、列车及轨行区作业，必须按本单位相关规定的内容执行；操作运营设备时，必须有本单位人员在场。

（12）在调试过程中，主办部门必须督促供货商做好充分的备件准备，以利于应对突发的事件。

第四节　电气安全

电能具有便于输送、容易控制、用途广泛和利用效率高的特点，有利于实现生产过程自动化，已被广泛应用于工业、农业和人民生活等各个领域。电能在造福人类的同时，也带来了一定的危险。如果对电能可能产生的危害认识不足，缺乏用电安全知识，使用不当，控制和防护措施不到位，或安全管理不到位和运行维护不当等，将会发生异常情况，甚至造成人身伤害和财产损失。因此，在企业生产和日常生活中必须重视电气安全。

一、电气安全基本知识

1. 电气事故的特点

（1）电气事故所造成的危害大。电气事故往往会影响生产和生活，造成财产损失和人员伤害，甚至还可能造成人员死亡，影响社会秩序。

（2）电气事故所引发的危险难以直接识别。由于电能看不见、听不到、嗅不着，比较抽象，不具备可直观识别的特征。因此，电能传输和使用过程中引发的危险不易为人们所察觉，电气事故往往来得猝不及防。

（3）电气事故涉及领域广。电气事故不仅发生在用电领域（如触电、设备和线路故障等），还可能发生在一些非用电场所，这是因为电能的释放也会造成灾害或伤害（如雷电、静电和电磁场危害等）。电能的使用十分广泛，只要使用电，就有可能发生电气事故，就必须重视电气安全，考虑电气事故的防护问题。

2. 触电事故种类及电流对人体的危害

触电指电流流过人体时对人体产生的生理和病理伤害。触电事故是由电流及其转换成的能量造成的事故。

（1）触电事故种类。触电事故分为电击和电伤两种类型。

1）电击。电击是电流直接作用于人体所造成的人体内部组织在生理上的反应和病变伤害，也就是通常说的触电，是最危险的一种伤害。绝大部分触电事故都是由电击造成的。电击可分为直接接触电击和间接接触电击。前者是触及正常状态下的带电体时发生的电击，后者是触及正常状态下不带电而在故障状态下意外带电的带电体时发生的电击。

2）电伤。电伤是电流的热效应、化学效应、机械效应等效应对人体造成的伤害，如电弧烧伤、电流灼伤、电烙印、皮肤金属化、机械性损伤、电光等。电弧烧伤是最危险的电伤，因电弧温度高达 8000℃，可造成大面积深度烧伤，甚至烧焦。

（2）电流对人体的危害。电流对人体的危害程度与通过人体的电流大小、通电持续时间、电流的种类、电流通过途径、触电者的健康状况以及作用于人体的电压等因素有关。

1）通过人体的电流大小。通过人体的电流越大，人体的生理反应就越强烈，病理状态越严重，对人体的伤害就越大。

2）通电持续时间。电流通过人体的持续时间越长，越容易引起心室颤动，触电后果越严重。

3）电流的种类。直流、交流和高频电流对人体的危害程度不同，通常工频电流对人体的危害最为严重。

4）电流通过途径。电流对人体的伤害程度主要取决于心脏受损的程度，不同途径的电流对心脏有不同的损害程度。最危险的电流途径是从左手到前胸。其实，从左手到脚或从右手到左手的电流途径都较危险。

5）触电者的健康状况。触电的危险性与人的健康状况有关。触电者的性别、年龄、健康状况、精神状态和人体电阻都会影响触电后果。触电对心脏病、肺病、内分泌失调及精神病等患者最危险，触电死亡率最高。

6）作用于人体的电压。作用于人体的电压越高，通过人体的电流就越大，对人体的伤害也越严重。我国规定适用于一般环境的安全电压为 36 V。

3. 电气安全常识

(1) 不得私拉、乱拉电线，不得私用电炉。

(2) 不得超负荷用电，不得随意加大熔断器的熔体规格或以铜丝或铁丝代替原有的铝锡合金熔丝。

(3) 装拆电线和电气设备应由电工进行，避免发生短路和触电事故。

(4) 不能在电线上晾晒衣物，以防电线绝缘破损，漏电伤人。

(5) 不得在架空线路和室外变配电装置附近放风筝，以免造成短路或接地故障。

(6) 不得用鸟枪或弹弓打停在电线上的鸟，以免击毁线路绝缘子。

(7) 不得攀登电线杆和变配电装置的构架。

(8) 移动电器的插座一般应采用带保护接地（PE）的插座。

(9) 所有可触及的设备外露可导电部分必须接地，或接中性线（PEN 线）或保护线（PE 线）。

(10) 当电线断落在地上时，不可走近，不能用手去捡。对落地的高压线，禁止人员进入距离落地点 8～10 m 的范围；如果此时已有人在 8～10 m 内，不要跨步奔走，应单足或并足跳离危险区，以防跨步电压触电。遇此断线接地故障，应划定禁止通行区，派人看守，并及时通知电工或供电部门前往处理。

(11) 在打扫卫生、擦拭设备时，严禁用水冲洗，或用湿抹布擦拭电气设施，以防发生短路和触电事故。

(12) 如遇有人触电，应按规定方法进行急救处理。

二、触电事故防护技术

触电事故分为直接触电和间接触电两种，这两种事故发生在电路或电气设备的不同状态下，因而防护措施也各不相同。

1. 直接触电防护技术

直接触电防护技术措施主要有绝缘、屏护和间距等。

(1) 绝缘。绝缘是用绝缘材料把带电体封闭起来。电气设备的绝缘应符合其相应的电压等级、环境条件和使用条件。绝缘良好是保证设备正常运行的必要条件；绝缘不良会导致设备漏电、短路，从而引发设备损坏及触电事故。因此，绝缘防护是最基本的安全防护措施。

1) 常用绝缘材料。绝缘材料又称电介质，它在直流电压的作用下，只有极小的电流通过。电工技术上将电阻率大于 107 Ω·m 的材料称为绝缘材料。绝缘材料按形态可分为气体绝缘材料、液体绝缘材料和固体绝缘材料，按化学性质可分为无机绝缘材料、有机绝缘材料和混合绝缘材料。

常用的气体绝缘材料有空气、氮气、氢气、二氧化碳和六氟化硫等；常用的液体绝缘材料有矿物油、硅油、蓖麻油、十二烷基苯和二芳基乙烷等；常用的固体绝缘材料有电瓷、云母、玻璃、绝缘纤维制品、绝缘浸渍纤维制品、绝缘漆、绝缘胶、电工薄膜、复合制品、胶粘带、电工用塑料和橡胶等。

2）绝缘破坏。绝缘材料在运行中电气性能逐渐恶化甚至被击穿而发生短路或漏电事故的现象，称为绝缘破坏。包括绝缘击穿和绝缘老化两种情况。

①绝缘击穿。绝缘材料在强电场等因素作用下发生破坏性放电的现象称为击穿。绝缘击穿的特点是电压作用时间短，击穿电压高。击穿场强与电场均匀程度有密切关系，但与周围温度及电压作用时间几乎无关。

②绝缘老化。引起老化的因素很多，主要有热的作用、电的作用（包括局部放电的作用）、机械力的作用以及周围环境的影响，如受潮等。

（2）屏护。屏护是采用遮栏、护罩、护盖、箱盒、挡板等把带电体同外界隔离开来。屏护装置的作用有：

1）防止工作人员意外碰触或过分接近带电体，如遮栏、栅栏、保护网、围墙等。

2）作为检修部位与带电部位的距离小于安全距离时的安全措施，如绝缘隔板等。

3）保护电气设备不受机械损伤，如低压电器的箱、盒、盖、罩、挡板等。

屏护装置应与带电体保持足够的安全距离，并根据现场需要配以明显的标志以引起人们的注意，还应有足够的力学强度和良好的耐火性能。金属材料制造的屏护装置应可靠接地（或接零）。遮栏、栅栏应根据需要挂标示牌。遮栏出入口的门上应安装信号装置和联锁装置。

（3）间距。为防止发生人身触电事故和设备短路或接地故障，带电体与带电体之间、带电体与地面之间、带电体与其他设施之间，必须保持一定的距离，称为安全距离或安全间距，可简称间距。安全距离的大小取决于电压的高低、设备状况和安装方式等因素。

安全距离的项目较多，有变配电设备的安全净距离、架空线路的安全距离、电缆线路的安全距离、室内外配线的安全距离、低压进户装置的安全距离、低压用电装置的安全距离、检修时的安全距离、带电作业时的安全距离等。变电设备在各电压等级下的安全距离见表 2—1。

表 2—1 变电设备在各电压等级下的安全距离

电压等级	无防护栅	有防护栅
110 kV	1500 mm	1000 mm
33 kV	1000 mm	600 mm
直流 1500 V 及以下	700 mm	350 mm

在架空线路附近进行起重作业时，起重机具（包括被吊物）与线路导线之间的最小距离应满足表 2—2 所列数值的要求。

表 2—2 起重机具（包括被吊物）与线路导线之间的最小距离

电压（kV）	1 以下	10	35
距离（m）	1.5	2	4

2. 间接触电防护技术

电气设备在运行中发生漏电或击穿（俗称“碰壳”）时，正常运行时不带电的金属外壳以及与之相连的金属结构便带有电压，此时人体触及这些外露的金属部分所造成的触电，称为间接触电。间接触电防护技术有保护接地、保护接零等。

(1) IT 系统（保护接地）。IT 系统就是保护接地系统。IT 系统中所有设备的外露可导电部分都经各自的保护线（PE 线）单独接地。IT 系统的 I 表示配电网中性点不接地或经高阻抗接地，T 表示电气设备外壳接地，如图 2—1 所示。保护接地的作用是将电气设备在故障情况下呈现危险电压的金属部分经接地线、接地体同大地紧密连起来，把故障电压限制在安全范围内。

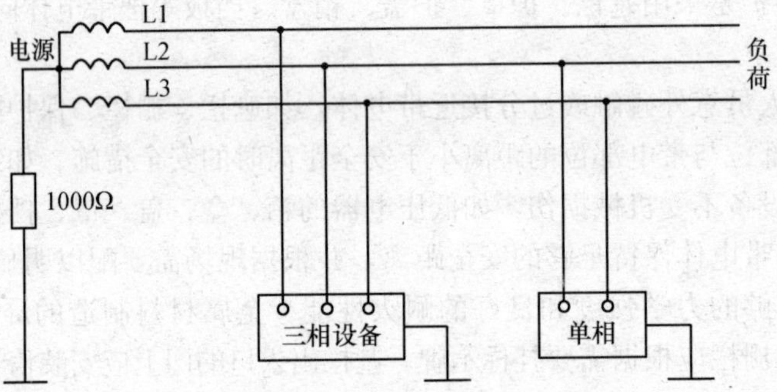

图 2—1　IT 系统

(2) TT 系统。我国绝大多数企业的低压配电网采用三相四线制配电网。TT 系统中所有设备的外露可导电部分都经各自的保护线（PE 线）单独接地。TT 系统的第一个 T 表示配电网中性点直接接地，第二个 T 表示电气设备外壳接地，如图 2—2 所示。TT 系统的带电部分碰到外壳时，接地电阻能大幅度降低漏电设备上的故障电压，从而避免触电事故的发生，但设备上的故障电压一般不能降低到安全范围内。因此，TT 系统必须装设漏电保护装置或过电流保护装置。

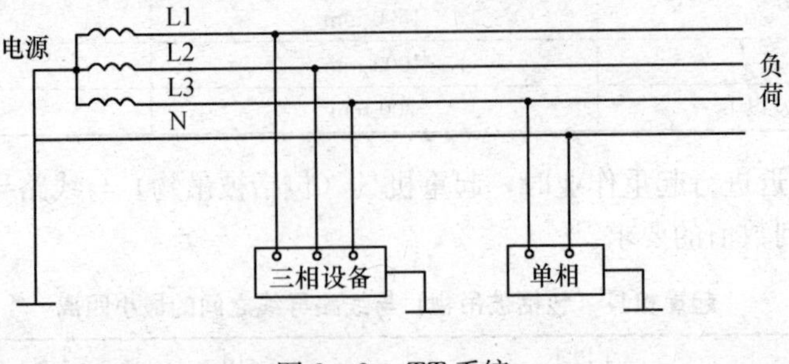

图 2—2　TT 系统

（3）TN 系统（保护接零）。TN 系统就是保护接零系统。TN 系统中所有设备的外露可导电部分均接公共保护线（PE 线）或公共保护中性线（PEN 线），这种接公共 PE 线或 PEN 线也称“接零”。TN 系统中的 N 表示电气设备在正常情况下不带电的金属部分与配电网中性点之间（亦即与保护零线之间）紧密连接。保护接零的安全原理是当某相带电部分碰到设备外壳时导致短路，短路电流促使线路上的短路保护元件迅速动作，从而把故障设备电源断开，消除电击危险。

TN 系统分为 TN-S、TN-C-S、TN-C 三种类型，如图 2—3 所示。如果系统中的 N 线和 PE 线全部分开，则此系统称为 TN-S 系统；如果系统中干线部分的前一段 PE 线与 N 线共同为 PEN 线，后一段 PE 线与 N 线部分或全部分开，则此系统称为 TN-C-S 系统；如果系统中干线部分 PE 线与 N 线完全共用，则此系统称为 TN-C 系统。TN-S 系统的安全性能最好，常应用在有爆炸危险环境、火灾危险性大的环境及其他安全要求高的场所；TN-C-S 系统常应用在厂内低压配电的场所及民用建筑等。

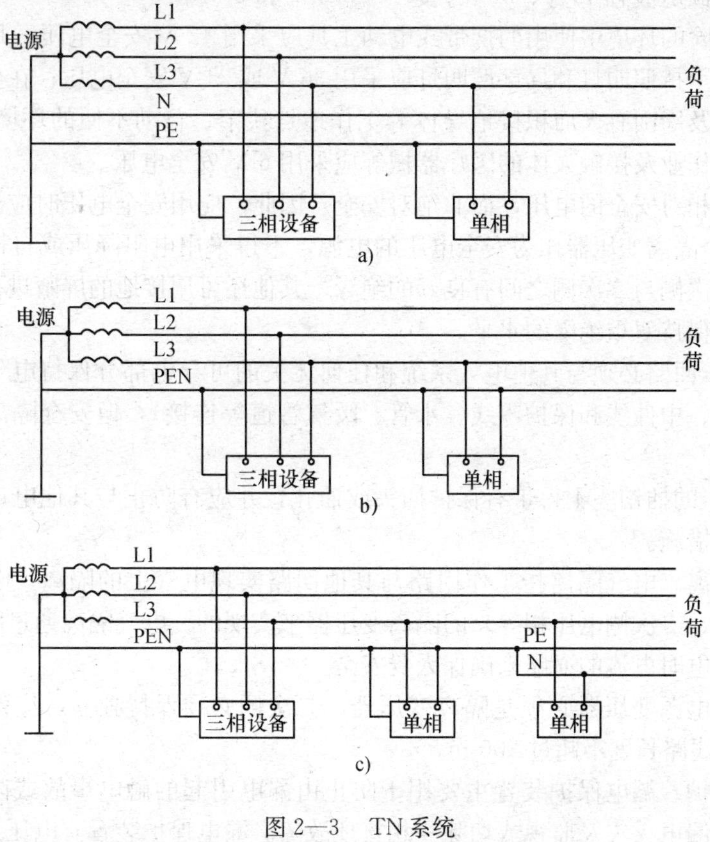

图 2—3　TN 系统

a）TN-S　b）TN-C　c）TN-C-S

3. 其他触电防护技术

（1）双重绝缘和加强绝缘。双重绝缘是指除基本绝缘（工作绝缘）外，还有一层独立的附加绝缘（保护绝缘），用来保证在基本绝缘损坏时，对操作者进行触电保护。工作绝缘是带电体与不可触及的导体之间的绝缘，是保证设备正常工作和防止电击的基本绝缘；保护绝缘是不可触及的导体与可触及的导体之间的绝缘，是当工作绝缘损坏后用于防止电击的绝缘。加强绝缘是指绝缘材料对力学强度和绝缘性能都加强了的基本绝缘，它具有与双重绝缘相同的触电保护能力。

具有双重绝缘的电气设备工作绝缘电阻不得低于 2 MΩ，保护绝缘的绝缘电阻不得低于 5 MΩ，加强绝缘的绝缘电阻不得低于 7 MΩ。

（2）安全电压。安全电压是在一定条件下、一定时间内不危及生命安全的电压。它是根据人体电阻、安全电流、环境条件而制定的电压系列。这个电压系列的上限值为，在任何情况下，两导体间或任一导体与地之间均不得超过交流（50～500 Hz）有效值 50 V。我国规定工频有效值的额定值有 42 V、36 V、24 V、12 V 和 6 V。

凡在特别危险的环境中使用的携带式电动工具应采用 42 V 安全电压；凡在有电击危险的环境中使用的手持照明灯和局部照明灯应采用 36 V 或 24 V 安全电压；在金属容器内、隧道内、水井内以及周围有大面积接地导体等工作地点狭窄、行动不便的环境中应采用 12 V 安全电压；水下作业及接触人体的医疗器械等应采用 6 V 安全电压。

安全电压是相对安全的电压，而非绝对安全。因此，应用安全电压时应注意下列事项：

1）采用安全隔离变压器作为安全电压的电源，不得采用电阻降压或自耦变压器。安全隔离变压器的一次侧与二次侧之间有良好的绝缘，其他还可用接地的屏蔽进行隔离。安全电压侧应与一次侧保持双重绝缘的水平。

2）安全电压回路必须与其他电气系统和任何无关的可导电部分保持电气隔离，防止接地（不得与大地、中性线和保护零线、水管、暖气管道等连接），但安全隔离变压器的铁心应该接地。

3）安全电压的插销座不得带有保护插头或插孔，并应有防止与其他电压等级的插销座互相插错的安全措施。

（3）电气隔离。电气隔离指工作回路与其他回路实现电气上的隔离。电气隔离是通过 1∶1（即一次侧、二次侧电压相等）的隔离变压器来实现的。电气隔离通过阻断在二次侧工作的人员单相触电时电流的通路来确保人身安全。

电气隔离的电源变压器必须是隔离变压器，二次侧必须保持独立，应保证电源电压 U 不超过 500 V、线路长度不超过 200 m。

（4）漏电保护。漏电保护装置主要用于防止由漏电引起的触电事故或防止单相触电事故，也用于防止漏电火灾及监视或切除一相接地故障。漏电保护装置有电压型和电流型两大类，目前我国及世界各国广泛采用电流型。

电流型漏电保护装置的动作电流分为 0.006 A、0.01 A、0.015 A、0.03 A、0.05 A、0.075 A、0.1 A、0.2 A、0.3 A、0.5 A、1 A、3 A、5 A、10 A、20 A 共 15 个等级。其中 30 mA 及其以下的属高灵敏度，主要用于防止触电事故；30 mA 以上、1 000 mA 及其以下的属中灵敏度，主要用于防止漏电火灾和触电事故；1 000 mA 以上的属低灵敏度，主要用于防止漏电火灾和监视一相接地故障。为了避免误动作，保护装置的额定不动作电流不得低于额定动作电流的 1/2。

漏电保护装置的动作时间指动作时的最大分断时间。为了防止各种人身触电事故，漏电保护装置宜采用高灵敏度、快速型的装置，其额定动作电流与动作时间的乘积不超过 30 mA·s。

以下场所必须安装漏电保护装置：

1）建筑施工场所、临时线路的用电设备。

2）除Ⅲ类设备外的手持式电动工具、除Ⅲ类设备外的移动式生活日常电器、其他移动式机电设备及触电危险性大的用电设备。

3）潮湿、高温、金属占有系数大的场所及其他导电良好的场所，以及锅炉房、水泵房、浴室、医院等辅助场所。

4）新制造的低压配电盘、动力柜、开关柜、操作台、试验台等。

三、雷电危害及安全防护技术

雷电是自然界的一种大气放电现象。当雷电流流过地表的被击物时具有极大的破坏性，其电压可达数百万伏至数千万伏，电流达几十万安，造成人畜伤亡、建筑物燃烧或炸毁、供电线路停电、电气设备损坏及电子系统中断等严重事故。

1. 雷电的种类

(1) 从危害角度分类，雷电可分为直击雷、感应雷和雷电侵入波三种。

1）直击雷。直击雷是雷电直接击中电气设备、线路或建筑物，其过电压引起强大的雷电流，通过这些物体放电入地，从而产生破坏性极大的热效应和机械效应，相伴的还有电磁效应和闪络放电。直击雷的放电分为先导放电、主放电、余光三个阶段。约 50%的直击雷有重复放电特征。

2）感应雷。感应雷分为静电感应雷和电磁感应雷。感应雷是雷电未直接击中电气设备、线路或建筑物，而是由雷电对设备、线路或其他物体的静电感应或电磁感应所产生的过电压，造成屋内电线、金属管道和大型金属设备放电，引起建筑物内的易爆危险品爆炸或易燃品燃烧。

3）雷电侵入波。雷电侵入波是指雷电在架空线路、金属管道上产生冲击电压，使雷电波沿线路或管道迅速传播。若雷电波侵入建筑物内，可造成配电装置和电气线路绝缘层击穿，电子系统损坏，或使建筑物内易燃易爆物品燃烧和爆炸。

（2）根据雷电的不同形状，雷电可分为片状、线状和球状三种形式。其中最常见的是线状雷。球状雷是雷电放电时产生的球状发光带电气体。

2. 雷电的危害

雷电有很大的破坏力，有电性质、热性质、机械性质等多方面的破坏作用。它会造成设备或设施的损坏，造成大面积停电和生命财产损失。

（1）火灾和爆炸。直击雷放电的高温电弧、巨大的雷电流、球雷侵入、二次放电都可直接引起火灾和爆炸。电气设备的绝缘若被雷电波产生的冲击电压击穿，也可间接引起火灾和爆炸。

（2）触电。雷云直接对人体放电、二次放电和球雷打击，雷电流产生的接触电压和跨步电压等都可以直接使人触电。因雷击，电气设备绝缘被击穿，也可使人遭到电击。雷击时产生的火花、电弧还可以使人遭到不同程度的烧伤。

（3）设备和设施毁坏。雷击产生的高电压、大电流伴随的汽化力、静电力、电磁力可毁坏重要电气装置、建筑物及其他设施。

（4）大面积停电。雷电放电产生极高的冲击电压，可击穿电气设备的绝缘，损坏电气设备和线路，可能导致大面积停电。

3. 设备和设施防雷

（1）直击雷的防护。直击雷防护的主要措施是采取防直击雷的措施，如装设避雷针、避雷线、避雷网、避雷带。一般来说，建筑物的易受雷击部位，遭受雷击后果比较严重的设施或堆料，高压架空电力线路、发电厂和变电站等，应采取防直击雷措施。

（2）二次放电的防护。防雷装置遭受雷击时，其接闪器、引下线和接地装置都出现很高的冲击电压，可能击穿邻近的导体之间的绝缘，造成二次放电。为了防止二次放电，必须保证邻近导体与接闪器、引下线、接地装置之间有足够的安全距离。在任何情况下，防雷建筑物防止二次放电的最小距离要满足要求，不能满足间距要求时应予以跨接，带电体可加装避雷器或保护间隙。

（3）感应雷的防护。为了防止静电感应雷，应将建筑物内不带电的金属装备、金属管道、结构钢筋连成整体并予以接地。为了防止电磁感应雷，应将平行管道、相距不到 100 mm 的管道用金属线跨接起来，管道接头、弯头等接触不可靠的地方，也应用金属线跨接。

（4）雷电冲击波的防护。为了防止雷电冲击波侵入变配电装置，可在线路引入端安装避雷器。

4. 人身防雷

（1）发生雷暴时，应尽量减少在户外或野外逗留；在户外或野外最好穿塑料等不浸水的雨衣、胶鞋；如有条件，可进入有宽大金属构架或有防雷设施的建筑物、汽车或船只。

（2）雷暴时，应尽量离开小山、小丘、隆起的小道、水面及水陆交界处，应尽量避开铁丝网、金属晒衣绳及旗杆、烟囱附近，不宜躲在大树底下，不宜进入没有防雷保护的低矮建筑物。

(3) 若遇到突然雷雨，当头发变硬并竖起来时，应该蹲下，降低自己的高度，同时将双脚并拢，减少电压带来的危害。

(4) 若在高架、地面线路上遇到打雷时，应尽量远离接触轨设备，双脚并拢蹲下，尽可能使人体高度低于周围设备设施，利用打雷的间隙，及时回到室内避雷、避雨。

(5) 雷暴时，在户内应离开照明线、动力线、电话线、广播线、收音机和电视机电源线、收音机和电视机天线以及与其相连的各种金属设备。

(6) 打雷时，应停止地面段及高架段接触轨区域的作业；禁止在露天段接触轨设备或与露天段接触轨设备有电气相连的设备上作业。

(7) 雷雨天气时要注意关闭门窗。

四、静电危害与消除

1. 静电的产生

最常见的产生静电的方式是接触—分离起电。当两种物体接触，其间距小于 25×10^{-8} cm 时，将发生电子转移，并在分界面两侧出现大小相等、极性相反的两层电荷。当两种物体迅速分离时即可能产生静电。

在下列工艺过程中比较容易产生和积累危险静电：

(1) 固体物质大面积摩擦。

(2) 固体物质的粉碎、研磨过程，粉体物料的筛分、过滤、输送、干燥过程，悬浮粉尘的高速运动。

(3) 在混合器内搅拌各种高电阻率物质。

(4) 高电阻率液体在管道中高速流动、液体喷出管口、液体注入容器。

(5) 液化气体、压缩气体或高压蒸气在管道中流动或由管口喷出。

(6) 穿化纤布料衣服、高绝缘鞋的人员在操作时行走、起立等。

2. 静电的特点

(1) 电压高。虽然静电能量不大，但其电压很高。固体静电电压可达 25×10^{4} V 以上，液体静电和粉体静电电压可达数万伏，气体静电和蒸气静电电压可达 1 000 V 以上，人体静电电压也可达 1 000 V 以上。

(2) 泄漏慢。由于积累静电的材料的电阻率都很高，其上的静电泄漏很慢。即使在产生静电的过程停止以后，在较长一段时间内，仍然存在静电危险。

(3) 产生感应电压。由于静电感应或感应起电，可能在导体上产生很高的电压，导致危险的火花。

(4) 影响因素多。静电的产生和积累受材质、杂质、物料特征、工艺设备（如几何形状、接触面积）和工艺参数（如作业速度）、湿度和温度、带电历程等因素的影响。由于静电的影响因素多，静电事故的随机性也强。

3. 静电的危害

工艺过程中产生的静电可能引起爆炸和火灾，也可能使人遭到电击，还可能妨碍生产。其中，爆炸或火灾是静电危害中最为严重的危害。

4. 防静电措施

（1）环境危险程度控制。静电引起爆炸和火灾的条件之一是有爆炸性混合物存在。为了防止静电的危害，可采取取代易燃介质、降低爆炸性混合物的浓度、减少氧化剂含量等控制所在环境爆炸和火灾危险程度的措施。

（2）工艺控制法。工艺控制法就是在工艺流程、设备结构、材料选择和操作管理等方面采取适当的措施，限制静电的产生或控制静电的积累，使之达不到危险的程度。例如，限制输送物料的流速，选用合适的材料，改变灌注方式，加速静电电荷的消散等。

（3）泄漏导走法。泄漏导走法即在工艺过程中，采用空气增湿、加抗静电添加剂、静电接地和规定静止时间的方法将带电体上的电荷向大地泄漏消散，以保证安全生产。

（4）采用静电中和器。静电中和器是能产生电子和离子的装置。静电中和器产生的电子和离子能与物料上的静电电荷中和，从而消除静电的危险。静电中和器主要用来消除非导体上的静电。

（5）加强静电安全管理。静电安全管理的目的是防止静电事故，以及尽量限制静电灾害的范围。静电安全管理包括制定静电安全操作规程、制定安全指标、静电安全教育、静电检测管理等内容。

（6）人体防静电。人体防静电主要是防止带电体向人体放电或人体带静电所造成的危害。可采用接地、穿防静电鞋和防静电工作服等具体措施，减少静电在人体上的积累。同时要加强规章制度和安全技术教育，保证静电安全操作。

五、电焊安全

1. 线路安全要求

合理选择电焊电缆截面，绝缘要符合规定，一般电焊机一次绝缘电阻不应低于 1 MΩ，二次绝缘电阻不应低于 0.5 MΩ。电焊机电源线一般以 20～30 m 为宜。严禁利用厂房、金属结构、管道、轨道和其他金属件搭接作导线用。电焊机应有可靠的接地接零设施，地线接头要牢固，禁止用钢丝绳或机电设备代替零线。

2. 防触电措施

要保证电焊设备绝缘，并与所采用的电压等级相适应，防止周围环境和运行条件损坏绝缘。在潮湿地点作业时，应站在绝缘板或干木板上，要采用护栏、护罩、盒箱等作为屏护，使带电体与外界隔开。另外，要保证设备的带电体与人体及其他设备保持一定间距。电焊机的电源上应装设有隔离电器、主开关和短路保护装置，还可以安装空载自停装置。

3. 电焊作业环境

雷雨时禁止露天作业；禁止在带压力的容器和管道上施焊。在危险环境中作业，如在油槽、气柜、锅炉、管道等金属构件和狭小场所作业时，要使用安全电压，并用橡胶垫绝缘，同时设专人监护。焊接容器时，要防止残留气体或液化气而导致爆炸事故。

4. 防弧光辐射

电焊工应按规定穿戴防护服、手套、鞋盖及面罩。在焊接固定处所设置防护屏。电焊工的防护用品还应能防止烧伤和射线伤害。

5. 通风防尘

在各类电焊作业中，焊接烟尘是一个严重的问题。烟尘中含有大量有害物质，因此，在作业时应加强通风。在室内或密闭处所施焊时，应使用局部抽风装置，抽风罩要尽可能接近作业点。焊接前，要清除焊点周围的涂料、塑料和污物，以减少烟尘。

六、电气系统故障

电气系统故障引发的事故包括异常停电、异常带电、电气设备损坏、电气线路损坏、短路、断路、接地、电气火灾等。

异常停电指在正常生产过程中供电突然中断。异常停电会使生产过程陷入混乱，造成经济损失，甚至还会造成事故和人员伤亡。在工程设计和安全管理中，必须考虑到异常停电的可能，从技术和管理角度消除或尽量减少异常停电可能造成的损失。

异常带电指在正常情况下不应带电的设备设施或其中的部分意外带电。异常带电容易导致人员受到伤害。在工程设计和安全管理中，应当充分考虑到这一因素，适当安装漏电保护器等安全装置和采取保护接地（零）措施，保证人员不受到伤害。

异常带电比异常停电危害更大。

七、手持电动工具和移动式电气设备的使用

手持电动工具和移动式电气设备是最常用的小型电气设备，也是容易发生触电事故的用电设备。手持电动工具包括手电钻、手砂轮、冲击电钻、电锤、手电锯等。移动式电气设备包括振捣器等电气设备。

1. 手持电动工具的分类

手持电动工具按电气安全保护措施分Ⅰ类、Ⅱ类、Ⅲ类。Ⅰ类工具为金属外壳，电源部分具有绝缘性能，外壳也是绝缘体，适用于干燥场所；Ⅱ类工具具有双重绝缘性能，不仅电源部分具有绝缘性能，外壳也是绝缘体，工具铭牌上有“回”字标记，适用于比较潮湿的作业场所；Ⅲ类工具采用安全电压，适用于特别潮湿的作业场所和在金属容器内作业。

2. 触电危险性

手持电动工具和移动式电气设备是触电事故较多的用电设备，主要是因为：

（1）这些工具和设备是用手持握，一旦工具外壳带电，将造成操作者触电，同时，操作者一旦触电，由于肌肉收缩而难以摆脱带电体，容易造成严重后果。

（2）这些工具和设备有很大的移动性，其电源线容易受拉、磨而损坏，电源线连接处容易脱落而使金属外壳带电，也容易造成严重后果。

（3）这些工具和设备没有固定安装，运行时振动大，而且可能在恶劣的条件下运行，本身容易损坏而使金属外壳带电，导致触电事故。

3. 安全使用条件

（1）Ⅱ类、Ⅲ类设备没有保护接地或保护接零的要求，Ⅰ类设备必须采取保护接地或保护接零措施，设备的保护线应接到保护干线上。

（2）在潮湿或金属构架上等场所，必须使用Ⅱ类或Ⅲ类设备。在锅炉内、金属容器内、管道内等狭窄的特别危险场所，应使用Ⅲ类设备。

（3）在一般场所，为保证使用的安全，应选用Ⅱ类设备，并装设漏电保护器、安全隔离变压器等。否则，使用者必须戴绝缘手套、穿绝缘鞋或站在绝缘垫上。装设的漏电保护器的额定动作电流应不大于 15 mA，动作时间应不大于 0.1 s。

（4）使用Ⅰ类设备应配用绝缘手套、绝缘鞋、绝缘垫等安全用具。

（5）移动式电气设备的保护零线（或地线）不应单独敷设，而应当与电源线采取同样的防护措施，即采用带有保护芯线的橡皮套软线作为电源线。设备的软电缆及其插头不得任意接长、拆除或调换。

（6）移动式电气设备的电源插座和插销应有专用的接零（地）插孔和插头。其结构应能保证插入时接零（地）插头在导电插头之前接通，拔出时接零（地）插头在导电插头之后拔出。严禁直接将电线的金属丝插入插座。

（7）专用电缆不得有破损或龟裂，中间不得有接头。电源线与设备之间防止拉脱的紧固装置应保持完好。设备的软电缆及其插头不得任意接长、拆除或调换。

4. 使用安全要求

（1）使用前辨认铭牌，检查工具或设备的性能是否与使用条件相适应。

（2）检查其防护罩、防护盖、手柄防护装置等有无损伤、变形或松动。若发现工具外壳、手柄有破裂，应停止使用并及时更换。

（3）检查开关是否失灵、破损，是否牢固，接线是否松动。

（4）电源线应采用橡皮绝缘电缆；单相用三芯电缆，三相用四芯电缆；电缆不得有破损或龟裂，中间不得有接头。

（5）Ⅰ类设备应有良好的接零或接地措施，且保护导体应与工作零线分开；保护零线（或地线）应采用规定的多股软铜线，且保护零线（地线）最好与相线、工作零线在同一护套内。

（6）非专业人员不得擅自拆除和修理手持电动工具。

（7）严禁超载使用，注意声响和升温，发现异常应立即停机检查。

八、高压电气安全

运用中的电气设备是指全部带有电压、一部分带有电压或一经操作即带有电压的电气设备。电压等级在 1 000 V 及以上的电气设备称为高压电气设备，电压等级在 1 000 V 以下的电气设备称为低压电气设备。

1. 一般安全规定

（1）变电所的所有电气设备自第一次受电开始即认定为带电设备，之后，上述设备的一切作业必须按安全工作规程严格执行。

（2）若有停电的甚至是因事故停电的电气设备，在未断开有关断路器和隔离开关并按规定做好安全措施前，不得进入相关的设备区，且不得触摸该设备，以防突然来电。

（3）任何人发现有违反规程的情况应立即制止，经纠正后才能恢复作业。各类作业人员有权拒绝违章指挥和强令冒险作业；在发现直接危及人身、电网和设备安全的紧急情况时，有权停止作业或者在采取可能的紧急措施后撤离作业场所，并立即报告。

（4）在设备因事故停电时，若已派出人员到现场巡查，在未与现场人员取得联系前，不得对停电设备重新送电。

（5）当作业人员进入电容器室（柜）内或在电容器上工作时，要将电容器逐个放电，并进行接地和做好其他安全措施后方可作业。

（6）当电气设备着火时，要立即将该设备的电源切断，然后按规定采取有效措施灭火。

（7）在变电所内作业时，带电部分严禁用棉纱（或人造纤维）、汽油、酒精等易燃物擦拭，以防起火。

（8）在所有供电设备附近搬动梯子或长大工具、材料、部件时，要时刻注意与带电设备部分保持足够的安全距离，并防止碰伤六氟化硫封闭式组合电器（GIS）等设备的外壳。

（9）在室内给设备充装六氟化硫（SF_6）气体时，周围环境的相对湿度应不大于 80%，同时必须开启通风系统，并避免六氟化硫（SF_6）气体泄漏到工作区。工作区空气中六氟化硫（SF_6）气体含量不得超过 1 000 μL/L。

2. 安全教育规定

（1）对从事供电运行和检修工作的人员每年要进行一次安全考试。因故间断电气工作连续 3 个月以上或者因职务或工作岗位变更而需提高安全等级的人员，应重新学习安全工作规程，并经考试合格后方能恢复工作。

（2）新参加变电所运行和检修工作的人员、实习人员和临时参加劳动的人员（管理人员、临时工等），应经过安全知识教育后，方可下现场参加指定的工作，并且不得单独工作。

3. 高压设备巡视规定

一般情况下，变电所的巡视需两人同时进行。只有安全等级不低于三级的人员才可单独巡视。当一人单独巡视时，无论高压设备是否带电，不得进行其他作业，禁止打开高压设备室（柜）的防护栅或进入高压柜内。如要打开变压器室的防护栅，要注意与带电部分保持足够的安全距离，并要有安全等级不低于三级的人员在场监护。

4. 倒闸操作规定

（1）由电力调度管辖的设备的倒闸操作，必须要由电力调度发布倒闸操作命令。遇有危及人身和设备安全的紧急情况，值班人员（巡检人员）可先行断开有关的断路器和隔离开关，再报告电力调度，但再次合闸时，必须有电力调度的命令。

（2）倒闸操作必须由 2 人同时进行，一人操作一人监护。就地操作时，操作人和监护人必须穿绝缘靴，同时操作人还要戴绝缘手套。

5. 电气设备上的作业规定

在运用中的高压设备上的工作可分为高压设备的停电作业、高压设备不停电作业、低压设备作业三类。

（1）高压设备的停电作业。高压设备的停电作业是指在停电的高压设备上进行的作业及在低压设备和二次回路、照明回路、消防等设备上进行的需要高压设备停电的作业。

高压设备停电作业应停电的设备如下：

1）需检修的设备。

2）在进行停电作业时，工作人员正常活动范围与带电设备的距离小于表 2—3 规定的设备。

表 2—3　　停电范围表

电压等级	无防护栅（mm）	有防护栅（mm）
110 kV	1 500 mm	1 500 mm
35（33、20）kV	1 000 mm	600 mm
10 kV（直流 1 500 V）及以下	700 mm	350 mm

3）在二次回路上进行作业，可能引起一次设备中断供电或影响其安全运行的有关设备。

4）带电部分在工作人员后面、两侧、上下，且无可靠安全措施的设备。

（2）高压设备不停电作业。高压设备不停电作业是指当作业人员与高压设备的带电部分之间保持规定的安全距离和没有偶然触及导电部分的危险，许可在带电设备外壳和附近进行的工作。

（3）低压设备作业。低压设备作业分为在低压设备上进行的停电与不停电作业，在此不做详细介绍，具体可参考 DL408—1991《电业安全操作规程（发电厂和变电所电气部分）》或《国家电网公司电力安全操作规程（变电站和发电厂电气部分）（试行）》的相关内容。

6. 二次系统上的工作规定

（1）在检修中进行下列工作时，需填用二次工作安全措施票：

1）在运行设备的二次回路上进行拆、接线工作。

2）在对检修设备执行隔离措施时，需拆断、短接和恢复同运行设备有联系的二次回路工作。

3）在继电保护装置、自动装置、联锁回路及联跳回路上的工作。

（2）电流互感器二次侧严禁开路，电压互感器二次侧严禁短路。防止直流回路接地或短路。

7. 保证安全的组织措施和技术措施

电业作业的一般安全措施包括保证安全的组织措施和保证安全的技术措施。组织措施和技术措施是《变电所（站）安全工作规程》的核心部分，也是人们的活动最活跃的内容。为了保证电气作业人员的人身安全，防止触电伤害，应采取以下组织措施和技术措施：

（1）保证安全的组织措施。保证安全的组织措施是指在进行电气作业时，将与检修、试验、运行有关的部门组织起来，加强联系，密切配合，在统一指挥下，共同保证电气作业的安全。

在电气设备上工作，保证人身安全的电气作业组织措施包括四个方面的内容：工作票制度，工作许可制度，工作监护制度，工作间断、转移和终结制度。

（2）保证安全的技术措施。保证安全的技术措施是指工作人员在电气设备上工作时，为防止人身触电而采取的技术措施。

为了防止停电检修设备突然来电，防止工作人员由于身体或使用的工具接近邻近设备的带电部分而超过允许的安全距离，防止人员误走带电间隔和带电设备而造成触电事故，在全部停电或部分停电的设备上作业时，必须采取下列保证安全的技术措施：停电、验电、装设接地线、挂标示牌和装设遮栏。上述技术措施由值班员（或工作许可人）执行。

九、城市轨道交通电气安全知识

1. 相关概念

（1）接触网。沿轨道线路架设，向电客车供给电能的特殊形式的输电线路，包括架空柔性接触网、架空刚性接触网和接触轨。

（2）牵引轨。用来流回牵引电流的钢轨。

（3）隔离开关。用来在接触网无负荷情况下切断或闭合供电回路的电气设备。

（4）接触线。接触悬挂中与受电弓接触的传导电流的导线。

（5）承力索。接触悬挂中用来承受接触悬挂重量的缆索。

（6）接触轨区域。安装有接触轨的轨行区。

2. 电气化线路电气安全要求

（1）接触网的各导线（如接触线、承力索、馈线、吊弦等）及其相连部件（如腕臂、定位器、定位管、拉杆、避雷器等）都带有高压电，禁止直接或间接地（指通过任何物件，如棒条、导线、水流等）与上述设备接触。

（2）当接触网的绝缘不良时，在其支柱、支撑结构及其金属结构上，在回流电缆与钢轨的连接点上，都可能出现高电压，因此，平常应避免与上述部件接触；当接触网绝缘损坏时，禁止与之接触。

（3）为保证人身安全，任何人员及其携带的物体（经检测合格的绝缘工具除外）应与带电接触网、受流器保持足够的安全距离。1 500 V_{DC}接触网的安全距离为 700 mm。

（4）进行在接触网上或与接触网距离小于其安全距离的作业前，接触网必须停电，并做好安全措施后方可工作。一般来说，其安全措施是停电、验电、挂接地线和悬挂标志牌。

（5）接触网断线及其部件损坏或接触网上挂有异物时，不得与之接触，并对该处加以防护，任何人员均应与断线落下点保持 8 m 以上距离，以防跨步电压触电。

（6）当行人持有木棒、竹竿、彩旗和皮鞭等高长物件，过道口走近接触网下时，不准高举挥动，须使物件保持水平状态走过道口。

（7）汽车过平交道口时，货物装载高度（从地面算起）不得超过 4.5 m；在装载高度超过 2 m 的货物上，通过道口时严禁坐人。

（8）当区段内接触网停电接地时，不得向该区段接发电客车；当司机发现接触网异常或出现故障时，要立即停车并降下受电弓。

（9）在接触网没有停电并接地的情况下，禁止到电客车、内燃机车及工程车车顶上进行任何作业。检修库内，在接触网停电并接地以前，禁止登上车顶平台。

（10）凡可能进入接触轨区域的地方必须张贴“当心触电”警告标志。

（11）所有进入接触轨区域的人员必须穿绝缘鞋（或绝缘靴）和有高可见度的反光背心。

（12）除接触网专业人员按规定检修接触轨设备外，其他任何人员，即使在接触轨已经停电挂地线的情况下，也不得擅自接触、碰摸接触轨及其附件。

（13）安装有接触轨的轨行区需疏散乘客时，原则上接触轨应停电，做好安全防护后再组织疏散。

（14）倒闸操作、验电、挂拆接地线、处理接触网（轨）上异物时，操作人员必须戴高压绝缘手套。

（15）带电更换低压熔断器时，操作人员要戴防护眼镜，站在绝缘垫上，并要使用绝缘柄钳或戴绝缘手套。

第五节　机械安全

一、通用机械安全基础知识

机械是由若干相互联系的零部件按一定规律装配起来，能够完成一定功能的装置。机械设备是现代化工业不可缺少的生产设备，机械与人力相比，具有生产效率高、自动化程度高、精确性高、灵敏度高等人不可替代的优点。

由于机械设备仍需人的操纵、监控和维护，在其制造、运行、维护过程中，也常常会给人们带来撞击、挤压、切割等机械伤害和触电、噪声、高温等非机械伤害。因此，从安全的角度出发，要保证人、机、环境的安全，必须遵循人机之间的安全规律，协调人机关系。

1. 机械设备的危险

（1）机械的危险及有害因素

1）静止的危险。静止的危险是指设备处于静止状态时，人接触或与静止设备作相对运动时可能引起的危险。如：

①机床切削刀具的刀刃。

②机械设备突出的较长的部分，如设备表面的螺栓、吊钩、手柄等。

③毛坯、工具、设备边缘的锋利飞边和粗糙表面，如未打磨的毛刺、锐角、毛边等。

④离地面有一定高度的工作平台，人可能从工作平台坠落。

2）直线运动的危险。直线运动的危险分为接近式危险和经过式危险。

①接近式危险。当机械处于往复直线运动状态时，人若进入机械直线运动部件的运行范围内，将受到机械运动部件的撞击或挤压，如龙门刨床的工作台、牛头刨床的滑枕等。

②经过式危险。指人体经过运动中机械设备部件引起的危险，如运动中的冲模、带链等。

3）旋转运动的危险。指人体或衣物被卷进机械旋转部位引起的危险。如：

①卷进机械旋转部件中的危险，如机床主轴、卡盘、进给丝杆等机械旋转部件。

②卷进旋转机械部件与固定构件间的危险，如砂轮与砂轮罩之间、蜗杆与蜗壳之间等。

③卷进两个旋转运动中的机械零件之间的危险，如相互啮合的齿轮之间。

④卷进旋转机械部件与直线运动部件间的危险，如带与带轮之间、链条与链轮之间等。

4）飞出物击伤的危险

①飞出的机械零件，如未夹紧的刀具、未紧固的螺栓、破碎的砂轮片等。

②飞出的切屑或工件，如连续排出破碎而飞散的切屑，工件从夹具中飞出等。

（2）非机械的危险及有害因素

1）电击伤。包括机械电气设备绝缘不良、接地不良或误接触带电体等原因造成的触电伤害事故。

2）灼烫与冻伤。如在热加工作业中被高温金属体或工件灼烫，在深冷作业中被金属表面冻伤等危害。

3）振动危害。因在机加工过程中使用振动工具或机械本身产生的振动所引起的危害。

4）噪声危害。机加工过程或机械运转过程中产生的噪声所引起的危害。

5）电离辐射危害。主要指设备内放射性物质，如X射线、γ射线装置等导致的危害。

6）其他与机械相关的危害。如机械系统运行中产生的化学物危害、粉尘危害及导致周围环境异常所带来的其他危害。

2. 预防机械伤害的原则

机械伤害风险的大小除取决于机器的类型、用途、使用方法和人员的知识、技能、工作态度等因素外，还与人们对危险的了解程度和所采取的避免危险的措施有关。正确判断什么是危险和什么时候会发生危险是十分重要的。预防机械伤害包括以下两方面的原则：

（1）实现机械本质安全

1）消除产生危险的原因。

2）减少或消除操作人员接触机器危险部位的次数。

3）使人们难以接近机器的危险部位。

4）提供防护装置或个人防护装备。

（2）保护操作者和有关人员的安全

1）通过培训，提高人们辨别危险的能力。

2）通过对机器的重新设计，使危险部位更加醒目。

3）通过培训，提高人们避免伤害的能力。

4）采取必要的行动，增强避免伤害的自觉性。

3. 预防机械伤害的一般对策

（1）了解机械的适应能力。在规定的使用寿命内，机械设备应具有足够的适应环境考验的能力，如温度、湿度、压力、负荷、冲击、振动等。

（2）预防断裂。从结构、材料、工艺、安全系数等方面合理选择和设计，保证设备内零部件在使用寿命内不发生断裂。

（3）材料选择。设备制造材料在规定的使用寿命内，必须能够承受可能出现的物理、化学和生物的作用。如：

1）不得选择对人体有危害的材料制造设备。

2）材料的耐腐蚀、耐老化、抗疲劳等性能应达到要求。

3）禁止使用能与工作介质发生化学反应的材料。

（4）提高稳定性。机械设备应具备足够的稳定性，不易发生倾覆。

1）机械设备不得在碰撞、负载、振动或其他可预见的外力作用下倾覆。

2）机械设备的形体设计和质量分布要满足系统的稳定性要求。

3）对易倾覆的机械设备应加强防护装置的设计和配置。

4）必要时，将所要达到的稳定性要求在相关设备位置标出。

（5）注意机械设备的表面、角和棱。在保证功能的前提下，将机械设备的零部件设计成不带容易伤人的尖角、利棱、凹凸不平的表面或突出的部分。

（6）关注运动零部件。机械设备的运动零部件应考虑不让人接近或触及，以免发生危险。

1）尽量封闭运动部件。

2）必须接近运动部件时，应配备必要的防护装置。

3）安装可靠的限制装置。

4）配备限速、防坠落或防逆转装置。

5）在操作空间内，对所有传动装置、运动装置及相关危险部位，都必须设防护装置。

（7）预防物件飞出。对高速旋转的零部件应配备有足够强度、刚度、形状尺寸恰当的防护罩，必要时应定期更换。对于突然中断运行有可能存在飞脱危险的工件、工具、连接件等，则应在设计中采取防松脱措施，配置防护罩或防护网等安全防护装置。

（8）预防过热和过冷危害。对操作人员可能触及的设备过热、过冷部件，在不影响操作和设备功能的前提下，必须配备防接触屏蔽。

（9）机械配套电气设备的设计要求。机械配套电气设备必须能够承受机械设备在正常使用中可能出现的物理和化学作用的影响，可采取适当的安全技术措施防止可能出现的有害影响，如采用熔断器、防护罩等。

（10）电能直接作用的防护。可采用防止直接接触或间接接触的措施。如：

1）在设计时，必须使其操作人员不通过辅助手段或工具就不能接触到设备的带电部分。

2）采用安全电压、安全电流、直接接触防护等措施进行防护。

3）保证设备良好接地。

4）采用双重绝缘。

（11）噪声与振动。在设计中采取有效措施，使机械设备的噪声和振动控制在产品标准规定值内。

4. 机械设备安全装置

机械设备本质安全化，就是要抓好安全装置的设计与制造，提高机械设备的安全性能，根据不同机械设备的使用特点选用不同的安全装置。

（1）安全装置的作用。良好的安全装置可以在操作者出现失误或机械设备发生故障时保护人或设备的安全。安全装置的首要目的是保护人的安全，其次是防止机械设备发生毁灭性损坏，当设备发生故障时，能自动停机，以便操作人员及时排除故障，使设备恢复正常。

（2）安全装置的设置原则。安全装置应以安全可靠和实用为原则，具体如下：

1）使用方便。

2）可靠性高。

3）维修方便，便于检查。

4）具备防止意外损坏的功能。

5）不能增加新的危险。

（3）安全装置的防护重点。安全装置的防护重点是机械的危险部位和人的危险动作。

1）机械的危险部位。机械加工设备的加工区和机械传动机构的危险性最大，是机械安全装置防护的重点部位。

①危险加工区。如轧辊卷进区、往返运动的剪切区、圆锯的切割区、往复运动的冲压区等。

②传动机构。如啮齿轮、链轮传动机构、V 带传动机构等。

2）人的危险动作。当人在机械设备附近进行操作、清理、维修等作业时可能做出各种危险动作，包括无意识的动作。在安全装置设计时，需要针对这些危险动作选用高度可靠的安全装置，如人手进入危险区域时，机械不能起动或立即停机。

（4）安全装置的分类。安全装置按其功能可分为安全防护装置和安全控制装置。

1）安全防护装置。安全防护装置是用来防止机械危险部位引起伤害的安全装置，当操作者进入危险工作状态时，直接对操作者进行人身安全保护，一般指配备在机械设备上保障人员和设备安全的附属装置。安全防护装置的作用是把生产作业环境中的危险源与操作者隔离以达到本质安全的程度，隔离方法有设置防护罩和防护屏两种形式。

①防护罩。防护罩是机械设备最常用的安全装置，它主要用于高速运转的传动机构和加工区的保护。一般采用金属网状结构或金属板结构的防护罩。

②防护屏。防护屏是为防止人体任何部位进入危险区而设置的隔离装置，在生产场所可以防止人体受到机械伤害、灼烫、触电等危害。常用的防护屏分遮挡肢体伸往危险源和遮挡危险源向外投射致害两种形式。

2）安全控制装置。安全控制装置本身并不直接参与人身保护动作，一种是在人员进入危险区时，控制装置能够迅速控制机械停止运转，另一种是控制装置本身创造人员不可进入危险区的条件，如双手操纵装置。安全控制装置按其功能可分为联锁装置、监控装置、故障保险装置、紧急停车装置等。

①联锁装置。联锁装置是与操作器联动的安全装置，以确保操作者接近危险点时的安全。联锁装置在压力机、传动机构、旋转部件上较常使用。

②监控装置。监控装置的监测系统能自动检测设备的运行状态，当出现检测参数偏离设定值时，监测系统能采用多种警报形式提醒操作者，以便快速反应，采取措施，避免事故的发生。

③故障保险装置。故障保险装置的作用是当设备出现故障时能自行作出反应，终止或限制故障，避免故障扩大为事故。

④紧急停车装置。紧急停车装置由紧急停车按钮和制动装置组成，当出现危险时按下紧急停车按钮能迅速终止设备或工作部件的运动。

二、通用机械安全技术

1. 金属切削机床

金属切削机床是用切割的方法将金属毛坯加工成机械零件的设备。由于切割对象是金属，工件旋转速度快且刀具锋利，因此，操作金属切削机床存在诸多不安全因素。

（1）金属切削机床的危险部位

1）静止的危险部位。如切削刀具的刀刃、突出较长的机械部分。

2）直线运动的危险部分。如龙门刨床的工作台、牛头刨床的滑枕。

3）回转运动的危险部分。如车床的卡盘、铣床的铣刀等。

4）组合运动的危险部分。如齿条与齿轮、链轮与链条。

5）飞出物。如切削的飞屑进入操作者的眼睛会造成严重的伤害，飞出的工件、刀具具有较大的动能，也可能给操作者带来危险。

（2）人的危险行为。由于操作人员的危险行为而引发的机床伤害事故案例很多，如操作者未戴防护帽而导致长发被卷入丝杆、卡盘；戴手套作业导致手和手套与钻床的钻头绞缠在一起等。

（3）金属切削机床的安全操作要求

1）穿合身的工作服，扣紧袖口，女工留长发或辫子时须戴护发帽。

2）佩戴防护眼镜。

3）开动机床前，应仔细检查机床的安全装置是否有效，润滑系统是否正常，并做空载试验。

4）卡盘扳手用完后应随手取下。

5）工件及刀具要夹紧夹牢，防止工件或刀具从夹具中脱落或飞出。

6）机床运转时，禁止用手触摸机床旋转部件。

7）操作中禁止使用手套，防止手套被机床运转部件绞缠而伤及人体。

8）一般不要用压缩空气清理切屑，以免飞屑伤及眼睛或耳朵。

2. 冲剪机械

冲剪机械是压力加工的重要组成部分，是常温下对金属板料实现压力加工的设备，其主要功能有冲裁或成型加工。

（1）冲剪机械的常见事故。由于冲剪作业的不少工序需要操作者用手在模具区内工作，在操作者操作失误或机械失控时可能会造成严重的人身伤害事故，常见的事故有：

1）冲头伤指。当操作者思想不集中、动作不协调或工件在模具中未放正而进行调整时，冲头正好下落，极易伤及手指。

2）冲模或工具崩碎伤人。

3）工件被挤飞而伤人。

4）操作机构失灵，发生意外连冲伤人。

5）剪切机刀片割伤。

（2）冲剪机械的危险部位

1）冲头、冲模部位及冲剪工作区，包括进料、退料工作区。

2）冲剪机的刀片。

3）传动部位。

（3）冲剪机械安全防护装置。冲剪机械的安全防护主要为冲压机滑块下行时，设法将危险区与操作者的手隔开。常用的安全装置有以下几种：

1）防护栅栏保护装置。在冲剪机械上加装防护栅栏，栅栏随滑块运动，当滑块下行时，栅栏随之下行，将操作者与冲剪模具隔开，保证操作者的安全。

2）牵手式安全防护装置。以冲压模滑块为牵引动力，通过杠杆、导向轮、绳索等把操作者仍在危险区的手牵拉出来。

3）感应式安全装置。由传感器、放大器、中间继电器等组成，当操作者的手在危险区时，传感电路受到感应作用，发出指令控制滑块不动以保证操作者的安全。

4）电器触感联锁安全防护装置。由触杆、连杆、轴、磁力吸合器等组成，安装在冲压机危险区的前面。当手在危险区时，触杆不能落到工作台上，无法碰触接点开关，磁力吸合器不动作，滑块不动。

5）光电式安全防护装置。由发光源发出不可见的红外光线，受光源接收光。一旦操作者的手进入危险区将遮挡红外光线，受光源接收不到红外光线，其敏感元件发出电信号，经放大推动继电器发出停车信号。

（4）冲床安全操作要求

1）穿合身的工作服，穿戴好个人防护用品。

2）不准用物品压住按钮、脚踏开关等。

3）不准拆除安全防护开关或短接安全防护电路。

4）工作时应集中精力，不说笑、打闹、吸烟等。

5）若发现异常情况，应立即停止作业，并安排检查或维修。

（5）剪床安全操作要求

1）穿合身的工作服，穿戴好个人防护用品。

2）作业前应做好安全检查，检查安全防护装置是否有效。

3）检查剪床是否校正，剪刀和压板位置是否正确。

4）检查离合器是否正常。

5）不用钝口剪刀工作。

6）若发现异常情况，应立即停止作业，并安排检查或维修。

3. 砂轮机

砂轮机是常用机械之一，各个工种都可能使用到。砂轮质脆易碎、转速高，极容易伤人。

（1）砂轮机的安装位置。一般情况下，砂轮机应安装在专用的砂轮机房内。如果因条件限制不能设置专用的砂轮机房，则应在砂轮机正面装设高度不低于 1.8 m 的防护挡板，挡板要牢固有效。砂轮机禁止安装在正对着附近设备及操作人员或经常有人来往的地方。

（2）砂轮的平衡。砂轮不平衡会造成砂轮高速旋转时的振动，严重时会造成砂轮破裂，导致事故。因此，直径大于或等于 200 mm 的砂轮装上法兰盘后应先进行平衡调试。

（3）砂轮机的防护罩。防护罩是砂轮机最主要的安全防护装置，其作用是当砂轮在工作中因故破碎时，能有效地罩住砂轮的碎片，保证人员的安全。砂轮防护罩的开口角度在主轴水平面以上不允许超过 65°；防护罩的安装应牢固可靠，不得随意拆卸或丢弃不用。

（4）砂轮机的安全操作注意事项

1）禁止侧面磨削。以圆周表面为工作面的砂轮不宜使用侧面进行磨削。砂轮的径向强度较大，而轴向强度很小，当受到不平衡的侧身力作用时容易破碎，甚至伤人。

2）不准正面操作。使用砂轮机磨削工件时，操作者应站在砂轮的侧面，以免砂轮破碎飞出伤人。

3）不准共同操作。两人共用一台砂轮机同时操作是一种严重违章行为，应严格禁止。

三、城市轨道交通机械安全

城市轨道交通机械设备具有价格昂贵、现代化程度高、精确性高、作业场所特殊等特点。作业场所要求足够明亮，通风良好，地面无积水和积油。

1. 电客车

（1）轮对装置。轮对装置的作用是保证机车车辆在钢轨上的运行和转向，承受来自机车车辆的全部静、动载荷，把它传递给钢轨。轮对装置应符合安全要求并装置完好，轮缘润滑装置功能正常。

（2）制动装置。制动装置的作用是调节列车运行速度和及时准确地在预定地点停车，保证列车安全正点运行。要求功能完好，施加和缓解动作正常，可控制。

（3）减振装置。减振装置的作用是降低干扰力矩的能量，以衰减振动。要求外观及功能完好，无泄漏、无变形，且紧固良好。

（4）车底悬挂设备。车底悬挂设备主要包括各电气设备箱，要求箱盖须锁闭紧固。

（5）驱动装置。驱动装置包括电动机、联轴节、齿轮箱。要求功能正常，没有卡死、变形及脱落的危险。

(6) 车钩缓冲装置。车钩缓冲装置是用于使车辆与车辆、机车或动车相互连挂，传递牵引力、制动力并缓和纵向冲击力的车辆部件。它由车钩、缓冲器、钩尾框、从板等组成一个整体，安装于车底架构端的牵引梁内。要求功能良好，没有变形，紧固良好。

(7) 贯通道。贯通道的作用是允许乘客从一节车厢自由地走到另一节车厢并且使乘客感到安全和舒适。要求装置完好，锁闭正常，无破损。

(8) 车厢内立柱扶手。要求牢固，无松动，无裂纹。

(9) 车厢天花板和活动盖板。要求安装牢固锁闭，无脱落危险。

(10) 车辆空气管道。要求安装牢固，无泄漏。

(11) 受电弓。受电弓是从接触网受取电能的电气设备，安装在车顶上。要求功能正常，无变形、无损坏、无松动和脱落危险。

(12) 车厢内消防设备。要求配置到位、稳妥，功能良好。

(13) 司机室。要求有良好视线和适当通风，有便于驾驶人操作车辆的环境。

(14) 车辆逃生设备。要求功能正常。

(15) 客室和司机室车门。要求关闭和锁闭功能良好。

(16) 车辆设备的连接。要求紧固良好。

(17) 空气压缩机。空气压缩机是气源装置中的主体，它是将原动机（通常是电动机）的机械能转换成气体压力能的装置，是压缩空气的气压发生装置。电客车上的空气压缩机的作用主要是为制动机和车门提供驱动用压缩空气。空气压缩机要求运行良好，没有空气和润滑油泄漏。

(18) 车辆接地装置。要求功能正常，无损坏、无松动、断裂及脱落危险。

(19) 车门不动保护功能。车门不动保护功能是指当车门出现故障或夹人夹物而没有完全关闭并锁好时，通过电气联锁使电客车不能动车，要求功能实现良好。

(20) 司机控制器。司机控制器是司机驾驶控制电客车起动、加速、制动、停车的装置，要求功能正常，操控良好。

(21) 车辆头灯。车辆头灯是为司机提供驾驶照明的设备，要求功能良好，亮度足够。

(22) 车厢照明。车厢照明为乘客提供照明，以保证车辆在隧道内运行时车厢内有足够的亮度，有正常照明和应急照明两种方式。

(23) 车厢通风及温度调节功能。车厢通风及温度调节功能的作用是保证车厢内的环境温度和空气质量，让乘客感到舒适，要求功能良好。

(24) 刮雨器。刮雨器是雨天时为司机提供良好视线的设备，要求动作平滑，移动范围及速度可调。

(25) 继电器。继电器是以一定的输入信号（如电流、电压或其他热、光等非电信号）实现自动切换电路的“开关”，要求功能正常，动作正常，逻辑关系正常。

（26）气压欠压不动保护功能。气压欠压不动保护功能是指当主风管压力未达到一定数值时，通过电气联锁使电客车不能动车，要求功能实现良好。

（27）蓄电池及应急充电机。蓄电池是将化学能直接转变成电能的装置，应急充电机则是给蓄电池进行应急充电的设备，要求状态和功能良好。

2. 列车清洗机

列车清洗机为室内式，列车自行牵引，通过水、清洗剂及清洗刷的作用，自动清洗列车外表面的灰尘、油污及其他污渍。使用时有如下安全要求：

（1）各旋转件转动正常。

（2）各管路无漏水、漏气现象。

（3）供电系统应正常，电源线无损坏、松脱。

（4）线路出清，无障碍物，无浸线。

（5）只能清洗与设备相匹配的车型。

3. 架车机

架车机是一种特殊的起重设备，在城市轨道交通车辆检修时，用于支承城市轨道交通车辆的车身重量，以使车辆的承重设备（如转向架、轮对等）可以拆卸分解出来。使用时有如下安全要求：

（1）不准超过最大负载使用。

（2）钢轨桥防滑安全锁的功能应正常。

（3）供电系统应正常，电源线无损坏、松脱。

（4）最低位、最高位行程开关的位置应正常，动作灵敏。

（5）架车时不准人员进入架车区域。

4. 不落轮镟床

使用时有如下安全要求：

（1）操作人员不得披长发、穿宽松衣服、佩戴饰物，必须佩戴防护眼镜，无关人员不得在工作场所停留，不得阻碍操作人员。

（2）不能超过允许的最大载荷操作。

（3）不得利用不落轮镟床作镟削轮对以外的其他用途。

（4）主驱动电动机的 V 带应正常。

（5）所有电缆无破损。

（6）所有安全装置能起作用且灵敏。

第六节 消防安全

一、城市轨道交通消防安全概述

1. 城市轨道交通火灾特点

城市轨道交通大部分运行于由车站和隧道构成的相对封闭的空间内，人和设备高度密集。在这种特殊的环境中，一旦发生火灾事故，其危害将是极其严重的。主要原因有：

（1）地下空间狭窄，大大增加了灭火救援的困难。

（2）火灾产生的烟气在相对封闭的空间内弥漫，容易造成人员窒息死亡。

（3）城市轨道交通地下空间人员疏散困难，乘客在紧急情况下容易发生惊慌，相互拥挤而造成踩踏伤亡。

2. 城市轨道交通消防安全的危害因素

（1）电气线路、电气设备故障引发火灾。城市轨道交通车站（含城市轨道交通列车）内电气线路、电气设备高度密集，这些电气线路和设备在运行中发生短路、过负荷、过热等故障是引发城市轨道交通火灾事故的重要因素。

（2）人为因素引发火灾。工作人员违章操作、用火不慎，乘客携带易燃易爆危险品乘车、在城市轨道车站内吸烟、人为纵火等也可能引发城市轨道交通火灾事故。

（3）环境因素引发火灾。主要包括城市轨道交通内部潮湿、高温、粉尘大、鼠害等因素。城市轨道交通内部通风不畅、隧道散热不良等原因导致温度过高；隧道内漏水情况比较普遍，地下湿气不易排出，导致地下空间湿度大；老鼠等小动物啃咬电缆电线。上述环境因素可能造成电气设备、线路绝缘性能下降，造成电气设备短路引起火灾。

（4）与城市轨道交通车站合建的外来建筑物带来的危害因素。特别是处于中心闹市区的城市轨道交通车站，常常与地面商业建筑合建。由于商场、车库、写字楼等商业场所具有较高的火灾风险，同时此类场所的风险管理和控制工作通常不由城市轨道交通企业控制，因此较城市轨道交通运营本身而言相对薄弱，一旦发生火灾、爆炸及其他灾害，不仅可能对城市轨道交通的正常运营带来影响，严重时甚至可能造成城市轨道交通财产和人身方面的重大损失。对于存在此类商业经营场所的城市轨道交通车站，除城市轨道交通本身风险以外的各种风险（包括火灾和爆炸的风险）不容忽视。

3. 城市轨道交通消防安全管理

城市轨道交通运营管理部门应结合运营特点制定完善的消防安全管理制度，对消防组织、消防安全责任、消防安全教育和培训、防火检查、消防值班、消防设施（器材）管理、动火管理、消防安全隐患整改、消防应急预案及演练、消防档案管理等方面进行规范，对消防安全进行严格管理。

二、防火灭火基本知识

1. “火”的概念

人们通常所说的“火”，其实是物质燃烧的一种现象。燃烧是指可燃物与氧气或氧化剂作用发生的放热反应，通常伴有火苗和发烟的现象。燃烧必须同时具备三个条件：一是可燃物，如汽油、液化石油气、木材、纸张等；二是助燃物，主要是空气中的氧气；三是着火源，如明火、电火花、雷击等。只有以上三个条件同时具备，燃烧才会发生。燃烧根据表现形式不同可分为着火、自燃、闪燃、爆炸。

燃烧被人们控制利用，可以造福人类，但一旦失去控制，将会造成极大危害。火灾是指在时间和空间上失去控制的燃烧所造成的灾害。火灾具有极大的危害性，主要表现在两个方面：一是人员伤亡，二是财物损失。

国家标准 GB 4968—1986《火灾分类》将火灾分为 A、B、C、D 四类。

A 类火灾指固体物质（如木材、纸张等）火灾。

B 类火灾指液体火灾和可熔化的固体物质（如汽油、乙醇等）火灾。

C 类火灾指气体（如煤气、氢气等）火灾。

D 类火灾指金属（如钠、钾等）火灾。

2. 防火基本知识

一切防火措施都是以防止燃烧的三个条件同时结合在一起为目的。

（1）防火基本方法。控制可燃物、隔绝助燃物、消除着火源。

1）控制可燃物。如以难燃或不燃材料代替易燃材料，对性质相互抵触的化学危险物品采用分仓、分堆存放等。

2）隔绝助燃物。如对密闭容器抽真空以排除容器内的氧气，在容器内充入惰性气体等。

3）消除着火源。如在易燃易爆场所严禁烟火，在有火灾危险的场所严格控制电焊、气割等动火作业。

（2）化学危险品。根据国家标准 GB 6944—2005《危险货物分类和品名编号》，所谓危险物品是指具有爆炸、易燃、毒害、腐蚀、放射性等特性，在运输、储存、生产、经营、使用和处置过程中，容易造成人身伤亡、财产损失或环境污染而需要特别防护的物质和物品。而其中的化学物品则称为化学危险品，具体包括：

1）爆炸品。如黄色炸药、烟花爆竹、枪弹和雷管等。

2）压缩气体和液化气体。指乙炔、一氧化碳、二氧化碳、石油气、压缩空气、氟利昂、氢气、氧气、液化石油气、煤气和各类压缩气体等。

3）易燃液体。常见的有汽油、酒精（乙醇）、丙酮、油漆类、松节油、染色剂、香蕉水、煤油和塑料印刷油墨等。

4）易燃固体、易自燃物质和遇湿放出易燃气体的物质。如磷、钠、钾、铝粉、锌粉等。

5）氧化剂和有机过氧化物。如亚硝酸钠、高锰酸钾、漂白粉、硝酸钠和氯酸钾等。

6）毒害品和感染性物品。如六六六、杀草丹、敌敌畏、灭鼠药、敌百虫、氰化钾、氰化钠等。

7）放射性物品。如钴 60、夜光粉、锆英石等。

8）腐蚀性物质。如盐酸、硝酸、硫酸、磷酸等。

9）其他危险物品。

(3) 日常防火常识

1）不乱丢烟头，不躺在床上吸烟。

2）不乱接乱拉电线，电路熔断器切勿用铜线、铁线代替。

3）炉灶附近不放置可燃、易燃物品。

4）明火照明时不离人，不要用明火照明寻找物品。

5）离家或睡觉前要检查燃气阀门是否关闭，明火是否熄灭。

6）利用电器烘烤衣物时要注意安全。

7）电磁炉、微波炉、电饭煲、电热水器、空调器等大功率用电器不要插在同一插座上使用，尽量少用或不用移动式的多用电源插座板。

8）发现燃气泄漏，要迅速关闭气源阀门，打开门窗通风，同时切勿开启室内电器开关。

9）不随意倾倒液化气残液。

10）家中尽量不要存放汽油、酒精、香蕉水等易燃易爆物品。

11）不要在住宅小区内燃放烟花爆竹。

12）教育小孩不玩火。

3. 灭火基本知识

火灾通常都有一个从小到大、逐步发展、直到熄灭的过程。火灾过程一般可以分为初起、发展、猛烈、下降和熄灭五个阶段。在火灾初起阶段（一般为着火后 5～7 min），燃烧面积不大，火焰不高，辐射热不强，是扑救的最好时机，只要发现及时，用较少的人力和应急消防器材就能将火控制或扑灭。

灭火的基本方法是根据起火物质的燃烧状态，为破坏燃烧必须具备的基本条件而采取的一些措施。灭火的基本方法有以下几种：

(1) 冷却灭火法。就是将灭火剂直接喷洒在可燃物上，使可燃物的温度降低到燃点以下，从而使燃烧停止。用水扑救火灾的主要作用就是冷却灭火。

(2) 窒息灭火法。就是采取措施，阻止空气进入燃烧区，或用惰性气体降低空气中的含氧量，使燃烧物质因缺乏氧气而熄灭。如用湿棉被、湿麻袋覆盖在燃烧着的液化石油气瓶上。

(3) 隔离灭火法。就是将附近的可燃物质与正在燃烧的物品隔离或者疏散开，从而使燃烧停止。如拆除与火源相毗连的易燃建筑结构，建立阻止火势蔓延的空间地带。

（4）化学抑制灭火法。就是将化学灭火剂喷入燃烧区参与燃烧反应，中止链反应而使燃烧反应停止。最常见就是用灭火器向着火点喷射灭火。

三、城市轨道交通消防设备设施的使用方法

1. 灭火器

灭火器是一种轻便的灭火器材，是扑救初起火灾最常用的灭火设备。灭火器种类较多，在城市轨道交通范围内使用的主要有干粉灭火器、二氧化碳（CO_2）灭火器、泡沫灭火器三种。

（1）手提式干粉灭火器。手提式干粉灭火器主要有 MF1、MF2、MF3、MF4、MF5、MF6、MF8、MF10 等型号，主要用来扑救固体火灾（A 类）、液体火灾（B 类）、气体火灾（C 类）和电气火灾。

1）使用方法。扑救火灾时，手提或肩扛干粉灭火器到火场，上下颠倒几次，离火点 3～4 m时，撕去灭火器上的封记，拔出保险销，一只手握紧喷嘴、对准火源，另一只手的大拇指将压把按下，干粉即可喷出，并迅速摇摆喷嘴，使粉雾横扫整个火区，由近而远，将火扑灭。

2）注意事项。灭火要果断迅速，不要遗留残火，以防复燃；扑灭液体火灾时，不要冲击液面，以防液体溅出，造成灭火困难。

3）检查方法。发现指针指在红色区域或开启使用过，就表明已失效，应送修。

4）有效期。一般为 5 年。

（2）二氧化碳（CO_2）灭火器。二氧化碳灭火器适用于扑救液体、气体、电气设备的初起火灾，如带电的电路、贵重设备、图书资料等。二氧化碳灭火器的型号有 MT2、MT3、MT4、MT7 四种，按开关方式分为手轮式、鸭嘴式两种。

1）使用方法。首先将灭火器提到距起火地点约 5 m 处，放下灭火器，一只手握住喇叭形喷筒根部的手柄，把喷筒对准火焰，另一只手迅速旋开手轮或压下压把，气体就喷射出来。当扑救液体火灾时，应使二氧化碳射流由近而远向火焰喷射，如果燃烧面较大，操作者可左右摆动喷筒，直至把火扑灭。当扑救容器内火灾时，操作者应手持喷筒根部的手柄，从容器上部的一侧向容器内喷射，但不要使二氧化碳直接冲击到液面上，以免将可燃液体冲出容器而扩大火灾。总之，使用二氧化碳灭火器灭火时，应设法把二氧化碳尽量多地喷射到燃烧区域内，使之达到灭火浓度而使火焰熄灭。

2）注意事项。灭火器在喷射过程中应保持直立状态，切不可平放或颠倒使用；不要用手直接握喷筒或金属管，以防冻伤；在室外使用时应选择在上风方向喷射，在室外大风条件下使用时，喷射的二氧化碳气体被风吹散，灭火效果很差；在狭小的室内使用时，灭火后操作者应迅速撤离，以防被二氧化碳窒息而发生意外，火灾完全扑灭后应打开门窗通风。

3）检查方法。定期对灭火器进行称重，如泄漏的灭火剂质量大于总质量的1/10时，应补充灭火剂。

（3）机械泡沫和合成泡沫灭火器

1）使用范围。泡沫灭火器用来扑灭固体、液体火灾，不能扑灭带电火灾。

2）使用方法。离火点3～4 m时，撕去灭火器上的封记，拔出保险销，一只手握紧喷嘴，对准火源，另一只手的大拇指将压把按下，泡沫即可喷出，此时迅速摇摆喷嘴，使泡沫横扫整个火区，由近而远，将火扑灭。

3）检查方法。发现指针指在红色区域或开启使用过，就表明已失效，应送修。

4）有效期。一般为2年。

2. 消火栓给水系统

城市轨道交通消火栓给水系统主要由消防水源（市政供水或消防水池）、消防水管、室内消火栓箱（包括水带、水枪、消防软管卷盘）和室外消火栓、消防水泵、消防水泵控制器等组成。

（1）消火栓的使用

1）打开消火栓箱，取出水带。

2）抛水带。右手握住水带，然后用力向正前方抛出，使水带向正前方摊开。

3）接水带。右手将水带接头与消火栓接头对接，并顺时针转动至卡紧为止。

4）接水枪、打开水龙头。迅速拿起另一头水带接头，一手拿着水枪向着火部位冲去，将水枪头接上水带接口，并将水龙头打开。

5）灭火。射水时，采取包围灭火战术阻止火势和烟雾其向四周扩散，以便有效控制，直至将火扑灭。注意，如遇电气火灾，应先断电后灭火。

（2）消防软管卷盘的使用。消防软管卷盘一般供扑救初期火灾使用。

使用消防软管卷盘时，首先打开箱门将卷盘旋出，拉出胶管和小口径水枪，开启供水闸阀即可进行灭火。消防软管卷盘除绕自身旋转外，还能随箱门旋转，比较灵活，不需将胶管全部拉出即能开启阀门供水。使用完毕后，先关闭供水闸阀，待胶管排除积水后卷回卷盘，将卷盘转回消火栓箱。

3. 自动喷水灭火系统

自动喷水灭火系统是按一定的间距和高度安装一定数量喷头的供水灭火系统。按用途、组成部件和工作原理的不同，自动喷水灭火系统可分为湿式自动喷水灭火系统、干式自动喷水灭火系统、预作用式自动喷水灭火系统等。安装自动喷水灭火系统的场所发生火灾时，该系统能自动喷水灭火并自动报警。在所有固定式灭火设备中，自动喷水灭火系统具有使用范围最广、价格最便宜的特点。它工作性能稳定，灭火效果好，因而广泛应用于可以用水灭火的场所。如广州地铁公园前控制中心大楼、大石控制中心大楼、新造车辆段综合楼公共区域等部分办公区域均安装了湿式自动喷水灭火系统。

（1）湿式自动喷水灭火系统的组成。湿式自动喷水灭火系统一般由以下四部分组成：

1）湿式报警阀装置部分。主要由湿式阀、延时器、水源、系统压力表、报警控制阀、过滤器、止回阀、主排放阀、节流阀组件等组成。

2）报警控制部分。主要由压力开关、水流指示器、水力警铃、报警控制柜等组成。

3）供水部分。主要由蓄水池、水泵、压力水罐、高位水箱、水泵接合器等组成。

4）管网部分。主要由闭式玻璃球喷头、供水管、电磁阀门、末端泄放装置等组成。

（2）湿式自动喷水灭火系统的动作原理。湿式自动喷水灭火系统的管网内充满了水，并保持一定的压力。被保护区域发生火灾后，当火灾区域燃烧产生的热气达到一定温度时（70℃时），洒水喷头的玻璃球受热膨胀破裂，喷头开始喷水灭火。同时，另一股水流流入报警通道，经延时器至压力开关，水力警铃开始报警，相关信号被发送到消防水泵控制柜，启动消防水泵供水。

4. 气体灭火系统

以气体作为灭火介质的灭火系统称为气体灭火系统。根据灭火介质的不同，气体灭火系统可分为卤代烷 1301 气体灭火系统、二氧化碳气体灭火系统、烟烙烬气体灭火系统等。

气体灭火系统主要用于保护车站内火灾危险性较高的或重要的设备房，如高低压室、整流变电室、环控电控室、信号设备室、通信设备室、屏蔽门控制室等，部分主变电站、集中冷站的重要设备房也设有气体灭火系统。

（1）气体灭火系统的组成。气体灭火系统由药剂储存和喷放设备、报警和控制设备组成。药剂储存和喷放设备主要包括气体钢瓶、钢瓶固定支架、瓶头阀电磁启动器、瓶头阀手动启动器等。报警和控制设备主要包括火灾探测器、控制盘、手拉开关、紧急停止开关、手动/自动选择开关、警铃、蜂鸣器和闪灯、气体释放指示灯等。

（2）气体灭火系统的控制方式。气体灭火系统一般具有自动控制、手动控制和应急操作三种操作方式。

气体灭火系统控制盘具有两个独立的区域探测回路，在自动控制状态下，当保护区域内某一回路报火警时，控制盘启动联动设备（如关闭防火阀、关闭风机等），并同时启动警铃，发出一级火灾报警信号给火灾自动报警系统（FAS）。当另一探测回路也报火警时，控制盘内蜂鸣器鸣响，并发出二级火灾报警信号给火灾自动报警系统，经过 30 s 延时后，控制盘发出控制信号，启动对应区域的选择阀和对应主动气瓶上的电磁阀，将灭火药剂释放到保护区进行灭火，同时灭火区域门外的气体释放指示灯闪亮。

有人到现场确认时，若发现确有火灾发生，则应通知保护区内的人员疏散，并关好门窗。若系统仍没喷气，则手动操作按下“释放”按钮。若手动按钮失灵，则到气瓶间开启对应火灾区域电磁选择阀上的手动启动器，同时开启对应区域主动气瓶瓶头的手动启动器。事故处理完毕后应进行系统复位。

若火警属于误报，则应在按住“止喷”按钮的同时将开关打到手动状态，停止喷气，然后进行消音及系统复位、防火阀复位，使系统恢复正常状态。

气体灭火系统还具有自我故障检测功能，将系统的故障通过显示面板报告给维护人员，同时将故障信号发送到火灾自动报警系统。

5. 火灾自动报警系统

火灾自动报警系统（fire alarm system，简称 FAS）是为了及早发现、通报火灾，以便及时采取措施扑灭火灾而设置于建筑物内的一种自动消防设施。

通常，城市轨道交通每一条线的火灾自动报警系统以环网方式将各车站的报警控制器构成一个整体网络，在控制中心能对全线报警系统实行监控管理，随时掌握全线动态情况，在其所管辖范围内，对火灾状况进行监测报警和实施有关消防操作。火灾自动报警系统主要实现火灾监测的报警、其他系统消防设备的监视及控制、系统故障报警、消防电话通信等重要功能。

（1）火灾自动报警系统的设备及分布。在城市轨道交通各车站、主变电所、车辆段、集中冷站、区间风机房和控制中心大楼均设有火灾自动报警系统，分为车站级和中央级两级。

车站级设备包括火灾报警控制盘与站级计算机图形中心、站内的自动报警设备、手动报警器、消防紧急电话等。

中央级设备为安装在控制中心的中央级计算机图形中心，作为全线火灾自动报警系统的操作管理和资料存档管理平台，随时接收显示各车站传送来的报警信号，对车站报警点按全貌、分区等逐级进行图形显示，并打印、存档各类信息资料。

现场外部设备包括智能烟感器、智能温感器、普通烟感器、普通温感器、感温电缆、对射探头、手拉报警器、破玻报警器（手拉报警器和破玻报警器统称为手动报警器）。

（2）火灾自动报警系统的功能

1）火灾报警功能。系统通过现场火灾探测器监测到火灾情况时，控制盘便产生火灾报警信号。

2）消防设备的监视功能。对其他系统设备，如防火阀、气体灭火系统、消防水泵等进行监视，当设备动作或异常时便产生监视报警，如防火阀关闭、气体灭火系统打手动、气体灭火系统报一级火警等。

3）系统故障报警功能。当系统本身存在故障时，车站级控制盘及中央级计算机进行故障报警，如烟感器“极脏”等。

4）消防设备的控制功能。当发生火灾需要对某些消防设备进行控制时，系统可以通过控制模块（辅助继电器）对其他系统的某些消防设备进行强行启动，如关闭防火阀、启动消防水泵、降下防火卷帘门等。

5）消防通信功能。通过电话插孔、挂箱电话使现场与车控室进行直接通话。

6. 机电设备监控系统

机电设备监控系统是将环控、低压、照明、给排水、屏蔽门等设备以集中监控为目的的而构成的综合自动化系统。机电设备监控系统实现了对现场机电设备运行状态进行实时集中监视、控制和报警，降低了设备操作的复杂性和操作难度，能够协调设备动作。在消防功能方面，机电设备监控系统有如下功能：

（1）接收火灾自动报警系统送来的火灾信息，控制车站相关设备执行设定的火灾模式，如控制环控系统执行排烟模式，开启紧急疏散导向，切断三级电源。

（2）在列车发生火灾时，接收行车信号系统送来的列车区间停车位置信号，控制隧道通风系统进行排烟。

机电设备监控系统通常由中央、车站、就地三级实现对相关设备的监视和控制。

四、火灾自救与逃生方法

许多火灾事故中，有的人能火里逃生，有的却丧身火海，这固然与火势大小、起火地点、起火时间、建筑物内消防设施、扑救是否及时等因素有关，但受害者火场积极自救、互救而成功逃生是不乏先例的。能否成功从火场逃生取决于被困者的自救知识和相应的自救能力。除突发性爆炸、爆燃等火灾事故外，在绝大多数火灾现场中，被困人员是可以逃生自救的。因此，掌握一定的消防知识，增强自救意识，提高逃生技能，对每一个人来说都是非常必要的。

1. 楼宇火灾自救与逃生

（1）火灾发生时，不要贪恋财物，应及时报警，积极自救。

（2）平时应了解、掌握必要的逃生路线。

（3）受到火势威胁时，要当机立断披上浸湿的衣物、被褥等向安全出口方向冲出。

（4）穿过浓烟逃生时，要尽量使身体贴近地面，并用湿毛巾捂住口鼻。

（5）身上着火时，千万不要奔跑，可就地打滚或用厚衣物压灭火苗。

（6）遇火灾不可乘坐电梯，要走疏散楼梯逃生。

（7）室外防火门已发烫时，千万不要开门，以防火窜入室内。要用浸湿的被褥、衣物等堵塞门窗缝隙，并泼水降温。

（8）若所有逃生线路均被大火封锁，要立即退回室内，用打手电筒、挥舞衣物、呼叫等方式向窗外发送求救信号，等待救援。

（9）千万不要盲目跳楼逃生，可利用疏散楼梯、阳台、水管等逃生，也可用绳子或把床单、被套撕成条状连成绳索等方式逃生。

（10）在陌生的场所遇到火灾时，应沿安全出口指示方向逃生，不要惊慌失措，不要从众乱跑。

2. 城市轨道交通车站火灾自救与逃生

（1）贯彻“救人第一，救人与灭火同步进行”的原则，积极施救。

（2）火灾发生后，车站工作人员应首先做好乘客的疏散、救护工作。

（3）把握起火初期的关键时间，在消防员到来前积极组织灭火自救。

（4）车站工作人员开展灭火自救工作时应注意做好个人防护。

（5）消防员到场后，灭火任务应交给消防员。

（6）当火势不可控制，可能危及自身生命安全时，车站工作人员应主动撤离。

（7）乘客在车站遇到火灾时，应服从工作人员指挥，听从事故广播指引，沿疏散标志指示方向出站逃生。

（8）车站发生火灾时，不要使用垂直升降电梯。

3. 城市轨道交通列车火灾逃生

（1）列车在车站内发生火灾时的逃生

1）乘客应保持镇静。

2）按压车厢内的紧急情况按钮或紧急通话器（各线列车因生产厂家不同，设置略有不同，详见电客车应急设备使用说明），通知司机车厢内发生的情况。

3）在可能的情况下，使用车载灭火器灭火。

4）必要时可拉下列车车门紧急解锁手柄，向两侧用力推开车门。

5）向站外方向疏散。

（2）列车在隧道内发生火灾时的逃生

1）乘客应保持镇静。

2）按压车厢内的紧急情况按钮或紧急通话器，通知司机车厢内发生的情况。

3）在可能的情况下，使用车载灭火器灭火。

4）列车将会尽可能到车站进行人员疏散，因此，乘客应听从列车广播的指挥，千万不要惊慌失措，不要乱动车厢内其他设备。

5）在列车无法到达前方车站而又需要紧急疏散的情况下（因隧道内紧急疏散设计不同，各条线路的隧道内疏散方式是不同的），车厢内乘客应该听从列车广播的指挥。以广州地铁为例：

①1、2 号线列车隧道内疏散。乘客向列车前进方向的司机室疏散；打开司机室与客室间的通道门，进入司机室；由列车司机打开疏散门，乘客可通过疏散斜梯走到隧道内，通过隧道向车站方向疏散。

②3、4 号线列车隧道内疏散。由于 3、4 号线隧道内设置有疏散平台，列车停稳后，列车司机打开列车车门，乘客走出列车到达隧道内的疏散平台，沿疏散平台向车站方向疏散即可。

第七节 特种设备与特种作业安全

通常所说的特种设备是指涉及生命安全、危险性较大的锅炉、压力容器（含气瓶，下同）、压力管道、电梯、起重机械等。特种设备包括其附属的安全附件、安全保护装置和与安全保护装置相关的设施。特种设备的目录由国务院负责特种设备安全监督管理的部门确定并公布。

《中华人民共和国安全生产法》第三十条规定："生产经营单位使用的涉及生命安全、危险性较大的特种设备，以及危险物品的容器、运输工具，必须按照国家有关规定，由专业生产单位生产，并经取得专业资质的检测、检验机构检测、检验合格，取得安全使用证或者安全标志，方可投入使用。检测、检验机构对检测、检验结果负责。"

特种设备事故指在使用特种设备时突然发生的、造成或可能造成人员和财产损失的事故。特种设备事故的类型主要有：

- 电梯困人故障或由于剪切、坠落等原因造成的事故，扶梯伤人事故。
- 起重设备造成的人身伤亡事故。
- 锅炉、压力容器（含固定式、移动式）和压力管道泄漏、爆炸事故。
- 厂内机动车造成的事故等。

一、特种设备安全管理

1. 特种设备使用单位管理内容

特种设备使用单位应当严格执行《特种设备安全监察条例》和有关安全生产的法律、行政法规的规定，保证特种设备的安全使用。

特种设备在投入使用前或者投入使用后 30 日内，使用单位应当向直辖市或者设区的市的特种设备安全监督管理部门登记。登记标志应当置于或者附着于该特种设备的显著位置。

各单位应当按照安全技术规范的定期检验要求，在安全检验合格有效期届满前 1 个月向特种设备检验、检测机构提出定期检验要求。未经定期检验或者检验不合格的特种设备不得继续使用。

各单位应当建立特种设备安全技术档案。安全技术档案应当包括以下内容：

（1）特种设备的设计文件、制造单位、产品质量合格证明、使用维护说明等文件以及安装技术文件和资料。

（2）特种设备的定期检验和定期自行检查的记录。

（3）特种设备的日常使用状况记录。

(4) 特种设备及其安全附件、安全保护装置、测量调控装置及有关附属仪器仪表的日常维护保养记录。

(5) 特种设备运行故障和事故记录。各单位应当对在用特种设备进行经常性日常维护保养，并定期自行检查，作出记录。对在用特种设备进行自行检查和日常维护保养时发现异常情况的，应当及时处理。

各单位应当对在用特种设备的安全附件、安全保护装置、测量调控装置及有关附属仪器仪表进行定期校验、检修，并作出记录。

特种设备使用单位应当对特种设备作业人员进行特种设备安全教育和培训，保证特种设备作业人员具备必要的特种设备安全作业知识。

若特种设备出现故障或者发生异常情况，使用单位应当对其进行全面检查，消除事故隐患后，方可重新投入使用。若特种设备存在严重事故隐患，无改造、维修价值，或者超过安全技术规范规定的使用年限，特种设备使用单位应当及时予以报废，并应当向原登记的特种设备安全监督管理部门办理注销。

2. 特种设备安全管理人员职责

(1) 严格按照《特种设备安全监察条例》的要求，加强对在用特种设备的安全管理。

(2) 对特种设备使用状况进行经常性检查，发现问题时应当立即处理。

(3) 情况紧急时，可以决定停止使用特种设备并及时报告本单位有关负责人。

(4) 保证不使用“三无”(无证制造、无证安装、无证使用) 特种设备。

(5) 保证特种设备作业人员持有效《特种设备作业人员证》上岗操作设备。

(6) 及时办理特种设备使用登记、停用、过户、注销、检验等手续，配合质量监督检验部门的日常检查工作，发现特种设备事故隐患应及时报告。

(7) 负责管理特种设备安全技术档案。

(8) 负责特种设备作业人员安全教育、技能培训和考核等监管工作。

3. 特种设备作业人员职责

(1) 持有效《特种设备作业人员证》上岗操作。

(2) 操作的设备项目必须与《特种设备作业人员证》上所规定的作业项目相对应，严禁操作不在作业范围内的设备。

(3) 对所操作的特种设备进行经常性检查，若发现事故隐患或者其他不安全因素，应当立即向现场安全管理人员和单位有关负责人报告。

(4) 做好设备的运行记录。

(5) 定期参加培训，熟悉操作规程，增强安全意识。

(6) 保证不使用“三无”(无证制造、无证安装、无证使用) 特种设备。

(7) 在作业中严格执行特种设备的操作规程和有关的安全规章制度。

二、特种作业定义及分类

特种作业是指容易发生人员伤亡事故，对操作者本人、他人及周围设施的安全可能造成重大危害的作业。直接从事特种作业的人员称为特种作业人员。

特种作业包括以下类别：

（1）电工作业。含发电、送电、变电、配电工，电气设备的安装、运行、检修（维修）、试验工，矿山井下电工。

（2）焊接与热切割作业。含焊接工、切割工。

（3）企业内机动车辆作业。含在企业内及码头、货场等生产作业区域和施工现场行驶的各类机动车辆的驾驶人员。

（4）高处作业。含 2 m 以上登高架设、拆除、维修工，高层建（构）筑物表面清洗工。

（5）制冷与空调作业。含制冷设备安装工、操作工、维修工。

（6）爆破作业。含地面工程爆破工、井下爆破工。

（7）矿山安全作业。含安全检查工、瓦斯检验工、电气设备防爆检查工。

（8）矿山应急救护作业。

（9）危险化学品装卸、押运作业。含危险化学品、民用爆炸品、放射性物品的操作工、运输押运工、储存保管员。

（10）烟花爆竹生产涉药作业。

（11）民用爆破器材生产涉药、押运作业。

（12）锅炉作业。含承压锅炉的操作工、锅炉水质化验工。

（13）压力容器作业。含压力容器罐装工、检验工、运输押运工、大型空气压缩操作工。

（14）起重机械作业。含起重机械司机、司索工、信号指挥工、安装与维修工。

（15）电梯作业。含司机、安装与维修工。

（16）客运索道作业。

（17）大型游乐设施作业。

（18）压力管道运行操作作业。

（19）经国家安全生产监督管理总局（以下简称国家安监总局）会同国务院有关部门确定的其他作业。

各单位可根据各作业特点确定本单位的特种作业项目，如高压运行作业（含进网证、隔离开关操作证、安全操作等级证）、信号系统操作作业及电客车和工程车驾驶等。

三、特种作业安全知识

1. 特种作业人员的基本条件

各单位从事特种作业的人员应具备如下基本条件：

(1) 年龄满 18 周岁。

(2) 经县级及以上医院体检合格，无妨碍从事相应特种作业的疾病和生理缺陷。

(3) 初中及以上文化程度。

(4) 符合相应特种作业需要的其他条件。

2. 特种作业人员培训与复审

《中华人民共和国安全生产法》第二十三条规定："生产经营单位的特种作业人员必须按照国家有关规定经专门的安全作业培训，取得特种作业操作资格证书，方可上岗作业。"

各单位应教育从业人员，没有特种作业操作资格证书不得从事特种作业，并经常检查，以及时发现、制止没有持证者进行特种作业。

学习从事特种作业的人员，必须有持有特种作业操作证的师傅在旁边指导、监护，方可进行特种作业的学习（实习）操作。

《特种作业操作证》每两年复审一次；连续从事本工种 10 年以上的，经知识更新教育后，复审时间可延长至每四年一次。《特种设备作业人员证》每两年复审一次。

特种作业操作资格证书需复审的，应当于有效期届满 30 个工作日前，由特种作业人员本人或用人单位提出申请，并由当地的考核、发证机构负责复审。复审内容包括：

(1) 县级及以上医院健康证明。

(2) 违章作业记录情况。

(3) 安全生产新知识和事故案例培训。

(4) 本作业安全知识考试。

四、特种作业人员管理

各单位应建立健全特种作业人员管理档案，内容包括个人资料、安全培训教育记录、证件资料、违章记录、事故记录和奖惩记录等内容。

特种设备操作人员及其安全管理人员，必须由质量监督检验部门考核合格，取得国家统一格式的特种作业人员证书，方可从事相应的作业或管理工作。

特种作业人员应当严格按照作业程序和作业要求作业或操作，严禁违章作业。

离开特种作业岗位达 6 个月以上，重新回到原岗位从事特种作业的人员，应当重新进行实际操作考核，经有关管理部门确认合格后方可上岗作业。

五、电梯安全知识

电梯是指电力驱动，利用沿刚性导轨运行的箱体或者沿固定线路运行的梯级（踏步），进行升降或者平行运送人、货物的机电设备，包括载人（货）电梯、自动扶梯、自动人行道等。电梯应每年检验一次。

1. 电梯安全装置

电梯安全装置包括防止轿厢下降速度过大和坠落的防超速和断绳保护装置，防止超越顶、底端行程的防越程保护装置，防止轿厢或对重蹲底的缓冲装置，防止剪切的轿、厅门防护装置，防止超重的超载装置，报警、救援装置以及其他安全保护装置。

电扶梯安全装置包括工作制动器、超速限速器、电动机过热保护装置、急停按钮、扶手带入口保护装置、梳齿板保护装置、防逆转保护装置、供电系统断相错相保护装置、梯阶和梯阶轮断裂保护装置、梯阶轮上提保护装置、裙板保护装置、驱动链断裂保护装置、扶手带断裂保护装置、扶手带同步监控装置等。

2. 电梯事故类型

电梯可能发生的危险一般有：人员被挤压、撞击和发生坠落、剪切；人员被电击，轿厢超越极限行程时发生撞击；轿厢超速或因断绳造成坠落；由于材料失效而造成结构破坏等。

3. 电梯维修作业安全要求

（1）电梯维修作业人员应严格按照国家有关行业规程，持有效《特种设备作业人员证》上岗作业。

（2）进行电梯维修时，要设置标志明显的围栏。

（3）在梯井内作业时，要保证有足够的照明，并做好相应的安全措施。

（4）作业时，应设专人监护，禁止单独作业。

（5）进行设备检查和维修前，应先确认设备已断电，机械部分完全停止，才可进行设备检查和维修。

（6）扶梯维修人员进行设备吊装时，吊装物下方 1 m 范围内不准站人。

（7）拆卸的物品要堆放好，禁止乱堆乱放。

（8）作业结束后，作业人员应清扫、整理现场。工作负责人应进行周密检查，确认后方可离开。

4. 其他升降设备

在城市轨道交通中，为了更好地为残疾人服务，在站台和站厅间安装了轮椅升降梯，如图 2—4 所示。该设备虽不属于特种设备，但已成为城市轨道交通中特有的设备。

六、锅炉和压力容器安全知识

锅炉和压力容器均是承压设备，并且是具有爆炸危险的特种设备，一旦发生爆炸，破坏力极大，影响范围广，会造成灾难性事故。

1. 锅炉安全知识

锅炉是指利用各种燃料、电或其他能源，将所盛装的液体加热到一定的参数，并承载一定压力的密闭设备。其范围规定为：容积大于或等于 30 L 的承压蒸汽锅炉；出口水压大于或等于 0.1 MPa（表压），且额定功率大于或等于 0.1 MW 的承压热水锅炉；有机热载体锅炉。

图 2—4　轮椅升降梯

锅炉是特种热力设备，各企事业单位应将锅炉列为重点设备，实行严格管理。国家规定锅炉作业为特种作业，其作业人员必须经过专门培训考核，合格后持有效期证件才能上岗操作。

锅炉的定期检验工作包括外部检验、内部检验及水压试验。检验周期为，每年进行一次外部检验，每两年进行一次内部检验，每六年进行一次水压试验。

（1）锅炉的基本结构。锅炉是利用燃料燃烧释放的热能或其他热能加热水或其他工质的设备。

“锅”是指锅炉接受热量，并将热量传递给水汽、导热油等工质的受热面系统，是锅炉中储存或输送锅水或蒸汽的密闭受压部分，是锅炉的吸热部分，主要包括汽包、对流管、水冷壁、联箱、过热器、省煤器等。“锅”再加上给水设备就组成了锅炉的汽水系统。

“炉”是锅炉中燃烧或加热从而产生热量供“锅”吸收的部件，是锅炉的放热部分，主要包括燃烧设备、炉墙、炉拱、钢架、烟道及排烟除尘设备等。

（2）锅炉的主要安全附件与装置

1）安全阀。安全阀是锅炉上的安全附件之一，它对锅炉内部压力极限值的控制及锅炉的安全保护起着重要作用。常用安全阀有水封式、静重式、弹簧式、杠杆式等。安全阀应每年进行一次检验。

2）压力表。压力表用于准确测量锅炉上所需测量部分压力的大小，分为直接式、电结点式。压力表在装用前应进行试验，装用后一般每半年至少检验一次。

3）水位计（水位表）。水位计用于显示锅内水位高低。每台蒸汽锅炉必须按规定装设灵敏可靠的水位计，没有水位计或水位计失灵的蒸汽锅炉不允许投入运行。水位计包括玻璃管式水位计、玻璃板式水位计和双色水位计。

4）温度测量装置。用于对锅炉的给水、蒸汽、烟气等介质的温度进行测量监视。

5）点火程序控制和熄火保护装置。

6）高低水位报警和低水位联锁保护装置。

7）防爆门。为了防止炉膛或尾部烟道发生爆炸或二次燃烧，常在炉膛或尾部烟道易爆处装设防爆门。

8）超压报警和联锁保护装置。

9）超温报警和联锁保护装置。

10）排污阀或放水装置。

11）锅炉自动控制装置。

（3）锅炉事故类型

1）缺水事故。水位计水位低于最低安全水位而危及锅炉安全运行的事故。

2）锅炉满水事故。锅炉在运行中，水位高于最高安全水位而危及锅炉安全运行的事故。

3）锅炉超压事故。锅炉在运行中，锅炉内部压力超过最高许可压力而危及锅炉安全运行的事故。

4）锅炉汽水共腾事故。锅炉在运行中，锅内的汽、水不进行完善的分离，大量的锅水随蒸汽带出而危及锅炉安全运行的事故。

5）锅炉爆管事故。锅炉在运行中，水冷壁管或对流管束破裂而被迫停炉的事故。

6）炉膛爆炸事故。油炉、气炉、煤粉锅炉及层燃炉等炉膛内的可燃气体、油雾或粉尘与空气混合后，如果其浓度是在该可燃物的爆炸限内，遇到明火即会发生爆炸事故。

7）尾部烟道二次燃烧事故。

8）锅炉结渣事故。灰渣在高温下粘结于受热面、炉墙、炉排上并越积越多而导致的事故。

2. 压力容器安全知识

压力容器是指盛装气体或液体、承载一定压力的密闭设备。其范围规定为：最高工作压力大于或等于 0.1 MPa（表压），且压力与容积的乘积大于或者等于 2.5 MPa・L 的气体、液化气体和最高工作温度高于或等于标准沸点的液体的固定式容器和移动式容器；盛装标称工作压力大于或等于 0.2 MPa（表压），且压力与容积的乘积大于或等于 1.0 MPa・L 的气体、液化气体和标准沸点低于或等于 60℃的液体的气瓶；氧舱等。

压力管道是指利用一定的压力、用于输送气体或液体的管状设备。其范围规定为：最高工作压力大于或等于 0.1 MPa（表压）的气体、液化气体、蒸汽介质或可燃、易爆、有毒、有腐蚀性、最高工作温度高于或等于标准沸点的液体介质，且标称直径大于 25 mm 的管道。

压力容器定期检验分外部检查、内外部检验、耐压试验三种。外部检查每年至少进行一次。内外部检验根据其安全状况确定，安全状况等级为一级、二级的，每六年至少一次。安全状况等级为三级的，每三年至少进行一次。耐压试验在每两次内外部检验期间内，至少进行一次。

(1) 压力容器的基本结构。压力容器的主体结构比较简单，因为它的主要作用就是盛装有压力的气体或液化气体，或者为这些介质的传热、传质或化学反应提供一个密闭的空间。压力容器主要结构一般由筒体、封头、法兰、密封元件、开孔与接管、安全附件及支座等部分组成。

(2) 压力容器的主要安全附件与装置

1) 安全阀。安全阀的主要作用是控制压力容器的工作压力，一旦压力超过规定的要求，安全阀要能自动开启，释放压力，使压力容器回到正常的工作压力状态。工作压力正常后，安全阀自动关闭。安全阀应每年进行一次检验。

2) 爆破片。爆破片的主要作用与安全阀一样，是压力容器的最薄弱点，一旦压力容器超压，爆破片破裂，使压力下降，直到压力或介质放完后重新更换爆破片。

3) 爆破帽。爆破帽为一端封闭、中间有一薄弱层面的厚壁短管。爆破帽多用于超高压容器。

4) 易熔塞。易熔塞属于“熔化型”(“温度型”) 安全泄放装置，它的动作取决于容器壁的温度。

5) 压力表。压力表的主要作用是监测压力容器的工作压力，一旦超压便提示操作者采取相应措施。压力表还可以记录压力容器的中间工况状态，也可在一定程度上反映介质储存量。

6) 温度计。温度计的主要作用是监测压力容器的工作温度，一旦超温便提示操作者采取相应措施。它也可以记录压力容器的中间工况状态。

7) 液位计。液位计的主要作用是监测盛装液态介质的压力容器的液位高低，也即介质的存量多少。为保证压力容器的安全运行，其中的介质不能装得太多，更不能装满，必须留出一定的空间，以容纳介质的饱和蒸气。

8) 紧急切断装置。紧急切断装置的主要作用是当管道及其附件发生破裂及误操作或罐车附近发生火灾事故时，可紧急关闭阀门，迅速切断气源，防止事故蔓延扩大。

9) 快开门式压力容器的安全联锁装置。这种安全联锁装置在任何情况下，若快开门未关闭到位，则蒸气不能进入该压力容器；若容器内有压力，则快开门打不开。

(3) 压力容器事故分类。压力容器事故按其损坏程度分为爆炸事故、严重损坏事故、一般损坏事故。

1) 爆炸事故。指压力容器在使用或压力试验时，受压部件损坏，容器中介质蓄积的能量迅速释放，内压瞬间降至外界大气压力的事故。

2) 严重损坏事故。指压力容器在使用过程中，由于受压部件、安全附件、安全保护装置损坏，导致容器停止运行而必须进行修理的事故。因压力容器泄漏而引起的火灾、人员中毒的事故也为严重损坏事故。

3）一般损坏事故。指压力容器在使用过程中，受压部件轻微损坏而不需要停止运行进行修理的事故。

3. 气瓶安全知识

气瓶是一种移动式压力容器。压力容器的安全要求一般也适用于气瓶。

盛装腐蚀性气体的气瓶每两年检验一次；盛装一般气体的气瓶每三年检验一次；盛装惰性气体的气瓶每五年检验一次。

气瓶在使用过程中，若发现有严重腐蚀、损伤或对安全可靠性有怀疑，应提前进行检验。

库存和停用时间超过一个检验周期的气瓶，启用前应进行检验。

（1）气瓶的结构与分类。我国目前使用的钢质气瓶大多数是 40 L 无缝钢瓶和容积较大的焊接钢瓶。这些气瓶一般由瓶体、瓶阀、瓶帽、底座、防振圈组成。焊接钢瓶还有护罩。

气瓶还可分为永久气体气瓶、高压液化气体气瓶、低压液化气体气瓶、溶解气体气瓶。

（2）气瓶的使用与管理。气瓶的运输、储存和使用必须有专人负责，并制定相应的安全管理制度。气瓶应置于专用仓库储存，气瓶仓库应符合《建筑设备防火规范》的有关规定。

在使用气瓶时必须严格做到：

1）防止气瓶受到剧烈振动或碰撞冲击

①运输气瓶时，要将气瓶妥善固定，防止其滚动或滚落。

②装卸气瓶时要轻装轻卸，严禁采用抛装、滑放或滚动的装卸方法。

③气瓶的瓶帽及防振圈应配备齐全。

2）防止气瓶受热升温

①气瓶运输和使用时，不得长时间在烈日下暴晒。

②使用中，不要将气瓶靠近火炉或其他热源，更不得用高温蒸汽直接喷吹气瓶。

③瓶阀冻结时，应把气瓶移到较暖和的地方，用温水解冻，禁止用明火烘烤。

3）严格按照气瓶安全操作规程进行操作和合理使用

①开阀时要缓慢，防止附件升压过速而产生高温。对盛装可燃气体的气瓶应特别注意，以免因静电作用引起气体燃烧。

②开阀时不能用扳手敲击瓶阀，以防产生火花。氧气瓶的瓶阀及其他附件都禁止沾染油脂，手或手套、工具上沾有油脂时不要操作氧气瓶。

③每种气瓶要有专用的减压器。

④气瓶使用到最后时应留有余气，以防混入其他气体或杂质而造成事故。

4）加强检查和维护

①经常保持气瓶油漆完好，漆色脱落或模糊不清时，应按规定重新涂色。

②有些气瓶若瓶内混有水分会加速气体对内壁的腐蚀，如一氧化碳气瓶、氯气瓶等，在充气前应对气瓶进行干燥处理。

七、起重机械安全知识

起重机械是指用于垂直升降或者垂直升降并水平移动重物的机电设备。其范围规定为：额定起重量大于或等于 0.5 t 的升降机；额定起重量大于或等于 1 t，且提升高度大于或等于 2 m 的起重机和承重形式固定的电动葫芦等。

起重机械每两年检验一次。

1. 起重机械分类

起重机械包括轻小型起重设备、升降机和起重机。

起重机按构造可分为桥架类和臂架类。桥架类起重机包括桥式起重机、门式起重机和缆式起重机；臂架类起重机包括流动式起重机（汽车起重机、轮胎起重机）、履带式起重机、塔式起重机和门座式起重机等。

2. 起重机械安全装置

（1）上升极限位置限制器和下降极限位置限制器。

（2）运行极限位置限制器。

（3）缓冲器。

（4）夹轨器和锚定装置。

（5）超载限制器。

（6）力矩限制器。

（7）防碰撞装置。

（8）防偏斜和偏斜指示装置。

3. 起重机械事故类型

起重机械是机械设备中蕴藏危险因素较多、易发生事故的特种设备。起重机械常见事故主要有以下类型：

（1）重物坠落。包括吊钩或其他吊具、吊装容器损坏，物件捆绑不牢、钩挂不当，电磁吸盘突然断电，起升机构的零件故障等都会引起重物坠落。

（2）碰撞。操作工看不清周围环境，在起吊过程中常会发生吊件与物或人碰撞。紧急制动或启动过猛，吊件在空中发生摇荡也会撞倒设备、堆积物或人。

（3）脱钩。起吊操作不稳，使吊钩在空中摇荡，或紧急启动、制动都有可能引起脱钩。

（4）钢丝绳折断。应该报废的钢丝绳继续使用，或严重超负荷吊装都有可能发生钢丝绳折断。

（5）安全装置失灵。如制动器、限制器、限位器、防护罩等失灵或欠缺，又不及时检修，会引起事故。

（6）起重机的失稳倾翻。失稳有两种类型，一种是由于所受力矩不平衡、地基沉陷或操作不当等，引起起重机重心不稳造成倾翻；另一种是由于坡度或风载使起重机沿倾斜路面或轨道滑动，导致脱落翻倒。

（7）挤压。起重机轨道两侧缺乏良好的安全通道，或与建筑结构之间缺少足够的安全距离，使运行或回转的金属结构机体对人员造成夹挤伤害；运行机构操作不当或制动器失灵引起溜车，引发碾压伤害等。

（8）高处跌落。在离地面高度大于 2 m 处进行起重机的安装、拆卸、检查、维修或操作等作业时，人员从高处跌落造成伤害。

（9）触电。流动式起重机在输电线附近作业时，起重机的任何组成部分或吊物与高压带电体距离过近，感应或触碰带电体都可能引发触电伤害。

（10）其他伤害。包括人体与运动零部件接触引起的绞、碾、戳、卷入等伤害；飞出物件的打击伤害；装卸高温液体金属、易燃易爆物品、有毒物品、腐蚀物品等危险品引起的伤害等。

4. 起重吊装“十不吊”规定

（1）超负荷不吊。

（2）无专人指挥或指挥信号不明、重量不明、光线暗淡不吊。

（3）安全装置、机械设备有异常或有故障不吊。

（4）在重物上加工或埋入土中物件以及歪拉斜挂不吊。

（5）物件捆绑不牢、不平或活动零件不固定、不清除不吊。

（6）吊件上站人或从人头上越过及垂臂下站人不吊。

（7）氧气瓶、乙炔发生器等易爆器械无安全措施不吊。

（8）边缘锋利物件无防护措施、棱角缺口未垫好不吊。

（9）六级以上大风和雷暴雨时不吊。

（10）在斜坡上或坑沿、堤岸不填实不吊。

八、厂内机动车辆安全知识

厂内机动车辆指仅适用于车辆段内行驶的各类运输车辆，如汽车、叉车、电瓶车、装载机等。厂内机动车辆每年检验一次。

1. 厂内运输作业主要伤害类型

（1）碰撞。主要发生在各种车辆之间、车辆与非机动车之间、车辆与人员之间、车辆与其他物体之间等。

（2）碾轧。铁路车辆、机动车辆在运输作业中碾轧非机动车、人员等。

（3）刮擦。铁路车辆、机动车辆在运输作业中，车辆侧面与其他车辆、非机动车、人员等发生接触。

（4）翻车。车辆在运输作业中失稳倾翻。

（5）坠车。铁路车辆、机动车辆在行驶中离开行驶轨道或路面发生的坠落倾覆。

（6）爆炸。在运输、装卸爆炸物品的过程中，因违章作业、振动等原因引起的瞬间能量释放。

（7）失火。在运输、装卸过程中，由于人为或车辆的原因引起的火灾。

（8）出轨。铁路车辆、轨道车辆在运输作业中车轮脱离轨道。

（9）高处坠落。在离地面高度大于 2 m 处进行车辆检修、操作和搬运、装卸及随车运输时，人员从高处跌落。

（10）其他伤害。包括物体打击伤害；高压液体喷射伤害；人体与运动部件接触引起的绞、挤、压、戳、割等伤害；高温物体、易燃易爆物品、有毒有害物品、腐蚀物品等危险品引起的伤害等。

2. 厂内运输事故的原因

在企业内部由于运输而造成的事故，归纳起来有以下原因：

（1）运输的工具、车辆有缺陷和发生故障，在运行过程中导致工作事故。

（2）道路、道口状况不良或不符合要求。

（3）工作现场不良，如照度不足、障碍物太多。

（4）在车辆上放置的货物位置不当或捆绑不牢。

（5）从车辆上卸下的货物摆放不整齐、不牢靠或太高，发生倾倒后造成事故。

（6）现场工作组织不善、指挥不当、安全考虑不周等。

（7）不遵守安全操作规程和交通规则而造成事故。

（8）操作者身体有疾患或心理不适而导致事故。

3. 厂内机动车驾驶员应遵守的规定

（1）驾驶车辆时，必须携带驾驶证、行驶证，同时应正确使用劳动防护用品。

（2）不得驾驶与执照不相符的车辆。

（3）驾驶室内不得超额坐人。

（4）严禁酒后驾驶车辆；不得在行驶时吸烟、饮食、闲谈或做其他有碍安全行车的活动。

（5）身体过度疲劳或患病而有碍行车安全时，不得驾驶车辆。

（6）试车时必须挂试车牌照，不得在非试车区域内试车。

（7）驾驶员应负责监督检查装卸作业情况，符合规定后方能开车。

（8）驾驶员必须严格遵守国家颁发的交通安全法令和规章制度，积极维护交通秩序，保障人员生命财产的安全。

第八节　安全色与安全标志

一、安全色

1. 安全色和对比色的定义

安全色是被赋予安全意义而具有特殊属性的颜色，用于表示禁止、警告、指令、指示等。其作用是使人们能够迅速注意到影响安全、健康的对象或场所，提醒人们注意，以防发生事故。本节所说的安全色不适用于灯光信号、荧光颜色和航空、航海、内河航运以及为其他目的使用的颜色。

对比色是使安全色更加醒目的反衬色。

2. 安全色和对比色的种类与用途

GB 2893—2001《安全色》规定安全色有红色、蓝色、黄色、绿色四种。其含义和用途见表 2—4。

表 2—4　　安全色的含义和用途

颜色	含义	用途举例
红色	禁止 停止 消防	禁止标志：如城市轨道交通列车受电弓的支架带电部分涂红色，表示高压危险，禁止触摸 停止信号：机器、车辆上的紧急停止按钮或手柄，以及禁止人们触动的部位 表示防火、灭火器
蓝色	指令必须 遵守的规定	指令标志：如必须佩戴个人防护用具 道路上指引车辆和行人行驶方向的指令
黄色	警告 注意	警告标志 警戒标志：如厂内危险机器和坑沟周边的警戒线，行车道中线，安全帽，城市轨道交通站台安全线
绿色	提示 安全状态 通过 允许 工作	提示标志 车间内的安全通道 车辆和行人通过标志 消防设备和其他安全防护设备的位置 “在此工作”标志牌

注：①蓝色只有与几何图形同时使用时才表示指令。

②道路上的提示标志采用蓝色，不采用绿色，以免与道路两旁的绿色树木混淆。

对比色规定为黑、白两种颜色。黑色用于安全标志的文字、图形符号和警告标志的几何边框。白色既可用于安全标志红色、蓝色、绿色的背景色，也可用于文字和图形符号。安全色与对比色同时使用时的搭配应符合表 2—5 的规定。

表 2—5　　安全色与对比色的搭配

安全色	对比色
红色	白色
蓝色	白色
黄色	黑色
绿色	白色

注：黑色与白色互为对比色。

此外，通常使用的相间条纹有红色与白色相间、黄色与黑色相间、蓝色与白色相间、绿色与白色相间四种，其用途见表 2—6。

表 2—6　　相间条纹表示的含义和用途

颜色	含义	用途举例
红白相间	禁止越入	道路上使用的防护栏杆和隔离墩
黄黑相间	警告注意	当心滑跌标志
蓝白相间	必须遵守	交通导向标志
绿白相间	使标志牌更醒目	安全标志杆

二、安全标志

1. 安全标志的定义

安全标志由安全色、几何图形、图形符号或文字所构成，用以表达特定的安全信息。

辅助标志是安全标志的文字说明或补充。辅助标志必须与安全标志同时使用在一个矩形载体上，称为组合标志。在同一矩形载体上含有两个或两个以上安全标志并且有相应辅助标志的标志，称多重标志。

2. 安全标志的作用

安全标志的作用是引起人们对不安全因素的注意，以达到预防事故发生的目的。但不能代替安全操作规程和安全防护措施。

3. 安全标志的类型

根据 GB 2894—1996《安全标志》的规定，安全标志分为禁止标志、警告标志、指令标志和提示标志四类。这四类标志用四个不同的几何图形来表示。

（1）禁止标志。禁止标志是禁止人们不安全行为的图形标志。禁止标志的几何图形是带斜杠的圆环，图形符号为黑色，几何图形为红色，背景色为白色。其图形和含义如图 2—5 所示。

图 2—5　禁止标志

（2）警告标志。警告标志是提醒人们注意周围环境，避免可能发生的危险的图形标志。警告标志的几何图形是正三角形边框，图形符号、几何图形为黑色，背景色、衬边为黄色，其图形和含义如图 2—6 所示。

图 2—6　警告标志

（3）指令标志。指令标志是告诉人们必须遵守“指令标志”规定的图形标志。指令标志的几何图形是圆形边框，图形符号、衬边为白色，背景色为蓝色，其图形和含义如图 2—7 所示。

图 2—7　指令标志

（4）提示标志。提示标志是向人们提示某种信息（如标明安全设施或场所等）的图形标志。提示标志的几何图形是矩形，图形符号、衬边是白色，背景色是绿色。其图形和含义如图 2—8 所示。

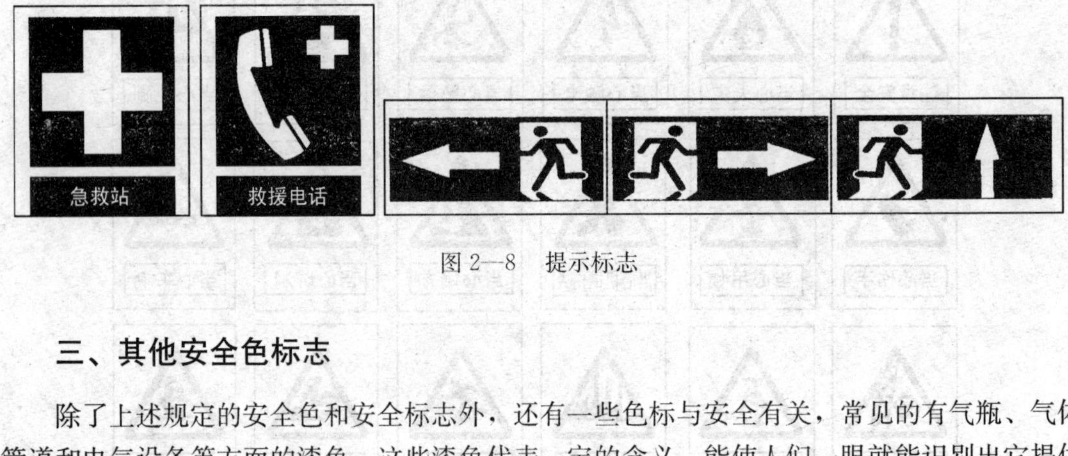

图 2—8　提示标志

三、其他安全色标志

除了上述规定的安全色和安全标志外，还有一些色标与安全有关，常见的有气瓶、气体管道和电气设备等方面的漆色。这些漆色代表一定的含义，能使人们一眼就能识别出它提供的信息。这对预防事故、保证安全是有好处的。

1. 气瓶色标

气瓶色标是指气瓶外表面涂覆的字样内容、色环数目和颜色按充装气体的特性作规定的组合，是识别充装气体的标志。其目的主要是从颜色上迅速地辨别出盛装某种气体的气瓶和瓶内气体的性质（可燃性、毒性），避免错装和错用，同时也可防止气瓶外表面生锈。国家标准 GB 7144—1999《气瓶颜色标志》对气瓶外表面的颜色和气瓶上字样的颜色作出了规定。充装常用气体的气瓶颜色标志见表 2—7。

表 2—7　　充装常用气体的气瓶颜色标志

序号	充装气体名称	瓶色	字样	字色
1	乙炔	白	乙炔不可近火	大红
2	氢	淡绿	氢	大红
3	氧	淡（酞）蓝	氧	黑
4	氮	黑	氮	淡黄
5	空气	黑	空气	白
6	二氧化碳	铝白	液化二氧化碳	黑
7	氟	白	氟	黑
8	天然气	棕	天然气	白
9	乙烷	棕	液化乙烷	白
10	液化石油气	棕（工业用）	液化石油气	白
		银灰（民用）	液化石油气	大红
11	乙烯	棕	液化乙烯	淡黄
12	氩	银灰	氩	深绿
13	氖	银灰	氖	深绿
14	六氟化硫	银灰	液化六氟化硫	黑

2. 管道的色标

管道色标的习惯用法是：蒸汽管道为白色，自来水管道为黑色，压力管道为黄色，消防管道为红色。

3. 电气设备相别的色标

变电所设备（母线和进出线）和车间配电装置用色标相别，主要用法是：A 相为黄色，B 相为绿色，C 相为红色，地线为黑色，直流正极为红色，直流负极为蓝色。

四、城市轨道交通常用标志

城市轨道交通常用标志有公里标、百米标、站名标、坡度标、制动标、圆曲线和缓和曲线始点及终点标、曲线标、竖曲线始点及终点标、水准基点标、警冲标、联锁分界标、预告标、司机鸣笛标、减速地点标、限速标、停车位置标、接触网终点标、降下受电弓标、升起受电弓标等。

隧道内百米标、限速标、停车位置标应设在行车方向的右侧；警冲标应设在两回合线间，其位置应根据设备限界及安全量确定，隧道外的标志可按国家现行规定设置。

第三章

城市轨道交通危险源、职业危害与防护

第一节　危险源辨识与控制

一、危险源的识别

1. 基本概念

（1）危险源。危险源是指可能造成人员伤害、职业病、财产损失、作业环境破坏或这些情况组合的根源或状态。

（2）危险源识别。危险源识别是确认危险源的存在并确定其特性的过程，实质是找出组织中存在的人的不安全行为、物的不安全状态、作业环境中存在的危害因素及管理缺陷。

2. 危险源类别

危险源的主要类别有：物理性危险源、化学性危险源、生物性危险源、心理或生理性危险源、行为性危险源、其他危险源六个方面，见表 3—1。

表 3—1　危险源分类表

危险源	主要内容
物理性危险源	设备、设施缺陷（强度不够、刚度不够、稳定性差、密封不良、外露运动件等）
	防护缺陷（无防护、防护装置和设施缺陷、防护不当、防护距离不够等）
	电危害（带电部位裸露、漏电、雷电、静电、电火花等）
	噪声危害（机械性噪声、电磁性噪声、流体动力性噪声等）
	振动危害（机械性振动、电磁性振动、流体动力性振动等）
	电磁辐射（电离辐射：X 射线、γ射线、α粒子、β粒子、质子、中子、高能电子束等；非电离辐射：紫外线、激光、射频辐射、超高压电场等）

续表

危险源	主要内容
物理性危险源	运动物危害（固体抛射物、液体飞溅物、反弹物、岩土滑动、气流卷动、冲击地压等）
	明火
	能造成灼伤的高温物质（高温气体、高温固体、高温液体等）
	能造成冻伤的低温物质（低温气体、低温固体、低温液体等）
	粉尘与气溶胶（不包括爆炸性、有毒性粉尘与气溶胶）
	作业环境不良（基础下沉、安全过道缺陷、有害光照、通风不良、缺氧、空气质量不良、给排水不良、气温过高、气温过低、自然灾害等）
	信号缺陷（无信号设施、信号选用不当、信号不清、信号显示不准等）
	标志缺陷（无标志、标志不清、标志不规范、标志位置缺陷等）
	其他物理性危险源
化学性危险源	易燃易爆性物质（易燃易爆性气体、易燃易爆性液体、易燃易爆性固体、易燃易爆性粉尘与气溶胶等）
	自燃性物质
	有毒物质（有毒气体、有毒液体、有毒固体、有毒粉尘与气溶胶等）
	腐蚀性物质（腐蚀性气体、腐蚀性液体、腐蚀性固体等）
	其化学性危险源
生物性危险源	致病微生物（细菌、病毒、其他致病微生物）
	传染病媒介物
	致害动物
	致害植物
	其他生物性危险源
心理、生理性危险源	负荷超限（体力负荷超限、听力负荷超限、视力负荷超限等）
	健康状况异常
	从事禁忌作业
	心里异常（情绪异常、冒险心理、过度紧张等）
	辨识功能缺陷（感知延迟、辨识错误、其他辨识功能缺陷等）
	其他心理、生理性危险源
行为性危险源	指挥错误（指挥失误、违章指挥等）
	操作失误（误操作、违章作业等）
	监护失误
	其他错误
	其他行为性危险源
	其他危险源

3. 危险源的识别方法

（1）应关注的三种状态

1）常规状态。正常生产过程中的危险源的存在方式。

2）非常规状态。非常规状态可以分成以下三种情况：

①异于常规、周期性的或临时性的作业、活动。

②偶尔出现、频率不固定，但可预计出现的状态。

③由于外部的原因（如天气）导致的非常规状态，如启动、关闭、试车、停车、清洗、维修、保养等。

3）潜在的紧急情况

①往往不可预见其后果的情况。

②后果是灾难性的，不可控制的情况，如火灾、爆炸、严重的泄漏、碰撞及事故。

（2）识别危险源的步骤

1）识别准备

①确定分工。

②收集识别范围内的资料。

③列出识别范围内的活动或流程涉及的所有方面。

2）分类识别危险源。从厂址、厂区平面布局、建（构）筑物、生产工艺过程、生产设备、装置、作业环境及管理措施六个方面进行分类识别。

3）划分识别单元。识别单元是分类识别危险源的细化，可以按照工艺、设备、物料、过程来细化；同类的过程或设备可以划为一类识别对象；识别对象不宜过粗或过细。

4）危险源的识别。先找出可能的事故伤害方式，再找出其原因。

5）填写危险源登记表。

二、城市轨道交通危险源的识别

城市轨道交通危险源识别涉及员工的健康与安全、行车安全、设备安全、消防安全、交通安全、乘客及相关方安全、财产损失和列车延误等范畴。

1. 危险源识别范围

危险源识别范围包括城市轨道交通覆盖范围内工作区域及其他相关范围内的生产经营活动、人员、设施等。根据城市轨道交通管理及其他活动情况，可分成以下类别：

（1）按地点划分：轨道交通沿线各车站、车辆段、OCC（控制中心）大楼、办公楼等。

（2）按活动划分：常规活动、非常规活动、潜在的紧急情况。各活动所包含的主要内容见表3—2。

2. 确定危险源事故类型

在进行危险源识别前必须把危险源事故类型确定下来，以防止危险源识别不清晰、不全

表 3—2　　各活动的主要内容

活动类别	主要内容
常规活动	运营服务活动：依据运营时刻表组织列车运营、客运服务过程
	设备设施的设计、安装、调试、验收、接管、使用过程
	公共活动：相关部门均有的活动，包含办公，电梯、叉车、消防设施、空调、空压机、抽风机使用，化学物品搬运储存、废弃等
	间接活动：为运营服务活动提供支持的活动，主要包括物资部仓库管理、检验、物料采购以及物料的使用管理、食堂管理等
非常规活动	设备设施维护保养，消防及行车疏散演习，因公外出，合同方在总部的活动（如工程施工、维修、清洁等）
潜在的紧急情况	如行车、火灾、爆炸、化学物品泄漏、中毒、台风、雷击、碰撞等事故事件（潜在的紧急情况的危险辨识需考虑紧急情况发生时和发生后进行抢险救援过程中存在的危险）

面。通过借鉴国标 GB/6441—1986《企业职工伤亡事故分类》及分析城市轨道交通运营过程可能产生的行车事故/事件、列车延误及财产损失等事故类别，确定了危险源事故类型表，见表 3—3。

表中“可能引发行车事件/事故的设备缺陷事件和行为事件”及“行车事件/事故”这两个事故类型是一种从属的关系。即“可能引发行车事件/事故的设备缺陷事件和行为事件”事故类型的风险属于“行车事件/事故”事故类型风险的危险源。涉及这种从属关系的事故类型可把运营过程中可能发生的重要风险所涉及的危险源划归到相关部门进行控制。

3. 划分危险源识别对象

在各部门列出识别范围内的活动或流程所涉及的所有方面后，选用合适的设备分析法、工艺流程分析法或其他划分方法，根据事故类型划分危害事件，并根据以下过程划分危险源识别对象：

（1）对车辆设备大修的活动，可按照其工艺流程分析法划分识别对象。

（2）对设备维护及保养的活动，可按照设备分析法依据划分的设备作为危险源识别对象，并结合活动实施过程划分。

（3）使用设备时可根据具体操作过程。

（4）根据采购、存放、检测设备的过程。

（5）根据行车组织、客运组织过程。

（6）针对每一危险源辨识对象，参考危险源事故类型表，识别可能存在的事故/事件，并登记在表 3—4 所示的危险源辨识及风险评价登记表中“危害事件”栏以及“事故类型”栏内。

表 3—3　　　　危险源事故类型

类别编号	事故类别名称	备注	类别编号	事故类别名称	备注
01	物体打击	伤害事故	015	噪声聋	职业病
02	车辆伤害（指马路车辆）		016	尘肺	
03	机械伤害		017	视力受损	
04	起重伤害		018	其他职业病	
05	触　电		019	健康受损	健康危害
06	淹　溺		020	财产损失（2 000 元及以上）	无伤害事件/事故
07	灼　烫		021	列车延误	无伤害的列车延误事件
08	火　灾		022	行车事件/事故	含人员伤亡的行车事件/事故
09	高处坠落		023	可能引发行车事件/事故的设备缺陷事件和行为事件	这里是引发行车事件/事故的危险源
010	坍　塌		024	其他事件/事故	无伤害事件/事故
011	容器爆炸				
012	其他爆炸				
013	中毒和窒息				
014	其他伤害				

表 3—4　　　　危险源识别与风险评价登记表

序号	部门/地点	活动	设备/设施/物料	危害事故/事件	事故类型	危险源	危险源类别	风险评价			风险级别	控制措施	备注
								风险发生的可能性	事故后果严重程度	风险值			

三、城市轨道交通危险源的控制

1. 风险评价

对已识别出的危险源，通常采用风险评价方法进行分类评价。风险评价的方法一般有下列几种：

（1）专家讨论与比较。由专业人员对控制水平进行判断，并分析确定，一般需考虑专业性及倾向性。

（2）权重与打分法（作业条件危险性评价法）。选择几个评价因子，用公式计算得到。

（3）民意测验法。对广泛调查表的结果进行统计分析。

（4）是非判断法。给出明确的标准，直接判断。

（5）事故树或事件树分析法。

2. 划分风险等级

根据风险评价的结果，可将风险分为5级：第1级，极其危险；第2级，高度危险；第3级，中度危险；第4级，一般危险；第5级，可容忍危险。

3. 风险控制措施

（1）对第1级和第2级的风险，一定要制定职业健康安全目标和职业健康安全管理方案。

（2）对第3级风险，视情况制定职业健康安全目标和职业健康安全管理方案。

（3）对第1、2、3、4级的风险，要制定运行控制程序，按程序进行管理。

（4）对第5级的风险可维持现有的风险控制措施。

（5）其他认为需要控制的风险则根据实际情况的需要制定管理方案。

（6）对于潜在的紧急风险情况，应制定应急准备和响应控制程序，按程序进行管理。

城市轨道交通运营系统的复杂性带来运营风险的多变性。因此，运营风险管理必须要常抓不懈，不断进行自我纠正，为广大职工和乘客提供良好的安全运营大环境。

第二节　职业危害与职业病

一、职业性危害因素

现代工业生产环境经常受到有害物质的污染，人如果长期在有污染的环境下工作，各种有害物质将对人体产生不良影响，轻的引起精神、感觉不愉快，工作效率降低，重则造成职业 病，甚至危及生命。在劳动生产过程中、作业环境中存在的危害劳动者健康的因素，称为职业性危害因素。按其来源可概括为三类。

1. 生产过程中的职业性危害因素

按其性质可作如下分类：

（1）化学因素。工业毒物，如铅、笨、汞、锰、一氧化碳；生产性粉尘，如矽尘、石棉尘、有机性粉尘。

（2）物理因素。异常气象条件，如高温、高湿、低温、高气压、低气压；电离辐射，如

X射线、γ射线；非电离辐射，如紫外线、红外线、高频电磁场、微波、激光；其他，如噪声、振动等。

（3）生物因素。皮毛的炭疽杆菌、布氏杆菌、森林脑炎病毒，有机粉尘中的真菌、真菌孢子、细菌等。

2. 劳动过程中的有害因素

主要包括：劳动组织和劳动过程不合理、劳动强度过大、精神或心理过度紧张、劳动时个别器官或系统过度紧张、长时间以不良体位劳动、劳动工具不合理等。

3. 生产环境中的有害因素

主要包括自然环境因素、厂房建筑或布局不合理、来自其他生产过程散发的有害因素造成的生产环境污染。

在实际工作场所，往往同时存在多种有害因素，对劳动者的健康产生联合或协同作用，其职业性危害的影响会更大。

二、国家规定的职业病范畴

1. 职业病的定义

《中华人民共和国职业病防治法》规定，职业病是指企业、事业单位和个体经济组织的劳动者在职业活动中，因接触粉尘、放射性物质和其他有毒、有害物质等因素而引起的疾病。

职业病是由于职业活动而产生的疾病，但并不是所有在工作中得的病都是职业病。

构成职业病必须具备四个要件：

（1）患病主体必须是企业、事业单位或者个体经济组织的劳动者。

（2）必须是在从事职业活动的过程中产生的。

（3）必须是因接触粉尘、放射性物质和其他有毒、有害物质等职业病危害因素而引起的，其中放射性物质是指放射性同位素或射线装置发出的α射线、β射线、γ射线、X射线、中子射线等电离辐射。

（4）必须是国家公布的职业病分类和目录所列的职业病，有明确的职业相关性，按照职业病诊断标准，由法定职业病诊断机构明确诊断。《职业病的分类和目录》由国务院卫生行政部门会同劳动保障行政部门规定、调整并公布。我国法定职业病主要有尘肺病（13种）、职业性放射性疾病（11种）、职业中毒（56种）、物理因素所致职业病（5种）、职业性传染病（3种）、职业性皮肤病（8种）、职业性眼病（3种）、职业性耳鼻喉口腔疾病（3种）、职业性肿瘤（8种）、其他职业病（5种），共计10大类115种。

在上述四个要件中，缺少任何一个要件，都不属于国家法定的职业病。

2. 职业病的特点

（1）病因明确，病因即职业危害因素，在控制病因或作用条件后，可消除或减少发病。

（2）所接触的病因大多是可检测的，而且需要达到一定的程度才能使劳动者致病，一般接触浓度或强度与病因有直接关系。

（3）在接触同样因素的人群中，常有一定的发病率，很少只出现个别病人。

（4）如能早期诊断，进行合理处理，愈后较好，康复较易。

（5）不少职业病目前尚无特效治疗方法，只能对症治疗，故发现越晚疗效越差。除职业性传染病外，治疗个体无助于控制人群中的发病，但职业病是可以预防的。

除上述特点外，职业病的另一个特点是：在同一生产环境从事同一种工作的人中，个体发生职业性损伤的机会和程度也有极大差别，这主要取决于个体特征。

3. 职业禁忌的内容

（1）在上岗前通过职业卫生健康检查，发现劳动者因从事某种职业会对其健康造成伤害或不适。上岗前健康检查必须根据劳动者将要从事的职业所存在的职业病危害因素对健康体检的要求来进行，不同职业所接触的有害因素不同，检查的重点也不同，各项职业健康体检的项目也不同，如对将要从事接触苯作业的就业者，常规血象检查是十分必要的，必须按苯作业工人体检要求认真检查并详细记录白细胞计数和分类、血小板计数、血红蛋白、红细胞等。

（2）在从事作业过程中诱发可能对他人生命健康构成威胁的疾病的个人特殊生理或者病理状态。如对将要从事驾驶员工作的就业者，除常规的职业健康检查外，还要重点检查就业者是否色盲、心脏病或者高血压和精神过度紧张等特殊项目。否则，存在色盲的驾驶员会因为无法分辨交通或者指挥信号而违章操作，构成对他人生命健康和个人生命健康的威胁。

（3）因接触某种职业性危害因素，而增加或罹患职业病或者导致自身原有疾病病情的加重。如存在有哮喘疾病因子的就业者，可能会因为接触某种生物因素或者化学因素而诱发哮喘病的发作或加重其原有的病症。肺部功能不正常的就业者可能因接触粉尘而患尘肺病或加重原有的病情。

4. 职业病危害因素对人体健康的影响及其防治措施

常见职业病危害因素、来源及可能所致的职业病见表 3—5。

（1）工业毒物的危害及防治措施。一般来说，凡对人体产生有害作用的物质均称为毒物。在工业生产中使用和产生的毒物称为工业毒物。毒物在一定条件下作用于机体，与细胞成分产生生物化学作用或物理变化，扰乱或破坏机体的正常功能，引起机体功能性或器官性改变，导致暂时性或永久性病理损害，甚至危及生命。工业毒物亦称生产性毒物。工业毒物对人体的危害，包括刺激、过敏、窒息、麻醉和昏迷、中毒、致癌、致畸、致突变等。

1）常见工业毒物对人体的危害

①常见金属及类金属毒物的危害

铅（Pb）：银灰色重金属。长期接触可导致恶心、呕吐、便秘、脐绞痛和触痛、贫血、肢体麻木、伸肌麻痹、震颤、头痛、关节痛、神经衰弱、精神抑郁、精神错乱、肝炎、血

表 3—5　　常见职业病危害因素、来源及可能所致的职业病一览表

编号	职业病危害因素	职业病危害因素来源	职业病
1	粉尘（化学因素）	采石（矿）、铸造、焊接、喷塑、抛光、喷砂、烧锅炉、水泥制造、铝熔铸	尘肺
2	苯、甲苯、二甲苯（化学因素）	油漆制造、喷（涂、浸、刷）漆、涂料	苯（甲苯、二甲苯）急慢性中毒
3	刺激性酸（化学因素）	氢氟酸、硫酸、盐酸	化学性灼伤急慢性中毒
4	紫外线（物理因素）	焊接	电光性炎症
5	氰化物（化学因素）	电镀	氰化物中毒
6	铅及其化合物（化学因素）	铅熔铸、蓄电池	铅及其化合物中毒
7	其他重金属（汞、锰、镉）（化学因素）	电镀、金属冶炼	各类重金属中毒
8	噪声（物理因素）	金属锻压、金属切割、冲压	噪声聋
9	高温（物理因素）	烧锅炉、熔铸	中暑
10	放射性物质（物理因素）	X射线、同位素使用岗位	各类职业性放射性疾病

尿、孕妇流产等。

铬（Cr）：银白色有光泽金属。经误食、吸入或皮肤吸收后，会引起鼻炎、鼻出血、眼结膜炎、接触性皮炎、湿疹、溃疡、肺癌、喉炎、支气管炎、厌食等。

②常用有机溶剂的危害

苯（C_6H_6）：无色透明具芳香的易挥发性液体，主要由呼吸道吸入，也可由皮肤少量吸入。急性苯中毒主要表现为神情恍惚、兴奋、步态不稳、头晕、头痛、恶心、呕吐，严重时可出现昏迷、抽搐，极严重者可因呼吸中枢麻痹而死亡。慢性苯中毒主要表现为头晕、头痛、乏力、失眠、多梦、健忘等。

③窒息性和刺激性气体的危害

一氧化碳（CO）：无色、无臭、无味、无刺激性气体。被人体吸入后经肺进入血液，与血液中的血红蛋白很快形成碳氧血红蛋白，使血色素丧失运氧能力，以致全身组织特别是中枢神经系统严重缺氧而引起中毒。

二氧化氮（NO_2）：红棕色刺鼻气体。急性吸入可导致急性肺水肿、化学性肺炎、化学性支气管炎等，潜伏期可达 48 h。长期接触氧化物有上呼吸道刺激症状、神经衰弱症候群以及过敏及心动过速。

2）综合防毒措施。通过改革生产工艺和采取通风净化等技术手段，消除和减少毒物对职工的危害。在因生产技术条件限制还不能完全消除毒物散发的情况下，在工作中恰当使用

个人防护措施是防止毒物对人体侵害的一种重要手段，必要时可根据毒物的性质在暴露的皮肤上涂布防护油膏等。在作业条件恶劣、毒物浓度大，抢修设备和抢救人员时应使用过滤式防毒面罩或口罩、氧气呼吸器等，采取呼吸防护措施。定期对接触毒物的职工进行健康检查，了解毒物中毒的机理，及时采取有效的防护措施。

（2）粉尘的危害及防治措施

1）危害。粉尘是较长时间悬浮在空气中的固体微粒。在生产劳动和其他职业活动中形成的粉尘，按照理化性质分为无机粉尘、有机粉尘和混合性粉尘。长期吸入含游离二氧化硅的无机粉尘可引起以肺纤维化为主的尘肺，为国家法定职业病。有机粉尘常引起变态反应性哮喘和肺泡炎、慢性阻塞性肺病。作业场所产生的粉尘多是混合性的，常引起不同程度的肺纤维化尘肺。职业禁忌症为活动性结核病、慢性呼吸系统疾病、明显影响肺功能的疾病。

2）粉尘作业的劳动防护管理应采取三级防护原则。

①一级预防

综合防尘，即改革生产工艺、生产设备，尽量将手工操作变为机械化、自动化和密闭化、遥控化操作；尽可能采用不含或含游离二氧化硅低的材料代替含游离二氧化硅高的材料；在工艺要求许可的条件下，尽可能采用湿法作业；使用个人防尘用品，做好个人防护。

定期检测，即对作业环境的粉尘浓度实施定期检测，使作业环境的粉尘浓度达到国家标准规定的允许范围之内。

健康体检，即根据国家有关规定，对工人进行就业前的健康体检，对患有职业禁忌症者、未成年人、女职工，不得安排其从事禁忌范围的工作。

宣传教育，普及防尘的基本知识。

加强维护，对除尘系统加强维护和管理，使除尘系统处于完好、有效状态。

②二级预防。包括建立专人负责的防尘机构，制定防尘规划和各项规章制度；对新从事粉尘作业的职工，必须进行健康检查；对在职的从事粉尘作业的职工，必须定期进行健康检查，发现不宜从事接尘工作的职工，要及时调离。

③三级预防。对已确诊为尘肺病的职工，应及时调离原工作岗位，安排合理的治疗或疗养，患者的社会保险待遇应按国家有关规定办理。

（3）噪声的危害性质及防治措施

1）危害。在工业生产中，机械的转动、撞击、摩擦、气流的排放、运输车辆的运行等都会产生噪声。长期在噪声污染的环境下工作，早期会出现听力下降或听阈升高，产生听觉疲劳。在听觉疲劳发生的基础上，继续长期地接触强噪声，听力损失不能完全恢复。这是由于内耳感音器官受噪声的作用，由功能性改变发展为器质性退行性病变，即职业性噪声聋。

噪声对人体的影响是多方面的，主要是对听觉系统的影响。噪声聋属于慢性过程，患者初期除主观感觉耳鸣外，无耳聋感觉，交谈及社会活动能正常进行。随着病程的进一步发展，当听力损失到语言频段且达到一定程度时，患者主观感觉语言听力出现障碍，表现出生活交谈中的耳聋现象，即所谓的噪声聋。

2）防止噪声危害的措施

①工业企业噪声卫生标准。我国1980年公布的《工业企业噪声卫生标准》（试行）是根据A声级制定的，以语言听力损伤为主要依据并参考其他系统的改变。规定工作场地的噪声容许标准为85 dB（A），对接触不足8 h的工作，噪声标准可相应放宽，即接触时间减半容许放宽3 dB（A），但无论时间多短，噪声强度最大不得超过115 dB（A）。

②控制和消除噪声源，这是防止噪声危害的根本措施。进行工艺改革，以无声或少声工具代替噪声工具，如液压机代替锻压机、焊接代替铆接等。

③在不影响操作的前提下，用隔音、减振、消声、吸音等措施减弱噪声强度。同时合理规划厂区和厂房建筑，使噪声源远离其他作业区，或造隔音墙，建筑物内墙选用吸音材料等。

④个人防护。在作业环境噪声强度比较高或在特殊噪声条件下工人戴耳塞或耳罩，往往可取得较好的防声效果。

⑤定期对接触噪声的工人进行健康检查，特别是听力检查，观察听力变化情况，以便及早发现听力损伤，及时采取有效的防护措施。

⑥合理安排劳动和休息时间。

（4）电磁辐射的危害及防治措施。电磁波是一种物质存在形式，任何带电体周围都存在着电场，周期变化的电场就会产生周期变化的磁场，电场和磁场的交互变化产生电磁波，电磁波向空中发射或泄漏的现象叫电磁辐射。过量的电磁辐射造成了电磁污染。一些发射设备、微波设备、家用电器、现代办公设备、高压输配电系统等，都有可能造成电磁污染。电磁波按频率分为：长波、中波、短波、超短波和微波。电磁辐射分为非电离辐射和电离辐射。非电离辐射包括射频辐射、工频辐射、紫外线辐射和红外线辐射。

1）电磁辐射的健康危害

①射频辐射。包括高频电磁场和微波。射频辐射对人体健康的影响是多方面的，对多个系统均有损害作用。其可引起头痛、嗜睡、记忆力下降、易激动、多汗、脱发、神经衰弱症等神经紧张反应，有心悸、心前区疼痛或压迫感，血压下降；对外周血象的影响表现为白细胞数不稳定，主要有下降倾向；消化系统症状表现为食欲不振、恶心呕吐、胃酸过多等；还可影响生殖系统，发生月经紊乱、性功能减退；职业性低强度微波慢性作用可加速晶状体自然老化过程，而出现微波性白内障，有时可见视网膜改变。

职业性白内障是法定职业病。

②紫外线辐射。物体温度达1200℃以上时，辐射光谱中可出现紫外线。随着温度升高，紫外线波长变短，强度增大。电焊过程中可产生紫外线辐射。强烈的紫外线辐射对人体产生影响，引起红斑、色素沉着，皮肤皱缩、老化，严重的甚至可诱发皮肤癌。紫外线被角膜和结膜上皮所吸收，引起急性角膜结膜炎、电光性眼炎，被晶体吸收，可致白内障。

职业性角膜结膜炎、职业性电光性眼炎和职业性白内障均为法定职业病。

2）防止电磁辐射危害的措施。屏蔽、吸收、远距离操作和个人防护等是防止电磁辐射的有效措施。电磁屏蔽是抑制电磁辐射的根本方法，它利用电磁能在屏蔽金属中产生涡流而起到屏蔽作用，通过屏蔽金属板对电磁的吸收、反射等作用造成电磁能的损耗，从而极大地减少电磁辐射。电磁吸收也是行之有效的防护措施，吸收材料对电磁波吸收多而反射及散射却极小，通过吸收材料对射频能量的吸收作用，使电磁波能量得到衰减，而达到防护的目的。由于电磁场强度在近区场内与距离平方成反比，所以加大场源与人群的距离，也可以起到一定的防护作用。对于微波作业人员还要采取必要的个体防护措施，主要包括金属衣、头盔和防护眼镜等。

（5）高温作业的危害及防治措施

1）高温作业的类型。在工业生产中，由于高温车间内存在着多种热源，或由于夏季露天作业受太阳热辐射的影响，常可产生高温或高温高湿或高温伴强热辐射等特殊气象条件。在这种环境下进行生产劳动，通称为高温作业。我国制定的高温作业分级标准规定：工业企业和服务行业工作地点具有生产性热源，其气温等于或高于本地区夏季室外通风设计计算温度2℃的作业，列为高温作业，通常分为三种类型。

①高温强热辐射作业。其特点是气温高，热辐射强度大，相对湿度低，形成干热环境，这类作业场所都有强烈的辐射热源，室内外气温差可达10℃以上，以对流热和辐射热作用于人体。

②高温、高湿作业。这种场所的特点是气温高、湿度大，而辐射强度不大，主要是由于生产过程中产生大量水蒸气或生产上要求车间内保持较高的相对湿度所致，如印染、缫丝、造纸等工业中的液体加热或蒸煮时，车间气温可达35℃以上，相对湿度常高达90%以上。潮湿的矿井内气温可达30℃以上，相对湿度达95%以上，如通风不良就会形成高温、高湿和低气流的气象条件，即湿热环境。

③夏季露天作业。建筑、搬运等露天作业中，除受太阳的辐射作用外，还接受被加热的地面和周围物体放出的辐射线。露天作业中的热辐射强度较低，但其作业的持续时间较长，加之中午前后气温升高，形成高温、热辐射的作业环境。

2）高温作业的危害。在高温环境下作业，人体从高温环境接受对流与辐射热量，加上劳动和高温环境增加的代谢产热量，远远超过人体的散热量。若这个恶性循环过程不断发展，人体通过一系列的体温调节还是不能维持机体的热平衡时，就造成机体过度蓄热。同时，由于大量出汗导致脱水、失盐，从而发生中暑。

3）防止高温作业危害的措施

①合理布置热源，把热源放在车间外面或远离工人操作的地点，采用热压为主的自然通风，应布置在天窗下面；采用穿堂风通风的厂房，应布置在主导风向的下风侧。

②隔热，是减少热辐射的一种简便有效的方法。

③加强通风换气，加速空气对流，降低环境温度，以利于机体热量的散发。

④加强个人防护，合理组织生产，如穿白色、透气性好、导热系数小的帆布工作服；同时调整工作时间，尽可能避开中午酷热，延长午休时间。加强个人保健，供给足够的含盐清凉饮料。

⑤中暑病人的处理。发现中暑病人后，首先应使患者脱离高温作业环境，到通风良好的阴凉地方休息，解开衣服，给予含盐的清凉饮料。必要时，可进行刮痧疗法或针刺合谷、曲池、委中、百会、人中等穴。如有头昏、恶心、呕吐或腹泻，可服中药藿香正气丸；如呼吸、循环衰竭时，紧急送医院处理。

（6）振动的危害及防治措施。物体在外力作用下沿直线或弧线以中心位置（平衡位置）为基准的往复运动，称为机械运动，简称振动。物体离中心位置的最大距离为振幅。单位时间内振动的次数称为频率，它是评价振动对人体健康影响的常用基本参数。振动对人体的影响分为全身振动和局部振动。全身振动是由振动源（振动机械、车辆、活动的工作平台）通过身体的支持部分（足部和臀部），将振动沿下肢或躯干传布全身。局部振动是振动通过振动工具、振动机械或振动工件传向操作者的手和臂。全身振动的频率范围在 1～20 Hz，局部振动作用的频率范围在 20～1 000 Hz。上述划分是相对的，在一定频率范围（如 100 Hz 以下）既有局部振动作用又有全身振动作用。

1）全身振动对人体的不良影响。振动所产生的能量，通过支承面作用于坐位或立位操作者的身上，引起一系列病变。人体是一个弹性体，各器官都有它的固有频率，当外来振动的频率与人体某器官的固有频率一致时，会引起共振，因而对那个器官的影响也最大。全身受振的共振频率为 3～14 Hz，在该种条件下全身受振作用最强。

接触强烈的全身振动可能导致内脏器官的损伤或位移，周围神经和血管功能的改变，可造成各种类型的、组织的、生物化学的改变，导致组织营养不良，如足部疼痛、下肢疲劳、足背脉搏减弱、皮肤温度降低；女工可发生子宫下垂、自然流产及异常分娩率增加。一般人可发生性机能下降、气体代谢增加。振动加速度还可使人出现前庭功能障碍，导致内耳调节平衡功能失调，出现脸色苍白、恶心、呕吐、出冷汗、头疼头晕、呼吸浅表、心率和血压降低等症状。晕车晕船即属全身振动性疾病。全身振动还可造成腰椎损伤等运动系统损伤。

2）局部振动对人体的不良影响。局部接触强烈振动主要是以手接触振动工具的方式为主的，由于工作状态的不同，振动可传给一侧或双侧手臂，有时可传到肩部。长期持续使用振动工具能引起末梢循环、末梢神经和骨关节肌肉运动系统的障碍，严重时可患局部振动病。

①神经系统。以上肢末梢神经的感觉和运动功能障碍为主，皮肤感觉、痛觉、触觉、温度感知功能下降，血压及心率不稳，脑电图有改变。

②心血管系统。可引起周围毛细血管形态及张力改变，上肢大血管紧张度升高，心率过缓，心电图有改变。

③肌肉系统。握力下降，肌肉萎缩、疼痛等。

④骨组织。引起骨和关节改变，出现骨质增生、骨质疏松等。

⑤听觉器官。低频率段听力下降，如与噪声结合，则可加重对听觉器官的损害。

⑥其他。可引起食欲不振、胃痛、性机能低下、妇女流产等。

3）振动病。振动病主要是由于局部肢体（主要是手）长期接触强烈振动而引起的。长期受低频、大振幅的振动时，由于振动加速度的作用，可使植物神经功能紊乱，引起皮肤与外周血管循环机能改变，久而久之，可出现一系列病理改变。早期可出现肢端感觉异常、振动感觉减退。手部症状为手麻、手疼、手胀、手凉、手掌多汗、手疼（多在夜间发生）；其次为手僵、手颤、手无力（多在工作后发生），手指遇冷即出现缺血发白，严重时血管痉挛明显。X 光片可见骨及关节改变。如果下肢接触振动，以上症状出现在下肢。

振动病已列为国家法定职业病。

4）防止振动危害的措施

①改革工艺设备和方法，以达到减振的目的。从生产工艺上控制或消除振动源是控制振动的最根本措施。

②采取自动化、半自动化控制装置，减少接触振动。

③改进振动设备与工具，降低振动强度，或减少手持振动工具的重量，以减轻肌肉负荷和静力紧张等。

④改革风动工具，改变排风口方向，工具固定。

⑤改革工作制度，专人专机，及时保养和维修。

⑥对地板及设备地基采取隔振措施（如，橡胶减振层、软木减振层、玻璃纤维毡减振层、复合式隔振装置）。

⑦合理发放个人防护用品，如防振保暖手套等。

⑧控制车间及作业地点温度，使其保持在 16℃以上。

⑨建立合理的劳动制度，坚持工间休息及定期轮换工作制度，以利于各器官系统功能的恢复。

⑩加强技术训练，减少作业中的静力作业成分。

三、城市轨道交通运营中存在的职业病因素及其防治办法

1. 城市轨道交通运营生产岗位主要存在的职业病危害因素（见表 3—6）

2. 城市轨道交通运营中存在的职业病危害因素的防治措施

（1）化学毒物危害的防治措施。在运营日常检修维护中，车辆段和区间隧道检修作业基本采用机械化及自动化控制，员工按照操作规程进行操作；加强有毒岗位作业的通风，并保证使用的固定防毒设施正常运行；加强有效的个人职业卫生防护，员工可能接触的绝大部分化学毒物都可控制在《工业场所有害因素职业接触限值》（GBZ 2—2002）所规定的职业接

触限值内。对于接触化学危害因素的作业人员，按国家有关规定定期安排职业健康检查。

表 3—6　　城市轨道交通运营生产岗位主要存在的职业病危害因素

岗位	主要职业危害因素 *
车辆检修岗位	粉尘、噪声、化学毒物（苯系物）、射频辐射
车辆维修设备岗位	粉尘、噪声
工建维修岗位	粉尘、噪声
通号维修岗位	工频电磁场
机电维修岗位	噪声、工频电磁辐射
自动化维修岗位	噪声、工频电磁辐射、油漆
供电维修岗位	粉尘、噪声、工频电磁辐射
中心站、车站岗位	射频辐射、工频辐射
乘务岗位	粉尘、噪声、工频电磁辐射、射频辐射
调度中心岗位	工频电磁辐射

（2）粉尘危害的控制。在工作过程中必须进行必要的个人防护，工作后及时冲洗。对于接触粉尘作业的人员按照国家有关规定安排职业性健康检查，以便及早发现肺部病变。

（3）噪声危害的控制。个别工作场所噪声强度有超标现象，对于接触噪声危害因素的作业人员，在工作过程中必须进行必要的个人防护（如佩戴耳塞等），按国家有关规定定期安排职业健康检查。

（4）电磁辐射危害的控制

1）工人进行电焊作业时应严格按操作规程进行作业，使用防护眼罩，防止紫外线辐射对眼睛的伤害。车站人员使用符合射频辐射标准的对讲机，则对工作人员可能造成的危害程度较小，工作时尽量缩短接触时间，也可降低对人体的危害。

2）在设备投入使用后，经过检测各工作场所的工频电场强度符合职业卫生接触限值。对于接触电磁辐射的作业人员，按国家有关规定定期安排职业健康检查。

第三节　常用劳动防护用品及其使用

劳动者在生产劳动过程中由于作业条件或其他突发原因，会受到尘、毒、噪声、辐射、电击、灼烧、淹溺、冻伤、腐蚀、打击、坠落、刺激、绞辗等危害，或导致损伤，或导致急性中毒、职业病，严重的甚至危及生命。尽管采取了必要的工艺改革和安装防护装置，但仍会有一些不安全因素无法用技术和设备排除。此时，应使用劳动防护用品保护人身安全与健康。

《中华人民共和国安全生产法》第三十七条规定，“生产经营单位必须为从业人员提供符合国家标准或者行业标准的劳动防护用品，并监督、教育从业人员按照使用规则佩戴、使用。”

一、劳动防护用品定义及作用

劳动防护用品指由生产经营单位为从业人员配备的，使其在劳动过程中免遭或者减轻事故伤害及职业危害的个人防护装备。

劳动防护用品分为特种劳动防护用品和一般劳动防护用品。特种劳动防护用品目录由国家安全生产监督管理总局确定并公布；未列入目录的劳动防护用品为一般劳动防护用品。

特种劳动防护用品安全标志是确认特种劳动防护用品安全防护性能符合国家标准、行业标准，准许生产经营单位配发和使用该劳动防护用品的凭证。特种劳动防护用品安全标志由特种劳动防护用品安全标志证书和特种劳动防护用品安全标志标识两部分组成。特种劳动防护用品安全标志证书由国家安全生产监督管理总局监制，加盖特种劳动防护用品安全标志管理中心印章。

特种劳动防护用品有头部护具类、呼吸护具类、眼（面）护具类、防护服类、防护鞋类和防坠落护具类。

二、常用劳动防护用品

企业应当按照《劳动防护用品选用规则》（GB 11651—1989）和国家颁布的劳动防护用品配备标准以及有关规定，为从业人员配备劳动防护用品，为从业人员提供的劳动防护用品，必须符合国家标准或者行业标准，不得超过使用期限。

各单位不得采购和使用无安全标志的特种劳动防护用品；购买的特种劳动防护用品须经本单位的安全生产技术部门或者管理人员检查验收。

1. 头部防护用品

头部防护用品是为防御头部不受外来物体打击和其他因素危害而配备的劳动防护装备。根据防护功能要求，主要有一般防护帽、防尘帽、防寒帽、安全帽、防静电帽、防高温帽、防电磁辐射帽、防昆虫帽等九类产品。在工伤、交通死亡事故中，因头部受伤致死的比例最高，使用安全帽能够避免或减轻上述伤害。

2. 呼吸器官防护用品

呼吸器官防护用品是为防御有害气体、蒸气、粉尘、烟、雾从呼吸道吸入，直接向使用者供氧或清洁空气，保证尘、毒污染或缺氧环境中作业人员正常呼吸的防护用品。

呼吸器官防护用品主要有防尘口罩和防毒口罩。

3. 眼（面）部防护用品

眼（面）部防护用品是为预防烟雾、尘粒、金属火花和飞屑、热辐射、电磁辐射、激光、化学飞溅等伤害眼睛或面部的防护用品。根据防护功能，大致可分为防尘类、防水类、防冲击类、防高温类、防电磁辐射类、防射线类、防化学飞溅类、防风沙类、防强光类九类。

4. 听觉器官防护用品

听觉器官防护用品是能够防止过量的声能侵入外耳道，使人耳避免噪声的过度刺激，减少听力损失，预防由噪声对人身引起不良影响的个体防护用品。听觉器官防护用品主要有耳塞、耳罩和防噪声头盔三类。

5. 手部防护用品

手部防护用品是具有保护手和手臂的功能，供作业者劳动时戴用的劳动防护手套。手部防护用品按照防护功能分为一般防护手套、防水手套、防寒手套、防毒手套、防静电手套、防高温手套、防X射线手套、防酸碱手套、防油手套、防振手套、防切割手套、绝缘手套等。

6. 足部防护用品

足部防护用品是防止生产过程中有害物质和能量损伤劳动者足部的防护用品。足部防护用品按照防护功能分为防尘鞋、防水鞋、防寒鞋、防冲击鞋、防静电鞋、防高温鞋、防酸碱鞋、防油鞋、防烫脚鞋、防滑鞋、防穿刺鞋、电绝缘鞋、防振鞋十三类。

7. 躯干防护用品

躯干防护用品是通常所讲的防护服。根据防护功能，防护服分为一般防护服、防水服、防寒服、防砸背心、防毒服、阻燃服、防静电服、防高温服、防电磁辐射服、耐酸碱服、防油服、水上救生衣、防昆虫服、防风沙服十四类。

8. 防坠落用品

防坠落用品是防止人体从高处坠落，通过绳带，将高处作业者的身体系接于固定物体上，或在作业场所的边沿下放张网，以防不慎坠落。这类用品主要有安全带和安全网。

9. 护肤用品

护肤用品用于防止皮肤免受化学、物理等因素的危害。按照防护功能，护肤用品分为防毒类、防腐蚀类、防射线类、防油漆类及其他类。

三、劳动防护用品管理

各单位根据安全生产、防止职业性伤害的需要，按照不同工种、不同劳动条件，为员工免费提供符合国家标准或者行业标准规定的劳动防护用品，并监督、教育、指导员工在作业时正确佩戴、使用劳动防护用品。各单位在新员工上岗前，应为新员工配置劳保防护用品，员工应按照劳动防护用品的使用规则和防护要求，正确使用劳动防护用品。未按规定佩戴和使用劳动防护用品的，不得上岗作业。

劳动防护用品的选定应遵循“安全、实用、经济、美观”的原则，质量必须满足国家相关规定要求。

各单位应制定劳动防护用品的管理制度及发放标准，建立健全劳动保护用品的购买、验收、保管、发放、更换、报废等管理制度，监控劳动防护用品的质量。

各单位应教育员工，使员工做到“三会”：会检查劳动防护用品的可靠性；会正确使用劳动防护用品；会正确维护保养劳动防护用品。员工不得使用判废后的劳动防护用品；禁止在易燃、易爆、烧灼及有静电发生的作业场所，使用化纤劳动防护用品。特种劳动防护用品（特别是安全带、安全帽、绝缘/防毒用品）在使用前要仔细进行外观检查。若发现疑点应暂停使用并及时报告，部门负责人应及时调剂以保障生产。

第四章

城市轨道交通应急救援

从风险的理论出发，降低和控制风险的策略，一是降低事件、事故发生的可能性，需要采取预测、监测、预警、控制等预防性措施；二是减轻事件、事故的严重程度，需要采取应急救援措施。本章将重点围绕城市轨道交通的应急管理进行阐述。

第一节　城市轨道交通的应急管理体系

一、制定事故应急预案的法规要求

根据我国有关法律、法规的要求，企业和各级政府都应针对重大危险源制定有效的应急预案。

《中华人民共和国安全生产法》第五章“应急救援和事故调查处理”中指出：事故应急救援预案、应急救援体系对发生事故后及时组织抢救、防止事故扩大、减少人员伤亡和财产损失具有十分重要的作用。其中第六十八条要求：县级以上地方各级人民政府应当组织有关部门制定本行政区域内特大生产安全应急救援预案，建立应急救援体系。

《城市轨道交通运营管理办法》第四章“应急管理”也有相关的要求，其中第二十四条明确：城市人民政府城市轨道交通主管部门应当会同有关部门制定处理突发事件的应急预案；城市轨道交通运营单位应当根据实际运营情况制定地震、火灾、浸水、停电、反恐、防爆等分专题的应急预案，建立应急救援组织，配备救援器材设备，并定期组织演练。当发生地震、火灾或者其他突发事件时，城市轨道交通运营单位和工作人员应当立即报警和疏散人员，并采取相应的紧急救援措施。

2006年1月8日，国务院发布了《国家突发公共事件总体应急预案》，明确了各类突发公共事件的分级分类和预案框架体系，是指导预防和处置各类突发公共事件的规范性文件。随后，国务院又相继发布了《国家安全生产事故灾难应急预案》《国家处置城市地铁事故灾难应急预案》等共9个事故灾难类突发公共事件专项应急预案。其中，《国家处置城市地铁事故灾难应急预案》的目的是：做好城市地铁事故灾难的防范与处置工作，保证及时、有序、高效、妥善地处置城市地铁事故灾难，最大程度地减少人员伤亡和财产损失，维护社会稳定，支持和保障经济发展。

二、应急救援体系的建设

在城市轨道交通系统中，可能会发生或存在多种潜在的事故类型，例如：大面积的长时间停电、火灾、水灾、地震、危险物质泄漏、放射性物质泄漏、恐怖袭击等。此外，城市在开展各类大型活动时也可能出现重大客流等紧急情况。因此，在建设城市轨道交通应急救援体系时，就必须进行合理策划。既要做到突出重点，准确反映城市轨道交通的主要重大事故风险，又要合理地编制各类预案，避免各类预案间相互孤立、交叉和矛盾，从而使任何可能发生的事故局部化，尽可能地消除、减少事故造成的人员伤亡和财产损失，尽快恢复交通。

1. 应急救援体系的主要应急机制

应急救援活动一般划分为应急准备、初级反应、扩大反应和应急恢复四个阶段。应急机制与这些应急活动密切相关。应急机制主要由统一指挥、分级响应、属地为主和公众动员四个基本机制组成。

（1）统一指挥是应急活动的最基本原则。应急指挥一般可分为集中指挥与现场指挥或场外指挥与场内指挥几种形式，但无论采用哪一种指挥系统都必须实行统一指挥模式，无论应急救援活动涉及单位级别高低和隶属关系如何，都必须在救援指挥中心的统一组织协调下开展相关工作，使各参与单位既能充分发挥自己的作用，又能相互配合，提高整体效能。

（2）分级响应是指在初级响应到扩大应急的过程中实行分级响应的机制。扩大或提高应急响应级别的主要依据是：事故灾难的危险程度，事故灾难的影响范围，事故灾难的控制事态能力。而事故灾难的控制事态能力是“升级”的最基本条件，扩大应急救援主要是提高指挥级别，扩大应急范围等。

（3）属地为主是强调“第一反应”的思想和以现场应急为现场指挥的原则，即强化属地部门在应急救援体制管理工作中的主导作用，以提高应急救援工作的时效。

（4）公众动员机制是应急机制的基础，也是最薄弱、最难以控制的环节，即现场应急机构组织调动所能动用的资源进行应急救援工作，当事故超出本单位的处置能力时，向本单位外寻求其他社会力量支援的一种方式。

2. 应急救援体系建设的主要内容

安全生产是一项系统工程，需要从系统的整体性出发，科学地规划和设计。应急救援体系建设与发展属于安全生产系统工程的一个组成部分。应急救援体系的建设应着重从以下几个方面进行：

（1）事故预防。许多事故的发生都是因正常条件发生偏差而引起的，如果能事先确定出来某些特定条件及其潜在后果，就可利用相应手段减少事故的发生，或者减少事故对外界的影响，预防事故要比发生事故后再纠正容易得多。因此，在城市轨道交通新线设计及旧线改造中，必须设计必要的安全装置和设施，以提高城市轨道交通运营系统的安全程度。另外，事故预防工作也不可忽视操作规程、应急规程和管理策略的建立及其定期的培训和维护。

（2）应急预案的准备。主要包括：预测任何可能出现的紧急事故类型及其影响程度；制定紧急状态下的反应行动，以提高准备程度；确保系统在紧急情况下，做到准备充分和通讯畅通，从而保证决策和反应过程有条不紊；保证人员进行培训和演习，定期更新应急预案和重新评价其有效性。

（3）应急救援系统的组成。应急救援系统从功能上讲，可由应急指挥中心、事故现场指挥中心、后勤保障中心、媒体中心和信息管理中心五个运作中心组成。要做到快速、有序、高效地处理应急事故，需要应急救援系统中相互之间的协调努力。

（4）应急培训与演习。目的主要有以下几个方面：测试应急救援预案的充分程度；测试应急培训的有效性和队员的熟练性；测试现有应急装置和设备供应的充分性；确定训练的类型和频率；提高与现场外应急部门的协调能力；通过训练来识别和改正应急救援预案缺陷。

（5）应急救援行动。一个完善的应急救援体系应能在事故和灾害发生时及时调动并合理利用应急资源（包括人力资源和物资设备资源）投入救援行动事故现场，针对事故灾害的具体情况，选择适当的应急对策和行动方案，从而能及时有效地进行应急救援行动，使伤害和损失降低到最低程度和最小范围，并在最短时间内控制事故。

（6）事故的恢复与善后。当应急阶段结束后，从紧急情况恢复到正常状态需要的时间、人员、资金和正确的指挥，对恢复能力和预先估计将变得十分重要。通常情况下，重要的恢复活动包括事故现场清理、恢复期间的管理、事故调查、现场的警戒与安全、安全和应急系统的恢复、人员的救助、法律问题的解决、损失状况的评估、保险与索赔、相关数据收集、公共关系等。

三、应急救援机构

根据《国家处置城市地铁事故灾难应急预案》，城市地铁事故灾难应急处置组织机构分为三个层次：一是国家应急机构，即国务院或国务院授权建设部设立城市地铁事故灾难应急领导小组（以下简称“领导小组”），领导小组下设办公室、联络组和专家组；二是省级、市级地铁事故灾难应急机构，该机构比照国家地铁事故灾难应急机构的组成、职责，结合本地实际情况确定；三是地铁企业事故灾难应急机构，地铁企业应建立由企业主要负责人、分管安全生产的负责人、有关部门参加的地铁事故灾难应急机构。

应急救援机构从功能上讲，可由应急运转指挥中心、事故现场指挥中心、支持保障中心、媒体中心和信息管理中心五个运作中心组成。其中应急运转指挥中心负责协调应急组织各个机构的运作和关系，主持日常工作，维持应急救援系统的日常运作；事故现场指挥中心负责事故现场应急的指挥工作、人员调度、资源的有效利用；支持保障中心负责提供应急物质资源和人员的后方保障；媒体中心负责处理媒体报道、采访、新闻发布会；信息管理中心负责信息管理、信息服务。各中心要不断调整运行状态，协调关系，形成一个有机的整体，使系统快速、高效施行现场应急救援行动。

城市轨道交通企业应急救援机构应按照属地为主、分工协作、应急处置与日常建设相结合的原则建立，在应急处置过程中实现统一指挥、分级负责、科学决策，保证事故灾难信息的及时准确传递、事故快速有效处置，同时还要做到既保证常备不懈，又降低运行成本。

目前应急管理体系、机构设置，主要有以下几类：

1. 层级型

由地铁运营企业主要负责人为总负责，组建公司、部门两级应急系统。公司级包括企业主要负责人、分管安全生产的负责人及安全、保卫、调度、设备、信息管理、对外联络、卫生、物资保障、环保等各部负责人员；建立二级部门应急机构，并延伸至基层班组。

2. 联动型

由地铁运营企业主要负责人为总负责，将运营中发生的所有行车、设备、消防、治安等安全信息报地铁控制中心，地铁控制中心组成联动中心，统一指挥相关部门处置各类安全减灾及应急工作。

3. 专职型

地铁运营企业建立应急救援管理指挥专门机构和专业应急救援队伍，内设信息管理、应急管理（抢险、指挥）、重大危险源管理三个职能部门，负责地铁安全生产信息接收、汇总、上报、发布，重大事故隐患、预案编制管理，应急培训，预案演练，救援物资管理，抢险指挥，重大危险源建档、管理，专家库管理，查处谎报、瞒报案件等工作，使应急救援工作贯穿于安全生产事故的事前预防、事中应急、事后管理中，形成安全生产应急救援工作的一条较为完整的工作链和工作体制、机制。

《国家处置城市地铁事故灾难应急预案》中规定，城市地铁企业必须建立由企业主要负责人、分管安全生产的负责人、有关部门参加的地铁事故灾难应急机构。地铁企业可根据自身的发展规模、线路长度、员工素质等情况选择适合自身企业的安全、应急管理体系和机构。

四、应急预案

1. 应急预案的作用

应急救援预案是应急救援准备工作的核心内容。应急预案又称应急计划，是针对可能的重大事故（件）或灾害，为保证迅速、有序、有效地开展应急救援行动而预先制定的有关计划或方案。它是在辨识和评估潜在的重大危险、事故类型、发生的可能性及发生过程、事故后果及影响程度的基础上，为应急机构、人员、技术、装备、设施（备）、行动方案以及救援行动的指挥与协调等方面预先做出的具体安排，它明确了在突发事件发生之前、发生过程中以及刚结束之后，谁负责做什么、何时做以及相应的策略和资源准备等。

应急预案在应急管理中的重要作用和地位主要体现在以下几方面：

(1) 明确了应急救援的范围和体系，使应急准备和应急管理，尤其是培训和演习工作的开展有据可依、有章可循。

(2) 有利于及时做出应急响应，降低事故危害程度。

(3) 成为各类突发事故的应急基础。通过编制基本应急预案，可保证应急预案具有足够的灵活性，对那些事先无法预料到的突发事件或事故，也可以起到基本的应急指导作用；针对特定危害编制专项应急预案，有针对性地制定应急措施，进行专项应急准备和演习。

(4) 当发生超过应急能力的重大事故时，便于与上级应急部门协调。

(5) 有利于提高各级人员的风险防范意识。

2. 应急预案的层次和文件体系

(1) 应急预案的层次。城市轨道交通系统中可能发生的事故是多种多样的，对应急预案合理地划分层次，是将各种类型应急预案有机结合在一起的有效方法。

城市轨道交通事故灾害大致可分为安全事故、自然灾害、人为突发事件等三类。针对每一类灾害的具体措施可能千差万别，但其导致的后果和产生的影响却是大同小异的。这就意味着可以通过制定出一个基本的应急模式，由一个综合的标准化应急体系有效地应对不同类型危险所造成的共性影响。

城市轨道交通系统应急救援体系的总目标是控制事态发展、保障生命财产安全、恢复正常运营。可以针对不同事故的特点，如爆发速度、持续时间、范围和强度等，制定具有较强针对性的专项应急预案。为了保证各种类型预案之间的整体协调和层次清晰，实现共性与个性、通用性与专业性的结合，宜采用分层次的综合应急预案。从保证预案文件体系的层次清晰及开放性角度考虑，可划分为三个层次，即综合预案、专项预案和现场预案。其结构如图4—1所示。

城市轨道交通运营应急预案一般有：特殊气象及自然灾害应急预案、防淹门故障应急处理程序、控制中心应急处理程序、疫情爆发应急预案、应急信息报告程序、处置大面积停电事件应急预案、保卫应急预案、地铁消防应急预案、机电设备（电梯、给排水、事故照明装置）应急处理措施及程序、供电专业抢修应急预案、工建专业应急预案、车辆专业应急处理办法、水污染应急处理预案、车务安全应急处理程序、接触网（轨）附近有异物的应急处理程序等，都属于专项预案和现场预案的范畴。

(2) 应急预案的文件体系。从广义上来说，应急预案是一个由各级预案构成的文件体

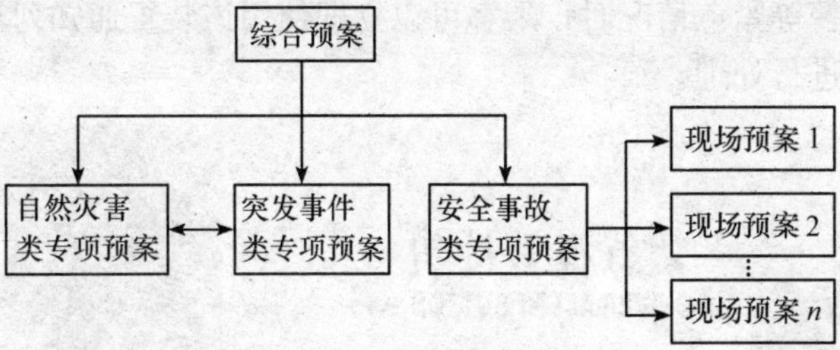

图 4—1　应急预案的层次

系。它不仅是应急预案本身，也包括针对某个特定的应急任务或功能所制定的工作程序等。一个完整应急预案的文件体系应包括预案、程序、指导书和记录，是一个四级文件体系。

3. 应急预案的演练

应急预案的演练是检验、评价和保持应急能力的一个重要手段。其作用体现在：可在事故真正发生前发现预案存在的问题和缺陷，发现应急资源的不足，从而改善应急部门、机构和人员之间的协调，增强相关人员应对突发事故救援的信心和应急意识，提高应急人员的熟练程度和应急能力，增强各级预案之间的协调性和整体的应急反应能力。应急预案演练一般可分为桌面演练、功能演练和全面演练。

4. 演练效果的评价

应急演练结束后应对演练的效果给出评价，并提交演练报告，详细说明演练中存在的问题，按照对应急救援工作的影响程度，可以将演练中发现的问题分为改进项、不足项、整改项。其目的是通过演练及时发现问题，并进行改进完善，避免因预案不完善而导致事故的扩大化，从而确保预案的高效性。

第二节　应急设备及常见事故应急处理

城市轨道交通系统的地铁列车是在封闭状态下运营的大型载客交通工具，因设备故障、技术行为、人为破坏、不可抗力等原因，均可能会发生突发事故。为能保证紧急情况下乘客的人身安全，在列车和车站都安装有相应的应急设备，当出现紧急情况时，乘客可以通过应急设备进行报警或自救。

一、列车应急设备

一般情况下，地铁列车上应配备的应急设备有：紧急报警按钮或紧急对讲器、紧急开门装置、灭火器、逃生装置。

列车的每节车厢至少要安装两个紧急报警按钮或紧急对讲器，如图 4—2 所示。当车厢内发生意外事件、火警等紧急情况时，乘客可以立即使用该装置通知列车司机，以便列车司机及时采取相关措施进行处理。

a)

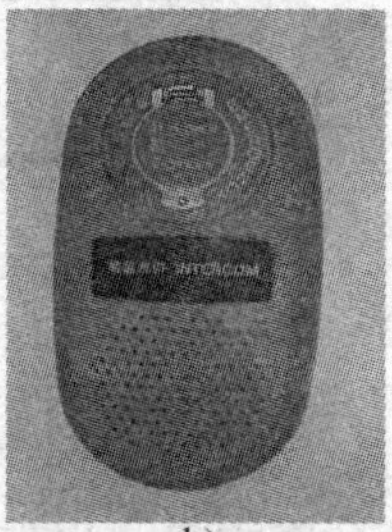

b)

图 4—2　列车的紧急报警按钮和紧急对讲器

a）紧急报警按钮　b）紧急对讲器

在列车的每个车门上都安装有紧急开门装置（见图 4—3），其主要作用是列车在故障或紧急情况下，需要人工开门时使用。

灭火器（见图 4—4）是为预防列车发生火灾情况配备的应急设备。每节车厢一般配两个 6 千克的灭火器，放置于车厢两端的座位下。当列车发生火灾初期，乘客除通过车厢内的紧急报警按钮或紧急对讲器通知列车司机外，还可以用列车配备的灭火器灭火自救，尽量将火势控制、扑灭。

图 4—3　列车的紧急开门装置

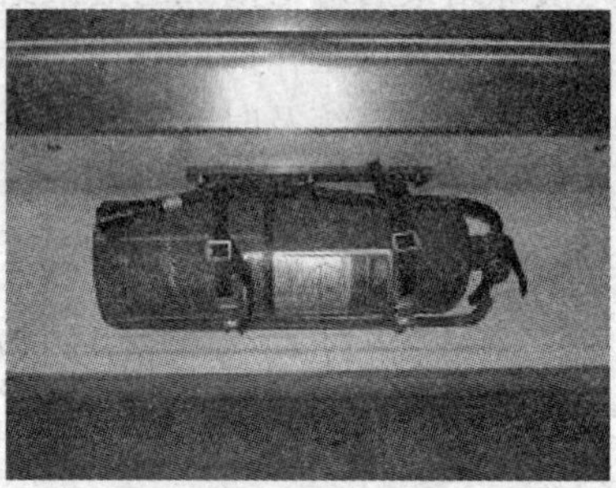

图 4—4　列车配置的灭火器

逃生装置（见图 4—5）一般安装在列车两端的司机室。如果该城市的轨道交通系统采取疏散平台方式进行疏散，列车的逃生装置则为客室门。列车逃生装置一般在发生紧急情况下，必须通过人工疏散时才使用。

二、车站应急设备

车站的应急设备分为：火灾紧急报警器、自动扶梯紧停装置、紧急停车按钮、屏蔽门紧急开关四类（见图 4—6）。其安装位置和数量均根据不同的城市轨道交通系统建设的要求而

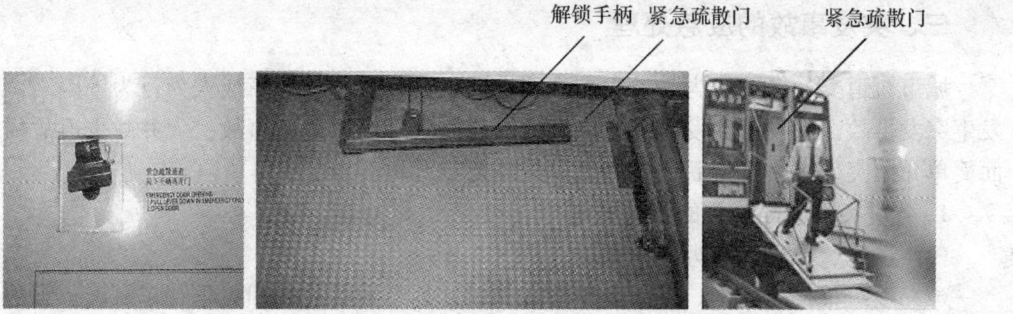

a)　　b)　　c)

图 4—5　列车的逃生装置

a）通道门紧急解锁手柄　b）司机室紧急疏散门及解锁手柄　c）逃生梯子

有所不同，但各类应急设备的启用时机相同，就是必须在发生危及列车行车安全或危及人身安全的紧急情况下使用。

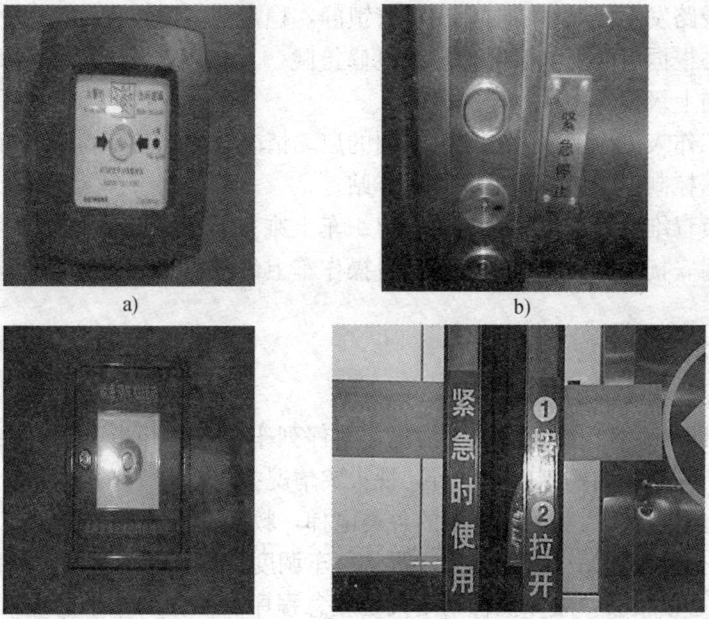

图 4—6　车站的应急设备

a）火灾紧急报警器　b）自动扶梯紧停装置　c）紧急停车按钮　d）屏蔽门紧急开关

三、突发事故的应急处理

城市轨道交通系统作为一种大型载客交通工具，因设备故障或人为行为等因素，可能会发生突发事故。在发生突发事故后，有效的应急处理可以避免事故扩大并减少事故损失。下面简单介绍突发事故发生后的一些基本处理要点。

1. 各类突发事故信息的报告原则

（1）迅速、准确、客观的原则。

（2）逐级报告的原则。事故发生在区间时，列车司机应立即报告行车调度。事故发生在车站内或车厂内时，车站值班站长或车厂调度员应立即报告行车调度。

发生人员伤亡、火灾、爆炸、毒气袭击、聚众闹事、劫持人质及其他恐怖活动等事故，需要报告 119 火警、120 急救中心或 110 匪警时，由现场负责人或目击者在第一时间直接报告；如果无法直接报告，则应以尽快报告的原则，向就近的车站或控制中心（车厂控制中心）或上级报告，再报告 119 火警、120 急救中心或 110 匪警。

2. 大面积停电的应急处理

（1）地铁线路发生停电事故时，应沉着镇静，稳定乘客情绪、维持秩序，尽力保证乘客安全。控制中心根据停电影响情况，组织抢修抢险，发布列车停运、急救和车站关闭命令，并及时将灾情向上级报告。

（2）车站工作人员应加强检查紧急照明的启动情况，巡查各部位如升降电梯中是否有人员被困等，根据控制中心命令清站和关闭车站。

列车司机负责维持列车进站停车后，组织车上乘客向车站疏散。如果列车在区间停车，则利用列车广播安抚乘客，要求乘客不擅自操作车上设备，并立即报告行车调度，按行车调度指令操作。

3. 火灾的应急处理

（1）车站发生火灾时的处理措施

1）车站立即向乘客广播发生火灾情况，暂停列车服务，并指引车站乘客有序地进行疏散，撤离车站。同时，向控制中心报告，视火灾情况报 119 和 120。

2）组织人员进行灭火和关闭车站的各类电梯，救助受伤的乘客。

3）列车司机接到车站火灾通知后，听从行车调度指挥，并通过列车做好乘客广播。

4）控制中心接报后，立即执行列车火灾应急程序，扣住列车不能进入火灾车站，保持与司机和车站的联系，并视情况报 119 和 120。

（2）列车在站台发生火灾时的处理措施

1）司机开启客室门（屏蔽门），并通过列车广播安抚乘客，引导乘客疏散和使用列车的灭火器进行灭火自救，并确认火灾位置向车站和控制中心报告。

2）车站接报后，立即广播通知乘客列车发生火灾情况，暂停列车服务。同时，组织人员进行灭火和引导乘客有序进行疏散，并视火灾情况报 119 和 120。

3）控制中心接报后，立即执行列车火灾应急程序，控制好列车间的距离，保持与司机和车站的联系，并视情况报 119 和 120。

（3）列车在区间（隧道）发生火灾时的处理措施

1）司机保持列车运行至前方车站后，开门疏散乘客。在运行途中通过列车广播安抚乘客，引导乘客使用车厢内的灭火器进行灭火自救，并确认火灾位置向车站和控制中心报告。

2）如列车在区间（隧道）不能运行，则应打开列车的逃生装置，引导乘客有序地往就近车站方向疏散。

3）车站接报后，立即广播通知乘客，引导乘客进行紧急疏散，并安排人员前往事故列车接应司机，组织乘客进行疏散。

4）控制中心接报后，立即执行列车火灾应急程序，控制好列车间的距离，保持与司机和车站的联系，并视情况报 119 和 120。

4. 特殊气象的应急处理

（1）特殊气象应急预案分类。根据特殊气象对城市轨道交通运营的影响，特殊气象应急预案包含以下六个类别。

1）台风、雷雨大风（含龙卷风）应急预案。

2）暴雨应急预案。

3）高温应急预案。

4）大雾、灰霾应急预案。

5）冰雹、道路结冰应急预案。

6）寒冷应急预案。

（2）特殊气象应急预案启动原则。以当地气象台发布的气象预警信号为准。当当地某区域气象台发布相应的台风和雷雨大风、暴雨、高温、大雾和灰霾、冰雹和道路结冰及寒冷气象预警信号后，由责任控制中心在受影响的线路范围内启动相应的特殊气象应急预案。

（3）相应的特殊气象应急预案的解除原则。满足以下两个条件，责任控制中心可解除相应的特殊气象灾害应急预案，并向下令启动预案的领导汇报。

1）当地某区域气象台解除相应的台风和雷雨大风、暴雨、高温、大雾和灰霾、冰雹和道路结冰及寒冷气象预警信号后。

2）控制中心确认受相应的特殊气象影响的设备已全部恢复正常。

（4）停止某线路段运营的启动及解除程序

1）启动程序。当需要停止某线路段运营时，控制中心 OCC 向运营总部总经理汇报，总经理下令启动。因特殊情况联系不上时，分别依次由运营分管安全、行车组织的副总经理下令启动。

2）解除程序。当达到恢复某线路段运营条件时，控制中心 OCC 向运营总部总经理汇报，总经理下令恢复。因特殊情况联系不上时，分别依次由运营分管安全、行车组织的副总经理下令解除。

3）恢复因台风、雷雨大风（含龙卷风）造成高架或地面路段停运的行车条件：接获气象台取消橙色信号及在过去 1 h 监测到的最高风速低于 74 km/h（8 级）。

恢复高架段行车的程序：首先，组织客车或工程车限速 25 km/h 进行线路检查；然后，安排专业维修人员跟车检查相关设备设施；确认具备条件后，恢复正常运营服务。

（5）特殊气象发生险情的应急处理原则

1）抓住主要矛盾，先全面、后局部，先救人、后救物，先抢救通信、供电等要害部位，后抢救一般设施。

2）根据需要，各部门积极合理地调动人力、物力投入抢险，在确保安全的情况下，尽快开通线路，恢复运营（含局部线路）。

3）发生灾害时，应迅速准确地报告事故情况，确保信息渠道畅通。

4）各部门、员工均应采取有效措施控制事态、减少损失，防止次生灾害的发生。

5）贯彻抢险与运营并重、地铁运输与公交运输系统统筹兼顾的工作方针，在积极稳妥地处理事故的同时，按照总部相关规定最大限度地维持地铁运营或尽快恢复地铁运营。

5. 正线车辆脱轨的应急处理

（1）确定脱轨后，控制中心立即扣停开往受影响区域的列车，对已进入该区间的列车，组织其退回始发车站。

（2）控制中心通知电力调度做好关闭脱轨区段的牵引电流和挂接地线的准备。

（3）通知相关线路的车辆控制中心派出救援队起复车辆，启动应急轨道交通—公交接驳预案。

（4）控制中心、司机和车站组织乘客疏散。确认具备停电条件后，控制中心组织停电。

（5）如在隧道内脱轨，控制中心组织隧道送风。

（6）组织好抢修期间的客车降级运营工作（小交路运营）。

（7）维修调度在接到车辆脱轨事故的明确报告后，应立即组织车辆抢险队前往事故现场，车辆抢险队员接到车厂控制中心 DCC 维修调度命令时须在 10 min 内出发前往事故现场。

（8）第一个赶往事故现场的车辆员工，自动成为车辆事故现场抢险指挥负责人，负责现场抢险工作并将所观察到的情况反馈回事发分部车厂控制中心 DCC，使 DCC 能够及时获得现场情况，做出有利于抢险工作的人员和设备安排；当车辆抢险指挥小组成员赶到后，现场抢险指挥向车辆抢险指挥小组成员汇报现场情况，并将指挥权移交。

（9）起复后，必须执行以下的工作：

①确认接地线拆除和线路出清后，通知电力调度送电，做好恢复正常运营的准备工作。

②组织一列客车清客或工程车前往救援，连挂脱轨列车限速运行进入就近的存车线，待

运营结束后再安排事故列车回厂检修。

(10) 组织备用客车上线服务。

6. 大客流应急处理

(1) 启动条件。因地铁周边环境影响或因设备故障导致设备能力不足等不可预见的情况造成突发性进、出站客流增大，超过车站设备承受能力。

(2) 现场应急处理。车站发生突发性大客流时，由站长或值班站长负责现场客运组织，安排、监督各岗位的职责实施情况。

1) 根据“三级客流控制”的原则，站长或值班站长在车站出入口、入闸机组、站厅与站台的楼梯、扶梯处进行客流控制。

2) 站长或值班站长及时了解产生突发客流的原因、规模，及可能持续的时间，合理安排岗位。

3) 车站行车值班员及时播放相应的广播疏导乘客。

4) 值班站长及时组织人员维持购票秩序，增设兑零点，对乘客做好疏导、服务工作。

5) 票亭减缓兑零速度。

6) 行车值班员监控 15 min 进站客流变化。如车站现有人员无法应付突发性大客流时，值班站长组织驻站人员参与客流控制，同时安排行车值班员通知公安部门协助，报告行车调度请求支援。

7) 出现特大客流时，车务部门应立即请示控制中心，要求调派列车直达特大客流车站进行增援。

8) 站台拥挤时，值班站长立即安排其他岗位员工或支援人员到站台维持候车秩序，对站厅与站台的楼梯、扶梯处进行第一级客流控制，先让下车乘客出站，再放坐车的乘客进入站台，控制进站的乘客人数。行车值班员及站台员工利用广播提醒乘客注意安全，同时加强对站台乘客候车动态及站台屏蔽门工作状态的监控。

9) 若因设备故障，造成列车晚点，车站乘客拥挤时，车站值班站长安排行车值班员及时通知公安部门协助，安排巡视岗、客运值班员在出入口、票亭及进闸机前摆放立柱告示，告知购票进闸的乘客客车延误信息。同时做好退票和公交接驳的准备工作。

10) 由于特殊气象（如暴雨）导致突发性大客流时，车站值班站长及时安排员工做好滞留乘客的疏散。

11) 需调整本站员工工作岗位或工作内容时，由站长、值班站长根据现场情况组织安排；需抽调其他车站临时支援人员时，由站长、值班站长报车务部门生产管理人员，由车务部门生产管理人员协调人员配置。

(3) 结束条件。车站客流有效缓解，恢复正常，站长或值班站长报告地铁控制中心，经地铁控制中心同意后宣布结束预案的实施，各岗位员工恢复正常工作，临时支援人员在现场指挥的安排下回原车站、原岗位。

7. 隧道疏散的应急处理

（1）司机的应急处理

1）列车停车后，应立即播放广播安抚乘客，提醒乘客保持镇定，切勿打开车门跳下轨道，并将列车位置（区间、百米标、上下行正线）及现场情况报告控制中心，或设法联系就近车站。

2）接到行车调度通知疏散后，确认疏散方向，并做好疏散准备。

3）待车站工作人员到达后，打开每列车疏散平台侧疏散方向的第一、二个车门，组织乘客从该车门下车，通过疏散平台疏散到就近车站。

4）广播引导乘客疏散，并协助车站工作人员维持疏散的秩序。

（2）控制中心的应急处理

1）控制中心接报信息，确认需进行乘客疏散后，按向就近车站疏散的原则组织乘客疏散。

2）通知就近车站安排人员进入区间组织乘客疏散。

3）通知邻线列车在疏散的区间限速运行，并注意了望和鸣笛。

4）按规定开启区间照明和隧道通风系统。

（3）车站的应急处理

1）接到行车调度要组织列车区间疏散的命令后，确认疏散方向。

2）按规定穿戴好防护用品，得到行车调度同意后，值班站长带领人员进入区间。

3）车站工作人员到达现场后，安排人员在列车头部及尾部引导，在正线与入段线连接处、联络通道、疏散平台断开处等关键地点安排人员引导乘客。

4）通知司机在疏散平台侧，打开每列车疏散方向的第一、二个车门，组织乘客从该车门下车，通过疏散平台疏散到就近车站。

8. 列车故障救援

（1）出现列车故障时，及时组织备用车上线调整运行。

（2）若故障车在车站内，故障车在清客后再与救援列车连挂；若故障车在区间，故障车与救援列车连挂后运行到前方车站清客。担任救援任务的客车，按《行车组织规则》执行。

（3）列车发生故障时，行车调度视情况及时扣停后续第二列或第三列客车在就近设有辅助线的车站内，并做好小交路运营的准备。

（4）发生客车故障救援时，运营遵循有限度列车服务的原则，列车的运行间隔由行调组织调整，在中间站折返至上行线或下行线时，如客车采用站前折返，需在折返站的前一站清客；如采用站后折返，则在折返站本站清客，行车调度必须按要求及时通知本线和另一线车站相关的运营信息。必要时，另一线路行车调度应采取有效措施配合、协助故障线路的行车调度进行救援。

（5）在故障明确、可以进行准确判断后，调度应严格遵循行车组织方案组织。若在各项前提条件不满足，或故障不明显、判断偏误下，应采取机动灵活的措施进行行车组织。

(6) 列车救援时，按规定速度推进运行（司机须按车辆故障处理指南操作相应的开关）。

(7) 列车在区间出现故障，如无人引导时，原则上不要求司机到后端司机室尝试动车，达到时限后立即组织救援。

第三节　伤害急救常识

在任何生产活动过程中，都可能会发生一些人身伤害事故，城市轨道交通系统也不例外，而发生事故后的现场急救对抢救伤者非常关键，如果现场急救正确及时，不仅可以减轻伤者的痛苦，降低事故的严重程度，而且可以争取抢救时间，挽救人的生命。本节内容将重点介绍机械伤害与触电伤害的现场急救技术和应该注意的事项。

一、机械伤害急救基本要点

(1) 发生机械伤害事故后，现场人员不要害怕和慌乱，要保持冷静，迅速对受伤人员进行检查。

急救检查应先看神志、呼吸，接着摸脉搏、听心跳，再查瞳孔，有条件者测血压。检查局部有无创伤、出血、骨折、畸形等变化，根据伤者的情况，有针对性地采取人工呼吸、心脏挤压、止血、包扎、固定等临时应急措施。

(2) 迅速拨打急救电话，向医疗救护单位求援。记住报警电话很重要，我国通用的医疗急救电话为120，但除了120以外，各地还有一些其他的急救电话，也要留意。在发生伤害事故后，要迅速及时拨打急救电话。拨打急救电话时，要注意以下问题：

1) 在电话中应向医生讲清伤员的确切地点、联系方法（如电话号码）、行驶路线。

2) 简要说明伤员的受伤情况、症状等，并询问清楚在救护车到来之前，应该做些什么。

3) 派人到路口迎候救护人员。

(3) 遵循“先救命、后救肢”的原则，优先处理颅脑伤、胸伤、肝或脾破裂等危及生命的内脏伤，然后处理肢体出血、骨折等伤。

(4) 检查伤者呼吸道是否被舌头、分泌物或其他异物堵塞。

(5) 如果呼吸已经停止，立即实施人工呼吸。

(6) 如果脉搏不存在，心脏停止跳动，立即进行心肺复苏。

(7) 如果伤者出血，要进行必要的止血及包扎。

(8) 大多数伤员可以毫无顾忌地抬送医院，但对于颈部、背部严重受损者要慎重，以防止其进一步受伤。

(9) 让患者平卧并保持安静，如有呕吐，同时无颈部骨折时，应将其头部侧向一边以防止噎塞。

(10) 动作轻缓地检查患者，必要时剪开其衣服，避免突然挪动增加患者痛苦。

(11) 救护人员既要安慰患者，自己也应尽量保持镇静，以消除患者的恐惧。

(12) 不要给昏迷或半昏迷者喝水，以防液体进入呼吸道而导致窒息，也不要用拍击或摇动的方式试图唤醒昏迷者。

二、机械伤害的现场急救技术

1. 人工呼吸

口对口（鼻）吹气法是现场急救中采用最多的一种人工呼吸方法，其具体操作方法是：

(1) 对伤员进行初步处理。将需要进行人工呼吸的伤员放在通风良好、空气新鲜、气温适宜的地方，解开伤员的衣领、裤带、内衣（包括乳罩），清除口鼻分泌物、呕吐物及其他杂物，保证呼吸道畅通。

(2) 使伤员仰卧，施救人员位于其头部一侧，捏住伤员的鼻孔，深吸气后，将自己的嘴紧贴伤员的嘴吹入气体。之后，离开伤员的嘴，放开鼻孔，以一手压伤员胸部，助其呼出体内气体。如此，有节律地反复进行，每分钟进行 15 次。吹气时不要用力过度，以免造成伤员肺泡破裂。

(3) 吹气时，应配合对伤员进行胸外心脏按摩。一般地，吹一次气后，做四次心脏按摩。

2. 心肺复苏

胸外心脏按摩是心肺复苏的主要方法，它是通过压迫胸骨，对心脏进行间接按摩，使心脏排出血液，参与血液循环，以恢复心脏的自主跳动。

(1) 具体操作方法

1) 让需要进行心脏按摩的伤员仰卧在平整的地面或木板上。

2) 施救人员位于伤员一侧，双手重叠放在伤员胸部两乳正中间处，用力向下挤压胸骨，使胸骨下陷 3～4 cm，然后迅速放松，放松时手不离开胸部。如此反复有节律地进行。其按摩速度为每分钟 60～80 次。

(2) 胸外心脏按摩时的注意事项

1) 胸部严重损伤、肋骨骨折、气胸或心包填塞的伤员，不应采用此法。

2) 胸外心脏按摩应与人工呼吸配合进行。

3) 按摩时，用力要均匀，力量大小看伤员的身体及胸部情况而定；按压时，手臂不要弯曲，用力不要过猛，以免使伤员肋骨骨折。

4) 随时观察伤员情况，作出相应的处理。

3. 止血

当伤员身体有外伤出血现象时，应及时采取止血措施。常用的止血方法有以下几种：

（1）伤口加压法。这种方法主要适用于出血量不太大的一般伤口，通过对伤口的加压和包扎，减少出血，让血液凝固。其具体做法是如果伤口处没有异物，用干净的纱布、布块、手绢、绷带等物或直接用手紧压伤口止血；如果出血较多时，可以用纱布、毛巾等柔软物垫在伤口上，再用绷带包扎以增加压力，达到止血的目的。

（2）手压止血法。临时用手指或手掌压迫伤口靠近心端的动脉，将动脉压向深部的骨头上，阻断血液的流通，从而达到临时止血的目的。这种方法通常是在急救中与其他止血方法配合使用，其关键是要掌握身体各部位血管止血的压迫点。

手压法仅限于无法止住伤口出血或准备敷料包扎伤口的时候。施压时间切勿超过15 min。如施压过久，肢体组织可能因缺氧而损坏，以致不能康复，继而还可能需要截肢。

（3）止血带法。这种方法适合于四肢伤口大量出血时使用。主要有布止血带绞紧止血、布止血带加垫止血、橡皮止血带止血三种。使用止血带法止血时，绑扎松紧要适宜，以出血停止、远端不能摸到脉搏为好。使用止血带的时间越短越好，最长不宜超过 3 h，并在此期间内每隔 0.5 h（冷天）或 1 h 慢慢解开、放松一次。每次放松 1～2 min，放松时可用指压法暂时止血。不到万不得已时不要轻易使用止血带，因为上好的止血带能把远端肢体的全部血流阻断，造成组织缺血，时间过长会引起肢体坏死。

4. 搬运转送

转送是危重伤病员经过现场急救后由救护人员安全送往医院的过程，是现场急救过程中的重要环节。因此，必须寻找合适的担架，准备必要的途中急救力量和器材，尽可能调度速度快、震动小的运输工具。同时，应注意掌握各种伤病员不同的搬运方式。

（1）上肢骨折的伤员托住固定伤肢后，可让其自行行走。

（2）下肢骨折用担架抬送。

（3）脊柱骨折伤员，用硬板或其他宽布带将伤员绑在担架上。

（4）昏迷病人，头部可稍垫高并转向一侧，以免呕吐物吸入气管。

三、触电伤害的急救方法

1. 脱离电源

触电发生后，必须迅速使触电者脱离电源。如果触电者触及低压带电设备，应立即切断电源，拉开电源开关或刀闸，使用绝缘工具、绝缘手套和干燥的木棒、竹竿等不导电物体使触电者脱离电源。抢救者要避免碰到金属物体和触电者裸露的身躯，切忌直接用手去接触触电者或用无绝缘的东西接触触电者，抢救者也可以站在绝缘垫或干木板上再进行抢救。

如果触电者触及断落在地上的带电高压导线时，在尚未确定线路是否带电、救护人员尚未做好安全措施（如穿救援靴等）前，不得接近断线点 8～10 m 范围内，以防止跨步电压伤人。触电者脱离带电导线后亦应迅速离开断线点 8～10 m 以外处进行急救。如已确定线路无电，可在触电者脱离触电导线后，立即就地进行抢救。

如触电者位于高处，脱离电源后会自高处坠落，应做好预防坠落措施。

2. 现场急救

迅速将脱离电源的触电者移至通风、凉爽处，平卧并解松衣裤，保持呼吸道畅通，检查触电者有无呼吸、心跳。若发现呼吸停止，应立即实施心肺复苏术。及时、正确地施行心肺复苏术，不但能挽救触电者的生命，而且能减少和减轻并发症和后遗症的发生。

人工呼吸和胸外心脏按压要坚持不懈地进行，在医务人员未到达接替抢救之前，现场的抢救人员不应放弃现场抢救，直至触电者复苏或出现尸僵、尸斑为止。触电者复苏后应密切注意心跳情况，千万不要随意搬动，以防心室颤动再次发生而导致心跳停止，应该等医务人员到达或触电者完全清醒后再搬动。切忌在未弄清触电者情况时作长途搬运而错过抢救时机。

在现场急救的同时，应请其他人协助拨打120急救电话并通知附近的医疗单位。

四、其他伤害的急救方法

1. 中暑

中暑是指在高温的作用下，机体发生体温调节功能障碍，水电解质平衡失调，以心血管和中枢神经系统功能紊乱等为主要症状的一组综合征。

根据我国《职业性中暑诊断标准》，中暑可分为先兆中暑、轻症中暑和重症中暑三级。

中暑的急救方法如下：

（1）对于先兆中暑、轻症中暑的患者，应迅速脱离高温环境，转移至阴凉通风处休息或平卧，给予口服凉盐水、糖盐水、各种含盐的清凉饮料、仁丹、藿香正气水，涂擦清凉油、万金油，掐捏合谷穴、风池穴、太阳穴等穴位。

（2）对于重症中暑的患者，除积极采取以上措施外，还应采取以下的急救措施：

1）将患者移至空调室内，没有空调设备时，可在室内放置冰块、电风扇，尽快使室温降至25℃以下。

2）用凉水淋浴，用冰水或酒精擦浴，亦可在头部、腋窝、腹沟等处放置冰袋。

3）保持呼吸道畅通，改善缺氧。

4）在采取以上各种措施的同时，请其他人协助拨打120急救电话，尽快将患者送往就近医院治疗。

2. 高空坠落

高空坠落伤是指人们日常工作或生活中，从高处坠落，受到高速的冲击力，使人体组织和器官遭到一定程度破坏而引起的损伤。高空坠落伤除有直接或间接受伤器官表现外，尚可有昏迷、呼吸窘迫、面色苍白和表情淡漠等症状，可导致胸、腹腔内脏组织器官发生广泛的损伤。

高空坠落时，足或臀部先着地，外力可沿脊柱传导到颅脑而致伤；由高处仰面跌下时，背或腰部受冲击可引起腰椎前纵韧带撕裂，椎体裂开或椎弓根骨折易引起脊髓损伤。脑干损伤时常有较重的意识障碍、光反射消失等症状，也可有严重合并症的出现。

高空坠落的急救方法如下：

（1）去除伤员身上的用具和口袋中的硬物。

（2）在搬运和转送过程中，颈部和躯干不能前屈或扭转，而应使脊柱伸直，绝对禁止一个抬肩一个抬腿的搬法，以免发生或加重截瘫。

（3）创伤局部妥善包扎，但对疑颅底骨折和脑脊液漏患者切忌作填塞，以免导致颅内感染。

（4）对于颌面部受伤伤员首先应保持呼吸道畅通，撤除假牙，清除移位的组织碎片、血凝块、口腔分泌物等，同时松解伤员的颈、胸部纽扣。

（5）复合伤要求平仰卧位，保持呼吸道畅通，解开衣领扣。

（6）对于周围血管伤，压迫伤部以上动脉干至骨骼。直接在伤口上放置厚敷料，绷带加压包扎，以不出血和不影响肢体血循环为宜。当上述方法无效时可用止血带，原则上尽量缩短使用时间，一般以不超过 1 h 为宜，做好标记，注明上止血带时间。

（7）快速平稳地送医院救治。

第五章

安全生产法律法规

第一节 概 述

一、安全生产法规的发展

我国党和政府十分重视安全生产工作，早在解放初期，国务院就颁布实施了“三大规程”和“五项规定”。“三大规程”就是《工厂安全生产卫生规程》《建筑安装工程安全技术规程》和《工人职员伤亡事故报告规程》。“五项规定”就是国务院1963年颁布的《关于加强企业生产中安全工作的若干规定》中明确的落实安全生产责任制、落实安全技术措施计划、加强安全生产教育、加强安全生产的定期检查、严肃伤亡事故的调查和处理等规定。

改革开放后，1978年中共中央在《关于加强安全生产工作的通知》中强调：“加强劳动保护，搞好安全生产，保护职工的安全和健康，是我们党的一贯方针，是社会主义企业管理的一项基本原则，必须使广大干部懂得，不断改善职工劳动条件，防止事故和职业病，是一项严肃的政治任务，也是保证生产健康发展的一个重要条件。听任职工伤亡、听任职工身体受到摧残而不认真解决，就是严惩失职，是党纪国法不能允许的。”

为了加强安全生产监督管理工作，保障人民群众生命和财产的安全，防止和减少生产安全事故，促进经济发展，我国在2002年6月29日通过并颁布了《中华人民共和国安全生产法》，以法律的形式对安全生产工作的宗旨、方针和政策作了进一步的规范，使安全生产工作沿着法制化、规范化的轨道发展。

二、安全生产法规的概念

安全生产法规是指国家机关为加强安全生产监督管理，落实安全生产技术措施，保护人民群众生命和财产的安全，防止和减少安全生产事故，促进经济发展，按照一定的法律程序制定并颁布实施的法律规范。

安全生产法规的主要任务，是调整在生产经营活动中相关组织之间及其与从业人员之间在安全生产方面权利和义务的关系，保护有关人员的人身和财产的安全。

安全生产法规具有国家强制性。一切生产经营单位、行政机关、社会团体和从业人员以及相关方都必须严格遵守，认真执行。对违反安全生产法规的行为，造成重大后果的，要追究法律责任，并根据情节轻重分别给予行政处分、经济处罚，直至追究刑事责任。

三、安全生产法律体系

安全生产法律体系是指我国全部现行的、不同的法律规范形成的有机联系的统一整体。根据法律地位和效力不同，安全生产法律体系分为法律、法规、规章和法定安全生产标准。

法律是安全生产法律体系中的上位法，居于整个体系的最高层级，其法律地位和效力高于行政法规、地方法规、部门规章、地方政府规章等下位法。我国现行的有关安全生产的专门法律主要有《安全生产法》《消防法》《道路交通安全法》《海上交通安全法》《矿山安全法》；与安全生产相关的法律主要有《劳动法》《职业病防治法》《工会法》《矿产资源法》《铁路法》《公路法》《民用航空法》《港口法》《建筑法》《煤炭法》《电力法》等。

法规分为行政法规和地方性法规。安全生产行政法规的法律地位和效力低于有关安全生产法律，高于地方性安全生产法规、部门规章等。地方性安全生产法规的法律地位和法律效力低于有关安全生产的法律、行政法规，高于地方政府安全生产规章。经济特区和民族自治地方安全生产法规的法律地位和效力与地方性安全生产法规相同。

规章分为部门规章和地方政府规章。部门规章是国务院有关部门依照安全生产法律、行政法规的授权制定发布的，部门安全生产规章的法律地位和效力低于法律、行政法规，高于地方政府规章。地方政府规章是最低层级的安全生产立法，其法律地位和效力低于其他上位法，不得与上位法相抵触。

虽然我国没有技术法规的正式用语，也未将其纳入法律体系的范畴，但许多安全生产立法却将安全生产标准作为生产经营单位必须执行的技术规范而载入法律，安全生产标准法律化是我国安全生产立法的重要趋势。法定安全生产标准主要是指强制性安全生产标准，分为国家标准和行业标准，对生产经营单位具有同样的约束力。

第二节　安全生产法

《中华人民共和国安全生产法》（以下简称《安全生产法》）于 2002 年 6 月 29 日经第九

届全国人大常委会第28次会议审议通过，以中华人民共和国主席第70号令予以公布，自2002年11月1日起施行。《安全生产法》的颁布实施是我国安全生产法制建设的重要里程碑。

一、《安全生产法》的法律地位和立法宗旨

《安全生产法》是我国第一部安全生产基本法律，在我国安全生产法律体系中，《安全生产法》的法律地位和法律效力是最高的，是各类生产经营单位及其从业人员实现安全生产所必须遵守的行为规范，是各级人民政府和各有关部门进行监督管理和行政执法的法律依据，是制裁各种安全生产违法犯罪行为的法律武器。

立法宗旨就是立法的目的，就是法律所要解决的主要和基本问题。在《安全生产法》第一条明确规定了其立法宗旨，即“为了加强安全生产监督管理，防止和减少生产安全事故，保障人民群众生命和财产安全，促进经济发展，制定本法”。

二、《安全生产法》的适用范围

《安全生产法》是对所有生产经营单位的安全生产普遍适用的基本法律。《安全生产法》的第二条对适用范围作了规定，明确：“在中华人民共和国领域内从事生产经营活动的单位（以下统称生产经营单位）的安全生产，适用本法；有关法律、行政法规对消防安全和道路交通安全、铁路交通安全、水上交通安全、民用航空安全另有规定的，适用其规定。”

三、《安全生产法》的基本规定

1. 安全生产管理的方针

《安全生产法》第三条规定：“安全生产管理，坚持安全第一、预防为主的方针。”

2. 生产经营单位安全生产责任制度

《安全生产法》第四条规定：“生产经营单位必须遵守本法和其他有关安全生产的法律、法规，加强安全生产管理，建立、健全安全生产责任制度，完善安全生产条件，确保安全生产”。该条规定主要是依法确定了以生产经营单位作为主体、以依法生产经营为规范、以安全生产责任制为核心的安全生产管理制度。

在《安全生产法》的第二章，具体规定了生产经营单位的安全生产保障的责任，主要包括从事生产经营活动应当具备的安全生产条件、安全生产资金投入、安全生产管理机构和安全生产管理人员的配置、生产经营单位主要负责人和安全生产管理人员安全资格、从业人员安全生产培训、特种作业人员范围和要求、建设项目安全设施“三同时”、安全警示标志、安全设备达标和管理、特种设备检测检验、生产安全工艺设备管理、危险物品管理、重大危险源管理、生产设施场所安全距离和紧急疏散、爆破吊装等作业现场安全管理、劳动防护用品规定、交叉作业的安全管理、工伤保险的规定等。

3. 生产经营单位主要负责人的安全责任

生产经营单位主要负责人是生产经营活动和安全生产工作中的决策者和指挥者，对于落实安全生产责任制，加强安全管理，确保生产安全至关重要。只有明确生产经营单位主要负责人在安全生产中的地位和责任，才能真正促使生产经营单位重视并抓好安全生产工作，防止和减少事故的发生。

《安全生产法》第五条规定“生产经营单位的主要负责人对本单位的安全生产工作全面负责”。生产经营单位主要负责人是指直接领导、指挥生产经营单位日常生产经营活动、能够承担生产经营单位安全生产工作主要领导责任的决策人，如厂长、经理等。

按照《安全生产法》第十七条规定，生产经营单位的主要负责人对本单位安全生产工作负有下列职责：一是建立、健全本单位安全生产责任制；二是组织制定本单位安全生产规章制度和操作规程；三是保证本单位安全生产投入的有效实施；四是督促、检查本单位的安全生产工作，及时消除生产安全事故隐患；五是组织制定并实施本单位的生产安全事故应急救援预案；六是及时、如实报告生产安全事故。

4. 工会在安全生产工作中的地位和权利

工会是代表从业人员对生产经营单位的安全生产进行监督、维护从业人员合法权益的群众性组织，是协助生产经营单位加强安全管理的助手，是政府监督管理的重要补充。《安全生产法》第七条规定“工会依法组织职工参加本单位安全生产工作的民主管理和民主监督，维护职工在安全生产方面的合法权益”。

《安全生产法》在第五十二条明确了工会参加安全管理和监督的权利：“工会有权对建设项目的安全设施与主体工程同时设计、同时施工、同时投入生产和使用进行监督，提出意见。工会对生产经营单位违反安全生产法律、法规，侵犯从业人员合法权益的行为，有权要求纠正；发现生产经营单位违章指挥、强令冒险作业或者发现事故隐患时，有权提出解决的建议，生产经营单位应当及时研究答复；发现危及从业人员生命安全的情况时，有权向生产经营单位建议组织从业人员撤离危险场所，生产经营单位必须立即作出处理。工会有权依法参加事故调查，向有关部门提出处理意见，并要求追究有关人员的责任。”

5. 生产安全事故责任追究

《安全生产法》第十三条规定：“国家实行生产安全事故责任追究制度，依照本法和有关法律、法规的规定，追究生产安全事故责任人员的法律责任。”《安全生产法》规定要实行责任追究的，是指发生人为责任事故，对负有责任的单位或者人员进行责任追究。生产安全事故责任者所承担的法律责任的主要形式包括行政责任和刑事责任。

6. 安全生产标准

安全生产标准是法律规范的重要补充，《安全生产法》第十条规定：“国务院有关部门应当按照保障安全生产的要求，依法及时制定有关的国家标准或者行业标准，并根据科技进步和经济发展适时修订。生产经营单位必须执行依法制定的保障安全生产的国家标准或者行业标准。”依照法律规定，执行法定的保障安全生产的国家标准和行业标准，是生产经营单位的法定义务，生产经营单位必须执行安全生产方面的国家标准或行业标准，特别是强制性的标准。

7. 安全生产宣传教育

安全生产事关人民群众生命和财产安全，要实现《安全生产法》保护人民群众生命和财产安全的立法宗旨，做好安全生产工作，就必须依靠和发动广大职工群众乃至全民积极主动、自觉自愿地参与，从而提升全民的安全意识，弘扬安全文化，树立以人为本的理念。《安全生产法》第十一条规定：“各级人民政府及其有关部门应当采取多种形式，加强对有关安全生产的法律、法规和安全生产知识的宣传，提高职工的安全生产意识。”第六十七条规定：“新闻、出版、广播、电影、电视等单位有进行安全生产宣传教育的义务，有对违反安全生产法律、法规的行为进行舆论监督的权利。”

8. 安全生产科技进步和奖励

实现安全生产，必须依靠科技进步，先进的安全生产科学技术对提高安全生产水平具有不可替代的重要作用。只有重视和鼓励安全生产科学技术的研究，推广先进的安全生产技术，才能不断改善安全生产条件，不断装备先进可靠的安全设备设施，加强预防生产安全事故和消除事故隐患的手段和能力，实现科技兴安、科技保安。《安全生产法》第十四条规定：“国家鼓励和支持安全生产科学技术研究和安全生产先进技术的推广应用，提高安全生产水平。”在第十五条、第六十六条，明确了在改善安全生产条件、防止生产安全事故、参加抢险救护等方面做出显著成绩的个人或单位，国家给予重点奖励。

四、从业人员的权利和义务

生产经营单位的从业人员是各项安全生产经营活动最直接的劳动者，是各项法定安全生产的权利享有者和义务承担者。《安全生产法》第六条规定：“生产经营单位的从业人员有依法获得安全生产保障的权利，并应当依法履行安全生产方面的义务。”《安全生产法》第三章对从业人员的安全生产权利义务做了全面、明确的规定，并且设定了严格的法律责任，为保障从业人员的合法权益提供了法律依据。

1. 从业人员的权利

《安全生产法》规定了各类从业人员必须享有的、有关安全生产和人身安全的最重要、最基本的权利。这些基本安全生产权利，可以概括为以下五项。

（1）获得安全保障、工伤保险和民事赔偿的权利。《安全生产法》明确赋予了从业人员享有工伤保险和获得伤亡赔偿的权利，同时规定了生产经营单位的相关义务。《安全生产法》第四十四条规定：“生产经营单位与从业人员订立的劳动合同，应当载明有关保障从业人员劳动安全、防止职业危害的事项，以及依法为从业人员办理工伤社会保险的事项。生产经营单位不得以任何形式与从业人员订立协议，免除或者减轻其对从业人员因生产安全事故伤亡依法应当承担的责任。”第四十八条规定：“因生产安全事故受到损害的从业人员，除依法享有工伤社会保险外，依照有关民事法律尚有获得赔偿权利的，有权向本单位提出赔偿要求。”第四十三条规定：“生产经营单位必须依法参加工伤社会保险，为从业人员缴纳保险费。”

（2）得知危险因素、防范措施和事故应急措施的权利。《安全生产法》规定，生产经营单位从业人员有权了解其作业场所和工作岗位存在的危险因素及事故应急措施。在第四十四条规定：“生产经营单位与从业人员订立的劳动合同，应当载明有关保障从业人员劳动安全、防止职业危害的事项，以及依法为从业人员办理工伤社会保险的事项。”在第四十五条规定：“生产经营单位的从业人员有权了解其作业场所和工作岗位存在的危险因素、防范措施及事故应急措施，有权对本单位的安全生产工作提出建议。”

（3）对本单位安全生产的批评、检举和控告的权利。从业人员对生产经营单位的安全生产情况尤其是安全管理中的问题和事故隐患最了解、最熟悉，只有依靠他们并且赋予必要的安全生产监督权和自我保护权，才能做到预防为主，防患于未然。《安全生产法》第四十六条规定：“从业人员有权对本单位安全生产工作中存在的问题提出批评、检举、控告；有权拒绝违章指挥和强令冒险作业。生产经营单位不得因从业人员对本单位安全生产工作提出批评、检举、控告或者拒绝违章指挥、强令冒险作业而降低其工资、福利等待遇或者解除与其订立的劳动合同。”

（4）拒绝违章指挥和强令冒险作业的权利。《安全生产法》赋予了从业人员拒绝违章指挥和强令冒险作业的权利，不仅是为了保护从业人员的人身安全，也是为了警示生产经营单位负责人和管理人员必须照章指挥，保证安全，并不得因从业人员拒绝违章指挥和强令冒险作业而对其进行打击报复。

（5）紧急情况下的停止作业和紧急撤离的权利。由于生产场所存在不可避免的自然和人为的危险因素，这些因素将会或者可能会对从业人员造成人身伤害，《安全生产法》赋予了从业人员停止作业和紧急撤离的权利。第四十七条规定：“从业人员发现直接危及人身安全的紧急情况时，有权停止作业或者在采取可能的应急措施后撤离作业场所。生产经营单位不得因从业人员在前款紧急情况下停止作业或者采取紧急撤离措施而降低其工资、福利等待遇或者解除与其订立的劳动合同。”

从业人员在行使这项权利时，必须明确：一是危及从业人员人身安全的紧急情况必须有确实可靠的直接根据，个人猜测或错误判断而实际并不属于危及人身安全的除外，不得滥用该项权利。二是紧急情况必须直接危及人身安全，间接危及人身安全的不应撤离，而应采取有效的措施。三是出现危及人身安全的紧急情况时，首先是停止作业，然后要采取可能的应急措施；采取措施没效的，再撤离作业场所。四是该项权利不适用于某些从事特殊职业的从业人员，如飞行员、船舶驾驶人员、车辆驾驶人员等，根据法律、国际公约和职业惯例，在发生危及人身安全的紧急情况下，他们不能或不能先行撤离作业场所或岗位。

2. 从业人员的安全生产义务

从业人员依法享有权利，同时也必须承担相应的义务。从业人员的安全生产义务主要有以下四项。

(1) 遵章守规、服从管理。《安全生产法》第四十九条规定："从业人员在作业过程中，应当严格遵守本单位的安全生产规章制度和操作规程，服从管理"。根据《安全生产法》等法律法规的规定，生产经营单位必须制定本单位安全生产的规章制度和操作规程，从业人员必须严格依照这些规章制度和操作规程进行作业。安全生产规章制度和操作规程是从业人员从事生产经营、确保安全的具体规范和依据，遵守规章制度和操作规程，实际上就是依法进行安全生产。

生产经营单位的负责人和管理人员有权依照规章制度和操作规程进行安全管理，监督检查从业人员遵章守规的情况。从业人员不服从管理，违反安全生产规章制度和操作规程的，由生产经营单位给予批评教育，依照有关规章制度给予处分；造成重大事故、构成犯罪的，依法追究刑事责任。

(2) 正确佩戴和使用劳动防护用品。生产经营单位提供必要的、安全的劳动防护用品，从业人员应正确佩戴和使用劳动防护用品，这是避免或者减轻作业和事故中的人身伤害的条件，是从业人员人身安全的保障。因此，正确佩戴和使用劳动防护用品是从业人员必须履行的法定义务，这也是保障从业人员人身安全和生产经营单位安全生产的需要。

(3) 接受安全培训，掌握安全生产技能。从业人员的安全生产意识和安全技能的高低，直接关系到生产经营活动的安全可靠性。必须对新招聘、转岗的从业人员进行专门的安全生产教育和业务培训，必须对从业人员定期进行安全生产培训。为了明确从业人员接受培训、提高安全素质的法定义务，《安全生产法》第五十条规定："从业人员应当接受安全生产教育和培训，掌握本职工作所需的安全生产知识，提高安全生产技能，增强事故预防和应急处理能力。"

(4) 发现事故隐患或其他不安全因素及时报告。发现事故隐患并及时报告是贯彻预防为主的方针，加强事前防范的重要措施。从业人员是事故隐患和不安全因素的第一当事人，发现事故隐患和不安全因素后没有及时报告，将会延误采取措施进行紧急处理的时机，错失避免事故的发生和降低事故损失的机会。为此，《安全生产法》第五十一条规定："从业人员发现事故隐患或者其他不安全因素，应当立即向现场安全生产管理人员或者本单位负责人报告；接到报告的人员应当及时予以处理。"

《安全生产法》第一次明确规定了从业人员安全生产的法定义务和责任，具有重要的意义：第一，安全生产是从业人员最基本的义务和责任，从业人员必须具有高度的法律意识。第二，安全生产是从业人员的天职，安全生产义务是所有从业人员必须遵守的行为规范。从业人员必须尽职尽责，严格照章办事，不得违章违规。第三，从业人员如不履行法定义务，必须承担相应的法律责任。第四，安全生产义务的设定，为事故处理及责任追究提供明确的法律依据。

第三节　安全生产相关法律法规

一、《刑法》中有关安全生产的条款

严重的安全生产违法行为构成犯罪的，《中华人民共和国刑法》以下简称《刑法》）规定了相应的刑事责任。

1. 重大责任事故罪

《刑法》第一百三十四条规定，重大责任事故罪是指在生产、作业中违反有关安全管理的规定，或是强令他人违章冒险作业，因而发生重大伤亡事故或者造成其他严重后果的行为。

本罪的构成要件，客体是生产、作业的安全。客观方面表现为违反有关安全管理的规定，因而发生重大伤亡事故或者造成其他严重后果的行为。主体为一般主体，即从事生产、作业的一切人员，包括直接从事生产、作业的人员，生产、作业的指挥人员和生产、作业的技术人员，以及其他人员，也包括对安全事故负有责任的个体、包工头和无证从事生产、作业的人员。主观方面表现为过失，即行为人本应当预见自己的行为将导致发生危害后果，但是由于疏忽大意未能预见，或侥幸认为能够避免，以致发生严重后果。

犯本罪的，处 3 年以下有期徒刑或者拘役；情节特别恶劣的，处 3 年以上 7 年以下有期徒刑。强令他人违章冒险作业，因而发生重大伤亡事故或者造成其他严重后果的，处 5 年以下有期徒刑或者拘役；情节特别恶劣的，处 5 年以上有期徒刑。

2. 重大劳动安全事故罪

《刑法》第一百三十五条规定，重大劳动安全事故罪是指安全生产设施或者安全生产条件不符合国家规定，因而发生重大伤亡事故或者造成其他严重后果的行为。

本罪的构成要件，客体是劳动安全，即劳动者的生命、健康和重大公私财产的安全。客观方面是安全生产设施或者安全生产条件不符合国家规定，因而发生重大伤亡事故或者造成其他严重后果的行为。主体为所有从事生产、经营的自然人、法人及非法人实体直接负责的主管人员和其他直接责任人员，直接负责的主管人员包括生产经营单位的负责人、生产经营的指挥人员、实际控制人、投资人，其他直接责任人员包括对安全生产设施、安全生产条件负有提供、维护、管理职责的人。主观方面为过失，虽明知劳动安全设施不符合国家规定但并不希望事故发生。

犯本罪的，对直接负责的主管人员和其他直接责任人员，处 3 年以下有期徒刑或者拘役；情节特别恶劣的，处 3 年以上 7 年以下有期徒刑。

举办大型群众性活动违反安全管理规定，因而发生重大伤亡事故或者造成其他严重后果的，对直接负责的主管人员和其他直接责任人员，处3年以下有期徒刑或者拘役；情节特别恶劣的，处3年以上7年以下有期徒刑。

3. 危险品肇事罪

《刑法》第一百三十六条规定，危险品肇事罪是指违反爆炸性、易燃性、放射性、毒害性、腐蚀性物品的管理规定，在生产、储存、运输、使用中发生重大事故，造成严重后果的行为。

本罪的构成要件，客体是公共安全，即不特定多数人的生命、健康和重大公私财产的安全。客观方面表现为在生产、储存、运输、使用危险物品过程中，违反危险物品管理规定，发生重大事故，造成严重后果的行为。主体主要是从事生产、保管、运输和使用危险物品的职工，但在一定情况下，也可以是任何公民。主观方面表现为过失，过失是针对所造成的重大事故后果的心理态度而言，违反规章制度往往是明知故犯。

犯本罪的，处3年以下有期徒刑或者拘役；后果特别严重的，处3年以上7年以下有期徒刑。

4. 工程重大安全事故罪

《刑法》第一百三十七条规定，工程重大安全事故罪是指建设单位、设计单位、施工单位、工程监理单位违反国家规定，降低工程质量标准，造成重大安全事故的行为。

本罪的构成要件，客体是人民的财产和生命安全以及国家的建筑管理制度。客观方面表现为违反国家规定，降低工程质量标准，造成重大安全事故的行为。主体为特殊主体，即为单位犯罪。主体只能是建设单位、设计单位或者是施工单位及工程监理单位。本罪在主观方面表现为过失。可以是出于疏忽大意的过失，也可以是过于自信的过失。

犯本罪的，对直接责任人员，处5年以下有期徒刑或者拘役，并处罚金；后果特别严重的，处5年以上10年以下有期徒刑，并处罚金。

5. 消防责任事故罪

《刑法》第一百三十九条规定，消防责任事故罪是指违反消防管理法规，经消防监督机构通知采取改正措施而拒绝执行，造成严重后果的行为。

本罪的构成要件，客体是国家的消防监督制度和公共安全。客观方面表现为违反消防管理法规且经消防监督机构通知采取改正措施而拒绝执行的行为。主体是有关单位的直接责任人员，包括有关单位的负责人、管理人员、从业人员和其他有关人员。主观方面表现为过失。

犯本罪的，处3年以下有期徒刑或者拘役；后果特别严重的，处3年以上7年以下有期徒刑。

另外，《刑法》第一百三十九条规定，在安全事故发生后，负有报告职责的人员不报或者谎报事故情况，贻误事故抢救，情节严重的，处3年以下有期徒刑或者拘役；情节特别严重的，处3年以上7年以下有期徒刑。这里的安全事故并不仅是消防事故，而是指所有安全事故。

6. 铁路运营安全事故罪

《刑法》第一百三十二条规定，铁路运营安全事故罪是指铁路职工违反规章制度，致使发生铁路运营安全事故，造成严重后果的行为。

本罪的构成要件，客体是铁路运营的正常秩序和铁路运营的安全。客观方面表现为在铁路运输活动中违反规章制度，因而发生运营事故、情节严重的行为。主体为铁路职工，从事铁路运营业务与保证列车运营安全有直接关系的人员。主观方面表现为过失，包括疏忽大意的过失和过于自信的过失，至于违反规章制度则可以视为有意的。

犯本罪的，处 3 年以下有期徒刑或者拘役；造成特别严重后果的，处 3 年以上 7 年以下有期徒刑。

7. 交通肇事罪

《刑法》第一百三十三条规定，交通肇事罪是指违反交通运输管理法规，因而发生重大事故，致人重伤、死亡或者使公共财产遭到重大损失的行为。

本罪的构成要件，客体是公共交通运输安全，包括人的生命和健康与公私财产；客观方面表现为违反交通管理法规，以至发生重大交通事故，致人重伤、伤亡或者使公私财产遭受重大损失的行为。犯罪主体是一般主体，既包括从事交通运输的人员，也包括非交通运输人员。主观方面是过失。

犯此罪处 3 年以下有期徒刑或者拘役；交通运输肇事后逃逸或者有其他特别恶劣情节的，处 3 年以上 7 年以下有期徒刑；因逃逸致人死亡的，处 7 年以上有期徒刑。

二、《中华人民共和国消防法》

《中华人民共和国消防法》（以下简称《消防法》）的立法目的是为了预防和减少火灾，保护公民人身、公共财产和公民财产的安全，维护公共安全，保障社会主义现代化建设的顺利进行。

消防工作贯彻预防为主、防消结合的方针，坚持专门机关与群众相结合的原则，实行防火安全责任制。

1. 火灾预防

（1）消防规划。城市人民政府应当将包括消防安全布局、消防站、消防供水、消防通信、消防车通道、消防装备等内容的消防规划纳入城市总体规划，并负责组织有关主管部门实施。公共消防设施、消防装备不足或者不适应实际需要的，应当增建、改建、配置或者进行技术改造。对消防工作，应当加强科学研究，推广、使用先进消防技术、消防装备。

（2）安全位置。生产、储存和装卸易燃易爆危险物品的工厂、仓库和专用车站、码头，必须设置在城市的边缘或者相对独立的安全地带。易燃易爆气体和液体的充装站、供应站、调压站，应当设置在合理的位置，符合防火防爆要求。原有的生产、储存和装卸易燃易爆危险物品的工厂、仓库和专用车站、码头，易燃易爆气体和液体的充装站、供应站、调压站，不符合前款规定的，有关单位应当采取措施，限期加以解决。

（3）建设工程的消防安全。按照国家工程建筑消防技术标准需要进行消防设计的建筑工程，设计单位应当按照国家工程建筑消防技术标准进行设计，建设单位应当将建筑工程的消防设计图及有关资料报送公安消防机构审核；未经审核或者经审核不合格的，建设行政主管部门不得发给施工许可证，建设单位不得施工。经公安消防机构审核的建筑工程消防设计需要变更的，应当报经原审核的公安消防机构核准；未经核准的，任何单位、个人不得变更。按照国家工程建筑消防技术标准进行消防设计的建筑工程竣工时，必须经公安消防机构进行消防验收；未经验收或者经验收不合格的，不得投入使用。

建筑构件和建筑材料的防火性能必须符合国家标准或者行业标准。公共场所室内装修、装饰根据国家工程建筑消防技术标准的规定，应当使用不燃、难燃材料的，必须选用依照产品质量法的规定确定的检验机构检验合格的材料。

（4）公众聚集场所和群众性活动的消防安全。歌舞厅、影剧院、宾馆、饭店、商场、集贸市场等公众聚集的场所，在使用或者开业前，应当向当地公安消防机构申报，经消防安全检查合格后，方可使用或者开业。举办大型集会、焰火晚会、灯会等群众性活动，具有火灾危险的，主办单位应当制定灭火和应急疏散预案，落实消防安全措施，并向公安消防机构申报，经公安消防机构对活动现场进行消防安全检查合格后，方可举办。

城市轨道交通属于公众聚集场所，需要遵守此规定，正式运营前需经公安消防机构申报，经消防安全检查合格。

（5）有关单位的消防安全职责。机关、团体、企业、事业单位应当履行下列消防安全职责：

1）制定消防安全制度、消防安全操作规程。

2）实行防火安全责任制，确定本单位和所属各部门、岗位的消防安全责任人。

3）针对本单位的特点对职工进行消防宣传教育。

4）组织防火检查，及时消除火灾隐患。

5）按照国家有关规定配置消防设施和器材、设置消防安全标志，并定期组织检验、维修，确保消防设施和器材完好、有效。

6）保障疏散通道、安全出口畅通，并设置符合国家规定的消防安全疏散标志。

居民住宅区的管理单位，应当依照前款有关规定，履行消防安全职责，做好住宅区的消防安全工作。

（6）消防重点单位的安全管理。消防安全重点单位除应当履行《消防法》第十四条规定的职责外，还应当履行下列消防安全职责：

1）建立防火档案，确定消防安全重点部位，设置防火标志，实行严格管理。

2）实行每日防火巡查，并建立巡查记录。

3）对职工进行消防安全培训。

4）制定灭火和应急疏散预案，定期组织消防演练。

（7）易燃易爆危险物品及火灾、爆炸危险场所的安全管理。生产、储存、运输、销售或者使用、销毁易燃易爆危险物品的单位、个人，必须执行国家有关消防安全的规定。生产易燃易爆危险物品的单位，对产品应当附有燃点、闪点、爆炸极限等数据的说明书，并且注明防火防爆注意事项。对独立包装的易燃易爆危险物品应当贴附危险品标签。进入生产、储存易燃易爆危险物品的场所，必须执行国家有关消防安全的规定。禁止携带火种进入生产、储存易燃易爆危险物品的场所。禁止非法携带易燃易爆危险物品进入公共场所或者乘坐公共交通工具。储存可燃物资仓库的管理，必须执行国家有关消防安全的规定。

禁止在具有火灾、爆炸危险的场所使用明火；因特殊情况需要使用明火作业的，应当按照规定事先办理审批手续。作业人员应当遵守消防安全规定，并采取相应的消防安全措施。进行电焊、气焊等具有火灾危险的作业的人员和自动消防系统的操作人员，必须持证上岗，并严格遵守消防安全操作规程。

（8）消防产品和电器产品、燃气用具的管理。消防产品的质量必须符合国家标准或者行业标准。禁止生产、销售或者使用未经依照产品质量法的规定确定的检验机构检验合格的消防产品。禁止使用不符合国家标准或者行业标准的配件维修消防设施和器材。公安消防机构及其工作人员不得利用职务为用户指定消防产品的销售单位和品牌。电器产品、燃气用具的质量必须符合国家标准或者行业标准。电器产品、燃气用具的安装、使用和线路、管路的设计、敷设，必须符合国家有关消防安全技术规定。

（9）消防设施、器材的管理。任何单位、个人不得损坏或者擅自挪用、拆除、停用消防设施、器材，不得埋压、圈占消火栓，不得占用防火间距，不得堵塞消防通道。公用和城建等单位在修建道路以及停电、停水、截断通信线路时有可能影响消防队灭火救援的，必须事先通知当地公安消防机构。

2. 消防组织

（1）公安消防队、专职消防队。城市人民政府应当按照国家规定的消防站建设标准建立公安消防队、专职消防队，承担火灾扑救工作。镇人民政府可以根据当地经济发展和消防工作的需要，建立专职消防队、义务消防队，承担火灾扑救工作。公安消防队除保证完成本法规定的火灾扑救工作外，还应当参加其他灾害或者事故的抢险救援工作。

下列单位应当建立专职消防队，承担本单位的火灾扑救工作：

1）核电厂、大型发电厂、民用机场、大型港口。

2）生产、储存易燃易爆危险物品的大型企业。

3）储备可燃的重要物资的大型仓库、基地。

4）上述三项规定以外的火灾危险性较大、距离当地公安消防队较远的其他大型企业。

5）距离当地公安消防队较远的列为全国重点文物保护单位的古建筑群的管理单位。

（2）义务消防队。机关、团体、企业、事业单位以及乡、村，可以根据需要建立由职工或者村民组成的义务消防队。

3. 灭火救援

任何人发现火灾时，都应当立即报警。任何单位、个人都应当无偿为报警提供便利，不得阻拦报警。严禁谎报火警。公共场所发生火灾时，该公共场所的现场工作人员有组织、引导在场群众疏散的义务。发生火灾的单位必须立即组织力量扑救火灾。邻近单位应当给予支援。消防队接到火警后，必须立即赶赴火场，救助遇险人员，排除险情，扑灭火灾。

公安消防队扑救火灾，不得向发生火灾的单位、个人收取任何费用。对参加扑救外单位火灾的专职消防队、义务消防队所损耗的灭火剂和器材、装备等，依照规定予以补偿。

火灾扑灭后，公安消防机构有权根据需要封闭火灾现场，负责调查、认定火灾原因，核定火灾损失，查明火灾事故责任。对于特大火灾事故，国务院或者省级人民政府认为必要时，可以组织调查。火灾扑灭后，起火单位应当按照公安消防机构的要求保护现场，接受事故调查，如实提供火灾事实的情况。

4. 消防安全违法行为应负的法律责任

（1）关于建筑工程和公众聚集场所。有关单位违反《消防法》的规定，有下列行为之一的，责令限期改正；逾期不改正的，责令停止施工、停止使用或者停产停业，可以并处罚款：

1）建筑工程的消防设计未经公安消防机构审核或者经审核不合格，擅自施工的。

2）依法应当进行消防设计的建筑工程竣工时未经消防验收或者经验收不合格，擅自使用的。

3）公众聚集的场所未经消防安全检查或者经检查不合格，擅自使用或者开业的。

（2）关于举办大型群众性活动。有关单位违反《消防法》的规定，擅自举办大型集会、焰火晚会、灯会等群众性活动，具有火灾危险的，公安消防机构应当责令当场改正；当场不能改正的，应当责令停止举办，可以并处罚款。单位有前款行为的，依照前款的规定处罚，并对其直接负责的主管人员和其他直接责任人员处警告或者罚款。

（3）关于建筑构件和建筑材料。违反本法的规定，擅自降低消防技术标准施工、使用防火性能不符合国家标准或者行业标准的建筑构件和建筑材料或者不合格的装修、装饰材料施工的，责令限期改正；逾期不改正的，责令停止施工，可以并处罚款。单位有前款行为的，依照前款的规定处罚，并对其直接负责的主管人员和其他直接责任人员处警告或者罚款。

（4）关于营业性场所及公共场所。机关、团体、企业、事业单位违反本法的规定，未履行消防安全职责的，责令限期改正；逾期不改正的，对其直接负责的主管人员和其他直接责任人员依法给予行政处分或者处警告。

营业性场所有下列行为之一的，责令限期改正；逾期不改正的，责令停产停业，可以并处罚款，并对其直接负责的主管人员和其他直接责任人员处罚款：

1）对火灾隐患不及时消除的。

2）不按照国家有关规定配置消防设施和器材的。

3）不能保障疏散通道、安全出口畅通的。

公共场所发生火灾时，该公共场所的现场工作人员不履行组织、引导在场群众疏散的义务，造成人身伤亡，尚不构成犯罪的，处15日以下拘留。

（5）消防重点单位的法律责任。《消防法》第四十六条、第四十七条、第四十九条规定，对有关单位违反《消防法》规定的违法行为，分别给予责令停止违法行为、警告、罚款或拘留的行政处罚；对直接负责的主管人员和其他直接责任人员给予警告、罚款或拘留。

（6）隐瞒起火原因，推卸责任，故意破坏现场或者伪造现场的法律责任。火灾扑灭后，为隐瞒、掩饰起火原因、推卸责任，故意破坏现场或者伪造现场，尚不构成犯罪的，处警告、罚款或者15日以下拘留。单位有前款行为的，处警告或者罚款，并对直接负责的主管人员和其他直接责任人员依照前款的规定处罚。

（7）公安消防机构的工作人员违法的法律责任。公安消防机构的工作人员在消防工作中滥用职权、玩忽职守、徇私舞弊，给国家和人民利益造成损失，尚不构成犯罪的，依法给予行政处分。构成犯罪的，依法追究刑事责任。

三、《中华人民共和国劳动法》

《中华人民共和国劳动法》（以下简称《劳动法》）的立法目的是为了保护劳动者的合法权益，调整劳动关系，建立和维护适应社会主义市场经济的劳动制度，促进经济发展和社会进步，适用于在中华人民共和国境内的企业、个体经济组织（以下统称用人单位）和与之形成劳动关系的劳动者。国家机关、事业组织、社会团体和与之建立劳动合同关系的劳动者，依照执行。

1. 劳动者的权利与义务

（1）劳动者的权利

1）平等就业和选择职业的权利。劳动者享有平等就业和选择职业的权利是《劳动法》规定的一项重要法律原则。具有劳动能力的公民不仅应享有获得职业的权利，还应享有根据自己的意愿选择适合自己才能和爱好的职业。不因民族、种族、性别、宗教信仰和文化程度的不同而受歧视。

2）享有取得劳动报酬及休息、休假的权利。劳动者付出劳动，依照合同及国家有关规定取得劳动报酬，是劳动者的权利，而及时足额地向劳动者支付工资是用人单位的义务。《劳动法》规定了工资应当以货币的形式支付给劳动者本人，并且不得克扣或无故拖欠工资。

3）享有获得劳动安全卫生保护的权利。用人单位须建立、健全劳动安全卫生制度，严格执行国家劳动安全卫生规程和标准，对劳动者进行劳动安全卫生教育，为劳动者提供符合国家规定的劳动安全卫生条件和必要的劳动防护用品，对从事有职业危害作业的劳动者应当定期进行健康检查，防止劳动过程中的事故，减少职业危害。

4）享有接受职业技能培训的权利。用人单位应当建立职业培训制度，按照国家规定提取和使用职业培训经费，根据本单位实际，有计划地对劳动者进行职业培训。从事技术工种的劳动者，上岗前必须经过培训。从事特种作业的劳动者必须经过专门培训并取得特种作业资格。

5）享受社会保险和福利的权利。国家发展社会保险事业，建立社会保险制度，设立社会保险基金，使劳动者在年老、患病、工伤、失业、生育等情况下获得帮助和补偿。社会保险基金按照保险类型确定资金来源，逐步实行社会统筹。用人单位和劳动者必须依法参加社会保险，缴纳社会保险费。劳动者在退休、患病或负伤、因工伤残或者患职业病、失业、生育的情形下，依法享受社会保险待遇。

6）享有提请劳动争议处理的权利。用人单位与劳动者发生劳动争议，当事人可以依法申请调解、仲裁、提起诉讼，也可以协商解决。劳动争议发生后，当事人可以向本单位劳动争议调解委员会申请调解；调解不成，当事人一方要求仲裁的，可以向劳动争议仲裁委员会申请仲裁。当事人一方也可以直接向劳动争议仲裁委员会申请仲裁。对仲裁裁决不服的，可以向人民法院提起诉讼。

7）法律规定的其他劳动权利。法律规定的其他劳动权利主要包括：依法参加和组织工会的权利，通过职工大会、职工代表大会或者其他形式，参与民主管理或者就保护劳动者合法权益与用人单位进行平等协商；依法解除劳动合同的权利；对用人单位管理人员违章指挥、强令冒险作业，有拒绝执行的权利；对危害生命安全和身体健康的行为，有权提出批评、检举和控告的权利。

（2）劳动者的义务

1）应当完成劳动任务。劳动者应当完成劳动任务，这是劳动者应尽的最主要的义务，是劳动关系范围内的法定的义务，也是强制性的义务。

2）应当提高职业技能。提高职业技能是劳动者完成劳动任务的保证，也是劳动者的义务。劳动者应当努力提高职业技能，提高技术业务水平和实际操作能力，适用岗位工作的需要。

3）应当执行劳动安全卫生规程。执行劳动安全卫生规程，按章操作、按章作业，是保证劳动者人身安全的需要，也是劳动者应当履行的法定义务。

4）应当遵守劳动纪律和职业道德。遵守劳动纪律和职业道德是作为劳动者的起码条件，劳动纪律是劳动者在共同劳动中所必须遵守的劳动规则和秩序。

2. 女职工和未成年工特殊保护

《劳动法》明确规定，国家对女职工和未成年工实行特殊劳动保护。

（1）女职工保护。禁止安排女职工从事矿山井下、国家规定的第四级体力劳动强度的劳动和其他禁忌从事的劳动。不得安排女职工在经期从事高处、低温、冷水作业和国家规定的第三级体力劳动强度的劳动。不得安排女职工在怀孕期间从事国家规定的第三级体力劳动强度的劳动和孕期禁忌从事的劳动。对怀孕7个月以上的女职工，不得安排其延长工作时间和夜班劳动。不得安排女职工在哺乳未满1周岁的婴儿期间从事国家规定的第三级体力劳动强度的劳动和哺乳期禁忌从事的其他劳动，不得安排其延长工作时间和夜班劳动。

（2）未成年工保护。未成年工是指年满16周岁未满18周岁的劳动者。不得安排未成年工从事矿山井下、有毒有害、国家规定的第四级体力劳动强度的劳动和其他禁忌从事的劳动。用人单位应当对未成年工定期进行健康检查。

3. 有关劳动安全卫生监督检查的规定

（1）劳动监察。县级以上各级人民政府劳动行政部门依法对用人单位遵守劳动法律、法规的情况进行监督检查，对违反劳动法律、法规的行为有权制止，并责令改正。

县级以上各级人民政府劳动行政部门监督检查人员执行公务，有权进入用人单位了解执行劳动法律、法规的情况，查阅必要的资料，并对劳动场所进行检查。县级以上各级人民政府劳动行政部门监督检查人员执行公务，必须出示证件，秉公执法并遵守有关规定。

（2）有关部门的监督。县级以上各级人民政府有关部门在各自职责范围内，对用人单位遵守劳动法律、法规的情况进行监督。

（3）工会的监督。各级工会依法维护劳动者的合法权益，对用人单位遵守劳动法律、法规的情况进行监督。任何组织和个人对于违反劳动法律、法规的行为有权检举和控告。

四、《中华人民共和国职业病防治法》

《中华人民共和国职业病防治法》（以下简称《职业病防治法》）的立法目的是为了预防、控制和消除职业病危害，防治职业病，保护劳动者及其相关权益，促进经济发展。职业病防治工作坚持“预防为主、防治结合”的方针。

1. 职业病的范围

《职业病防治法》规定，职业病是指企业、事业单位和个体经济组织（以下统称用人单位）的劳动者在职业活动中，因接触粉尘、放射性物质和其他有毒、有害物质等因素而引起的疾病。职业病的分类和目录由国务院卫生行政部门会同国务院劳动保障行政部门规定、调整并公布。

2. 劳动者职业卫生保护权利

劳动者依法享有职业卫生保护的权利。用人单位应当为劳动者创造符合国家职业卫生标准和卫生要求的工作环境和条件，并采取措施保障劳动者获得职业卫生保护。用人单位必须依法参加工伤社会保险。

对从事接触职业病危害的作业的劳动者，用人单位应当按照国务院卫生行政部门的规定组织上岗前、在岗期间和离岗时的职业健康检查，并将检查结果如实告知劳动者。职业健康检查费用由用人单位承担。

用人单位不得安排未经上岗前职业健康检查的劳动者从事接触职业病危害的作业；不得安排有职业禁忌的劳动者从事其所禁忌的作业；对在职业健康检查中发现有与所从事的职业相关的健康损害的劳动者，应当调离原工作岗位，并妥善安置；对未进行离岗前职业健康检查的劳动者不得解除或者终止与其订立的劳动合同。

用人单位应当为劳动者建立职业健康监护档案，并按照规定的期限妥善保存。职业健康监护档案应当包括劳动者的职业史、职业病危害接触史、职业健康检查结果和职业病诊疗等有关个人健康资料。

劳动者离开用人单位时，有权索取本人职业健康监护档案复印件，用人单位应当如实、无偿提供，并在所提供的复印件上签章。

劳动者享有下列职业卫生保护权利：

第一，获得职业卫生教育、培训。

第二，获得职业健康检查、职业病诊疗、康复等职业病防治服务。

第三，了解工作场所产生或者可能产生的职业病危害因素、危害后果和应当采取的职业病防护措施。

第四，要求用人单位提供符合防治职业病要求的职业病防护设施和个人使用的职业病防护用品，改善工作条件。

第五，对违反职业病防治法律、法规以及危及生命健康的行为提出批评、检举和控告。

第六，拒绝违章指挥和强令进行没有职业病防护措施的作业。

第七，参与用人单位职业卫生工作的民主管理，对职业病防治工作提出意见和建议。

3. 用人单位的职业病防治职责

（1）用人单位应当为劳动者创造符合国家职业卫生标准和卫生要求的工作环境和条件，并采取措施保障劳动者获得职业卫生保护。

（2）用人单位应当建立、健全职业病防治责任制，加强对职业病防治的管理，提高职业病防治水平，对本单位产生的职业病危害承担责任。

（3）用人单位必须依法参加工伤社会保险。

4. 职业病诊断和职业病病人保障

（1）职业病诊断。职业病诊断应当由省级以上人民政府卫生行政部门批准的医疗卫生机构承担。劳动者可以在用人单位所在地或者本人居住地依法承担职业病诊断的医疗卫生机构进行职业病诊断。职业病诊断，应当综合分析病人的职业史、职业病危害接触史和现场危害调查与评价、临床表现以及辅助检查结果等因素。

（2）职业病病人保障。医疗卫生机构发现疑似职业病病人时，应当告知劳动者本人并及时通知用人单位。用人单位应当及时安排对疑似职业病病人进行诊断；在疑似职业病病人诊断或者医学观察期间，不得解除或者终止与其订立的劳动合同。疑似职业病病人在诊断、医学观察期间的费用，由用人单位承担。

职业病病人依法享受国家规定的职业病待遇。用人单位应当按照国家有关规定，安排职业病病人进行治疗、康复和定期检查。用人单位对不适宜继续从事原工作的职业病病人，应当调离原岗位，并妥善安置。用人单位对从事接触职业病危害的作业的劳动者，应当给予适当岗位津贴。职业病病人的诊疗、康复费用，伤残以及丧失劳动能力的职业病病人的社会保障，按照国家有关工伤社会保险的规定执行。

职业病病人除依法享有工伤社会保险外，依照有关民事法律，尚有获得赔偿的权利的，有权向用人单位提出赔偿要求。劳动者被诊断患有职业病，但用人单位没有依法参加工伤社会保险的，其医疗和生活保障由最后的用人单位承担；最后的用人单位有证据证明该职业病是先前用人单位的职业病危害造成的，由先前的用人单位承担。职业病病人变动工作单位，其依法享有的待遇不变。

五、《工伤保险条例》

《工伤保险条例》自 2004 年 1 月 1 日起施行。《工伤保险条例》的立法目的是为了保障因工作遭受事故伤害或者患职业病的职工获得医疗救治和经济补偿，促进工伤预防和职业康复，分散用人单位的工伤风险。

1. 工伤保险及《工伤保险条例》的适用范围

（1）工伤保险

1）具有补偿性。工伤保险是法定的强制性社会保险，是通过对受害人实施医疗救治和给予必要的经济补偿以保障其经济权利的补救措施。从根本上说，它是由政府监管、社保机构经办的社会保障制度，不具有惩罚性。

2）权利主体。工伤保险补偿权利的权利主体是特定的。享有工伤保险权利的主体只限于本企业的职工或者雇工，其他人不能享有这项权利。

3）义务和责任主体。依照《安全生产法》和《工伤保险条例》的规定，生产经营单位和企业有为从业人员上工伤保险、缴纳保险费的义务，生产经营单位和企业是工伤保险的义务和责任主体。

4）保险补偿的原则。工伤保险补偿实行“无责任补偿”即无过错补偿的原则，工伤保险不强调造成工伤的原因、过错及其责任，只要确认职工在法定情形下发生工伤，就依法享有获得经济补偿的权利。

5）补偿风险的承担。按照无责任补偿原则，工伤补偿的第一承担者本应是企业或业主，但工伤保险是以社会共济方式确定补偿风险承担者的，因此不需要企业和业主直接负责补偿，而是将补偿风险转由社保机构承担，由社保机构负责支付工伤保险补偿金。

（2）《工伤保险条例》的适用范围。中华人民共和国境内的各类企业、有雇工的个体工商户（以下称用人单位）应当依照本条例规定参加工伤保险，为本单位全部职工或者雇工（以下称职工）缴纳工伤保险费。中华人民共和国境内的各类企业的职工和个体工商户的雇工，均有依照本条例的规定享受工伤保险待遇的权利。有雇工的个体工商户参加工伤保险的具体步骤和实施办法，由省、自治区、直辖市人民政府规定。

2. 工伤和劳动能力鉴定的规定

（1）工伤范围。《工伤保险条例》第十四条规定，职工有下列情形之一的，应当认定为工伤：

1）在工作时间和工作场所内，因工作原因受到事故伤害的。

2）工作时间前后在工作场所内，从事与工作有关的预备性或者收尾性工作受到事故伤害的。

3）在工作时间和工作场所内，因履行工作职责受到暴力等意外伤害的。

4）患职业病的。

5）因工外出期间，由于工作原因受到伤害或者发生事故下落不明的。

6）在上下班途中，受到机动车事故伤害的。

7）法律、行政法规规定应当认定为工伤的其他情形。

（2）视同工伤。《工伤保险条例》第十五条规定，职工有下列情形之一的，视同工伤：

1）在工作时间和工作岗位，突发疾病死亡或者在48小时之内经抢救无效死亡的。

2）在抢险救灾等维护国家利益、公共利益活动中受到伤害的。

3）职工原在军队服役，因战、因公负伤致残，已取得革命伤残军人证，到用人单位后旧伤复发的。

职工有前款第一项、第二项情形的，按照本条例的有关规定享受工伤保险待遇；职工有前款第三项情形的，按照本条例的有关规定享受除一次性伤残补助金以外的工伤保险待遇。

《工伤保险条例》规定，因犯罪或者违反治安管理伤亡的、醉酒导致伤亡的、自残或者自杀的，不得认定为工伤或者视同工伤。

3. 工伤认定申请

职工发生事故伤害或者按照职业病防治法规定被诊断、鉴定为职业病，所在单位应当自事故伤害发生之日或者被诊断、鉴定为职业病之日起30日内，向统筹地区劳动保障行政部门提出工伤认定申请。遇有特殊情况，经报劳动保障行政部门同意，申请时限可以适当延长。

用人单位未按上述规定提出工伤认定申请的，工伤职工或者其直系亲属、工会组织在事故伤害发生之日或者被诊断、鉴定为职业病之日起1年内，可以直接向用人单位所在地统筹地区劳动保障行政部门提出工伤认定申请。职工或者其直系亲属认为是工伤，用人单位不认为是工伤的，由用人单位承担举证责任。

提出工伤认定申请的，应当提交工伤认定申请表、与用人单位存在劳动关系（包括事实劳动关系）的证明材料、医疗诊断证明或者职业病诊断证明书（或者职业病诊断鉴定书）。工伤认定申请表应当包括事故发生的时间、地点、原因以及职工伤害程度等基本情况。

4. 劳动能力鉴定

职工发生工伤，经治疗伤情相对稳定后存在残疾、影响劳动能力的，应当进行劳动能力鉴定。劳动能力鉴定是指劳动功能障碍程度和生活自理障碍程度的等级鉴定。劳动功能障碍分为十个伤残等级，最重的为一级，最轻的为十级。生活自理障碍分为三个等级：生活完全不能自理、生活大部分不能自理和生活部分不能自理。劳动能力鉴定标准由国务院劳动保障行政部门会同国务院卫生行政部门等部门制定。

六、《生产安全事故报告和调查处理条例》

《生产安全事故报告和调查处理条例》（国务院第 493 号令）于 2007 年 4 月 9 日公布，于 2007 年 6 月 1 日施行。

1. 制定条例目的和依据

制定《生产安全事故报告和调查处理条例》的目的是，规范生产安全事故的报告和调查处理，落实安全生产责任追究制度，防止和减少生产安全事故发生。

制定《生产安全事故报告和调查处理条例》的依据为《安全生产法》和有关法律。在《安全生产法》的第七十三条明确规定：事故调查和处理的具体办法由国务院制定。此外，现行有产安全生产的其他法律如《消防法》《道路交通安全法》等有关事故报告和调查处理的规定，也是立法的依据。

2. 适用范围

首先，适用于生产经营活动中的生产安全事故的报告和调查处理，不属于生产安全事故的社会事件、自然灾害事故、医疗事故等的报告和调查处理，不适用本条例。

其次，事故必须造成人身伤亡或一定的直接经济损失，如果没有造成人身伤亡或直接经济损失，不适用本条例。

此外，不适用于环境污染事故、核设施事故、国防科研生产事故的报告和调查处理，因为此三类事故的技术性、专业性或保密性比较强，其报告和调查处理有特殊性，而且有的已经有比较成熟的做法或相关法律法规已作出了规定。

3. 生产安全事故等级划分

根据生产安全事故造成的人员伤亡或者直接经济损失，事故一般分为以下等级：

（1）特别重大事故。是指造成 30 人以上死亡，或者 100 人以上重伤（包括急性工业中毒，下同），或者 1 亿元以上直接经济损失的事故。

（2）重大事故。是指造成 10 人以上 30 人以下死亡，或者 50 人以上 100 人以下重伤，或者 5 000 万元以上 1 亿元以下直接经济损失的事故。

（3）较大事故。是指造成 3 人以上 10 人以下死亡，或者 10 人以上 50 人以下重伤，或者 1 000 万元以上 5 000 万元以下直接经济损失的事故。

（4）一般事故。是指造成 3 人以下死亡，或者 10 人以下重伤，或者 1 000 万元以下直接经济损失的事故。

国务院安全生产监督管理部门可以会同国务院有关部门，制定事故等级划分的补充性规定。所称的“以上”包括本数，所称的“以下”不包括本数。

4. 事故报告

事故报告应当及时、准确、完整，任何单位和个人对事故不得迟报、漏报、谎报或者瞒报。

(1) 事故现场有关人员和单位负责人报告事故的规定。事故发生后，事故现场有关人员应当立即向本单位负责人报告；单位负责人接到报告后，应当于 1 h 内向事故发生地县级以上人民政府安全生产监督管理部门和负有安全生产监督管理职责的有关部门报告。情况紧急时，事故现场有关人员可以直接向事故发生地县级以上人民政府安全生产监督管理部门和负有安全生产监督管理职责的有关部门报告。

(2) 安全生产监督管理部门和负有安全生产监督管理职责的有关部门报告事故的规定。安全生产监督管理部门和负有安全生产监督管理职责的有关部门接到事故报告后，应当依照下列规定上报事故情况，并通知公安机关、劳动保障行政部门、工会和人民检察院：

1) 特别重大事故、重大事故逐级上报至国务院安全生产监督管理部门和负有安全生产监督管理职责的有关部门。

2) 较大事故逐级上报至省、自治区、直辖市人民政府安全生产监督管理部门和负有安全生产监督管理职责的有关部门。

3) 一般事故上报至设区的市级人民政府安全生产监督管理部门和负有安全生产监督管理职责的有关部门。

安全生产监督管理部门和负有安全生产监督管理职责的有关部门依照前款规定上报事故情况，应当同时报告本级人民政府。国务院安全生产监督管理部门和负有安全生产监督管理职责的有关部门以及省级人民政府接到发生特别重大事故、重大事故的报告后，应当立即报告国务院。必要时，安全生产监督管理部门和负有安全生产监督管理职责的有关部门可以越级上报事故情况。

安全生产监督管理部门和负有安全生产监督管理职责的有关部门逐级上报事故情况，每级上报的时间不得超过 2 h。

(3) 报告事故的内容。报告事故应当包括下列内容：

1) 事故发生单位概况。

2) 事故发生的时间、地点以及事故现场情况。

3) 事故的简要经过。

4) 事故已经造成或者可能造成的伤亡人数（包括下落不明的人数）和初步估计的直接经济损失。

5) 已经采取的措施。

6）其他应当报告的情况。

事故报告后出现新情况的，应当及时补报。

5. 事故的应急救援及现场保护

（1）事故应急救援。事故发生单位负责人接到事故报告后，应当立即启动事故相应应急预案，或者采取有效措施，组织抢救，防止事故扩大，减少人员伤亡和财产损失。

事故发生地有关地方人民政府、安全生产监督管理部门和负有安全生产监督管理职责的有关部门接到事故报告后，其负责人应当立即赶赴事故现场，组织事故救援。

（2）事故现场保护。事故发生后，有关单位和人员应当妥善保护事故现场以及相关证据，任何单位和个人不得破坏事故现场、毁灭相关证据。因抢救人员、防止事故扩大以及疏通交通等原因，需要移动事故现场物件的，应当做出标志，绘制现场简图并做出书面记录，妥善保存现场重要痕迹、物证。

6. 事故调查

（1）事故调查权。特别重大事故由国务院或者国务院授权有关部门组织事故调查组进行调查。重大事故、较大事故、一般事故分别由事故发生地省级人民政府、设区的市级人民政府、县级人民政府负责调查。省级人民政府、设区的市级人民政府、县级人民政府可以直接组织事故调查组进行调查，也可以授权或者委托有关部门组织事故调查组进行调查。未造成人员伤亡的一般事故，县级人民政府可以委托事故发生单位组织事故调查组进行调查。

（2）事故调查组

1）事故调查组的组成。事故调查组的组成应当遵循精简、效能的原则。根据事故的具体情况，事故调查组由有关人民政府、安全生产监督管理部门、负有安全生产监督管理职责的有关部门、监察机关、公安机关以及工会派人组成，并应当邀请人民检察院派人参加。事故调查组可以聘请有关专家参与调查。事故调查组成员应当具有事故调查所需要的知识和专长，并与所调查的事故没有直接利害关系。

事故调查组组长由负责事故调查的人民政府指定。事故调查组组长主持事故调查组的工作。

2）事故调查组的职责。事故调查组的职责包括，查明事故发生的经过、原因、人员伤亡情况及直接经济损失；认定事故的性质和事故责任；提出对事故责任者的处理建议；总结事故教训，提出防范和整改措施；提交事故调查报告。

事故调查组成员在事故调查工作中应当诚信公正、恪尽职守，遵守事故调查组的纪律，保守事故调查的秘密。未经事故调查组组长允许，事故调查组成员不得擅自发布有关事故的信息。

7. 事故调查报告

事故调查组应当自事故发生之日起 60 日内提交事故调查报告；特殊情况下，经负责事故调查的人民政府批准，提交事故调查报告的期限可以适当延长，但延长的期限最长不超过

60 日。

事故调查报告应当包括下列内容：

（1）事故发生单位概况。

（2）事故发生经过和事故救援情况。

（3）事故造成的人员伤亡和直接经济损失。

（4）事故发生的原因和事故性质。

（5）事故责任的认定以及对事故责任者的处理建议。

（6）事故防范和整改措施。

事故调查报告应当附具有关证据材料。事故调查组成员应当在事故调查报告上签名。事故调查报告报送负责事故调查的人民政府后，事故调查工作即告结束。事故调查的有关资料应当归档保存。

8. 事故处理

重大事故、较大事故、一般事故，负责事故调查的人民政府应当自收到事故调查报告之日起 15 日内做出批复；特别重大事故，30 日内做出批复，特殊情况下，批复时间可以适当延长，但延长的时间最长不超过 30 日。有关机关应当按照人民政府的批复，依照法律、行政法规规定的权限和程序，对事故发生单位和有关人员进行行政处罚，对负有事故责任的国家工作人员进行处分。事故发生单位应当按照负责事故调查的人民政府的批复，对本单位负有事故责任的人员进行处理。负有事故责任的人员涉嫌犯罪的，依法追究刑事责任。

事故发生单位应当认真吸取事故教训，落实防范和整改措施，防止事故再次发生。防范和整改措施的落实情况应当接受工会和职工的监督。安全生产监督管理部门和负有安全生产监督管理职责的有关部门应当对事故发生单位落实防范和整改措施的情况进行监督检查。

事故处理的情况由负责事故调查的人民政府或者其授权的有关部门、机构向社会公布，依法应当保密的除外。

9. 法律责任

（1）事故单位。事故发生单位对事故发生负有责任的，依照下列规定处以罚款：

1）发生一般事故的，处 10 万元以上 20 万元以下的罚款。

2）发生较大事故的，处 20 万元以上 50 万元以下的罚款。

3）发生重大事故的，处 50 万元以上 200 万元以下的罚款。

4）发生特别重大事故的，处 200 万元以上 500 万元以下的罚款。

事故发生单位对事故发生负有责任的，由有关部门依法暂扣或者吊销其有关证照；对事故发生单位负有事故责任的有关人员，依法暂停或者撤销其与安全生产有关的执业资格、岗位证书；事故发生单位主要负责人受到刑事处罚或者撤职处分的，自刑罚执行完毕或者受处分之日起，5 年内不得担任任何生产经营单位的主要负责人。

（2）事故单位有关人员

1）事故发生后，单位主要负责人不立即组织事故抢救、迟报或者漏报事故或在事故调查处理期间擅离职守的，处上一年年收入 40%～80%的罚款；属于国家工作人员的，并依法给予处分；构成犯罪的，依法追究刑事责任。

2）事故发生单位主要负责人未依法履行安全生产管理职责，导致事故发生的处以下罚款；属于国家工作人员的，并依法给予处分；构成犯罪的，依法追究刑事责任。

①发生一般事故的，处上一年年收入 30%的罚款。

②发生较大事故的，处上一年年收入 40%的罚款。

③发生重大事故的，处上一年年收入 60%的罚款。

④发生特别重大事故的，处上一年年收入 80%的罚款。

3）事故发生单位及其有关人员有下列行为之一的，对事故发生单位处 100 万元以上 500 万元以下的罚款；对主要负责人、直接负责的主管人员和其他直接责任人员处上一年年收入 60%～100%的罚款；属于国家工作人员的，并依法给予处分；构成违反治安管理行为的，由公安机关依法给予治安管理处罚；构成犯罪的，依法追究刑事责任。

①谎报或者瞒报事故的。

②伪造或者故意破坏事故现场的。

③转移、隐匿资金、财产，或者销毁有关证据、资料的。

④拒绝接受调查或者拒绝提供有关情况和资料的。

⑤在事故调查中作伪证或者指使他人作伪证的。

⑥事故发生后逃匿的。

第四节 城市轨道交通安全相关法律法规及规章

一、《城市轨道交通运营管理办法》

为了加强城市轨道交通运营管理，保证城市轨道交通正常、安全运营，维护城市轨道交通运营秩序，保障乘客和城市轨道交通运营者的合法权益，原建设部制定了《城市轨道交通运营管理办法》，并于 2005 年 3 月 1 日经第 53 次部常务会议讨论通过发布，自 2005 年 8 月 1 日起施行。

城市轨道交通，是指城市公共交通系统中大运量的城市地铁、轻轨等城市轨道公共客运系统。《城市轨道交通运营管理办法》适用于城市轨道交通的运营及相关的管理活动。

1. 运营管理

（1）工程及安全设施验收的规定。新建城市轨道交通工程竣工后，应当进行工程初验；初验合格的，可以进行试运行；试运行合格，并具备基本运营条件的，可以进行试运营。城市轨道交通工程竣工，按照国家有关规定验收，并报有关部门备案。经验收合格后，方可交付正式运营。

安全设施不符合有关国家标准的新建、改建、扩建城市轨道交通工程项目，不得投入运营。

(2) 运营单位保障正常安全运营的规定。城市轨道交通运营单位应当按照国家有关规定和特许经营协议，制定城市轨道交通运营服务规则和设施保养维护办法，保证城市轨道交通的正常、安全运营。

城市轨道交通运营单位应当为乘客提供安全便捷的客运服务，保证车站、车厢整洁，出入口、通道畅通，保持安全、消防、疏散导向等标志醒目。

城市轨道交通运营单位的驾驶员、调度员、行车值班员等岗位的工作人员应当经培训合格后，持证上岗。城市轨道交通运营单位应当在车站配备急救箱，车站工作人员应当掌握必要的急救知识和技能。

(3) 发生故障运营单位应急处理的规定。城市轨道交通运营过程中发生故障而影响运行的，城市轨道交通运营单位应当及时组织乘客疏散，并尽快排除故障，恢复运行。一时无法恢复运行的，城市轨道交通运营单位应当及时报告城市人民政府城市轨道交通主管部门。

城市轨道交通因故不能正常运行的，乘客有权持有效车票要求城市轨道交通运营单位按照单程票价退还票款。

(4) 禁止乘客危害城市轨道交通正常运营和安全行为。《城市轨道交通运营管理办法》规定，禁止下列危害城市轨道交通正常运营的行为：

1) 在车厢内吸烟、随地吐痰、便溺、吐口香糖、乱扔果皮、纸屑等废弃物。

2) 在车站、站台、站厅、出入口、通道停放车辆、堆放杂物或者擅自摆摊设点堵塞通道。

3) 擅自进入轨道、隧道等禁止进入的区域。

4) 攀爬、跨越围墙、护栏、护网、门闸。

5) 强行上下列车。

6) 在车厢或者城市轨道交通设施上乱写、乱画、乱张贴。

7) 携带宠物乘车。

8) 危害城市轨道交通运营和乘客安全的其他行为。

9) 乘客携带易燃、易爆、有毒和放射性、腐蚀性的危险品乘车。

城市轨道交通运营单位可以对乘客携带的物品进行安全检查，对携带危害公共安全的危险品的乘客，应当责令出站；拒不出站的，移送公安部门依法处理。

(5) 乘客投诉的规定。城市人民政府城市轨道交通主管部门和城市轨道交通运营单位应当建立投诉受理制度，接受乘客对违反运营规定和服务规则的行为的投诉。

城市轨道交通运营单位应当自受理投诉之日起 10 个工作日内做出答复。乘客对答复有异议的，可以向城市人民政府城市轨道交通主管部门投诉，城市人民政府城市轨道交通主管部门应当自受理乘客投诉之日起，10 个工作日内做出答复。

2. 安全管理

（1）运营单位的安全管理责任。城市轨道交通运营单位应当依法承担城市轨道交通运营安全责任，设置安全生产管理机构，配备专职安全生产管理人员，保证安全生产条件所必需的资金投入。

城市轨道交通运营单位应当按照反恐、消防管理、事故救援等有关规定，在城市轨道交通设施内，设置报警、灭火、逃生、防汛、防爆、防护监视、紧急疏散照明、救援等器材和设备，定期检查、维护，按期更新，并保持完好。

城市轨道交通运营单位负责城市轨道交通设施的管理和维护，定期对土建工程、车辆和运营设备进行维护、检查，及时维修更新，确保其处于安全状态。检查和维修记录应当保存至土建工程、车辆和运营设备的使用期限到期。

城市轨道交通运营单位应当组织对城市轨道交通关键部位和关键设备的长期监测工作，评估城市轨道交通运行对土建工程的影响，定期对城市轨道交通进行安全性评价，并针对薄弱环节制定安全运营对策。

在发生地震、火灾等重大灾害后，城市轨道交通运营单位应当对城市轨道交通进行安全性检查，经检查合格后，方可恢复运营。

城市轨道交通运营单位应当采取多种形式向乘客宣传安全乘运的知识和要求。

（2）控制保护区及安全防护。《城市轨道交通运营管理办法》规定地下车站与隧道周边外侧 50 m 内、地面和高架车站以及线路轨道外边线外侧 30 m 内和出入口、通风亭、变电站等建筑物、构筑物外边线外侧 10 m 内均为城市轨道交通控制保护区。

在控制保护区内进行下列作业的，作业单位应当制定安全防护方案，在征得运营单位同意后，依法办理有关行政许可手续，作业穿过地铁下方时，安全防护方案还应当经专家审查论证；运营单位在不停运的情况下对城市轨道交通进行扩建、改建和设施改造的，应当制订安全防护方案，并报城市人民政府城市轨道交通主管部门备案。

1）新建、扩建、改建或者拆除建筑物、构筑物。

2）敷设管线、挖掘、爆破、地基加固、打井。

3）在过江隧道段挖沙、疏浚河道。

4）其他大面积增加或减少载荷的活动。

（3）危害城市轨道交通设施的行为

1）非紧急状态下动用应急装置。

2）损坏车辆、隧道、轨道、路基、车站等设施设备。

3）损坏和干扰机电设备、电缆、通信信号系统。

4）污损安全、消防、疏散导向、站牌等标志及防护监视等设备。

5）危害城市轨道交通设施的其他行为。

3. 应急管理

（1）制定应急预案的规定。城市人民政府城市轨道交通主管部门应当会同有关部门制定处理突发事件的应急预案；城市轨道交通运营单位应当根据实际运营情况制定地震、火灾、浸水、停电、反恐、防爆等分专题的应急预案，建立应急救援组织，配备救援器材设备，并定期组织演练。

（2）应急处置。城市轨道交通运营中发生安全事故，城市人民政府城市轨道交通主管部门、城市轨道交通运营单位应当依据应急预案进行处置。

当发生地震、火灾或者其他突发事件时，城市轨道交通运营单位和工作人员应当立即报警和疏散人员，并采取相应的紧急救援措施。

城市轨道交通车辆地面行驶中遇到沙尘、冰雹、雨、雪、雾、结冰等影响运营安全的气象条件时，城市轨道交通运营单位应当启动应急预案，并按照操作规程进行安全处置。

遇有城市轨道交通客流量激增危及安全运营的紧急情况，城市轨道交通运营单位应当采取限制客流量的临时措施，确保运营安全。

（3）停运公告。遇有自然灾害、恶劣气象条件或者发生突发事件等严重影响城市轨道交通安全的情形，并且无法采取措施保证安全运营时，运营单位可以停止线路运营或者部分路段运营，但是应当提前向社会公告，并报告城市人民政府城市轨道交通主管部门。

（4）人员伤亡处理的规定。城市轨道交通运营中发生人员伤亡事故，应当按照先抢救受伤者、及时排除故障、恢复正常运行，后处理事故的原则处理，并按照国家有关规定及时向有关部门报告；城市人民政府城市轨道交通主管部门、城市轨道交通运营单位应当配合公安部门及时对现场进行勘察、检验，依法进行现场处理。

城市轨道交通运营过程中发生乘客伤亡的，城市轨道交通运营单位应当依法承担相应的损害赔偿责任；能够证明伤亡人员故意或者自身健康原因造成的除外。

4. 法律责任

（1）城市轨道交通运营单位的法律责任。运营单位未执行价格主管部门依法确定的票价的，由价格主管部门按照价格法律法规的规定依法处罚。

运营单位未保证车站、车厢整洁，出入口、通道畅通，保持安全、消防、疏散导向等标志醒目的，或安排未经培训合格的工作人员上岗或者未在车站配备急救箱的，由城市人民政府城市轨道交通主管部门责令限期改正，并可处以 5 000 元以下罚款：

在发生运营故障时未及时组织乘客疏散的，由城市人民政府城市轨道交通主管部门给予警告，并处以 5 000 元以下罚款。

城市轨道交通运营单位对轨道交通进行扩建、改建和设施改造时，未制定安全防护方案的，由城市人民政府城市轨道交通主管部门给予警告，责令限期改正，并可处以 1 万元以上 3 万元以下罚款；造成损失的，依法承担赔偿责任；情节严重，构成犯罪的，依法追究刑事责任。

城市轨道交通运营单位有下列行为之一的，由城市人民政府城市轨道交通主管部门给予警告，责令限期改正，并可处以1万元以下罚款。

1）未设置报警、灭火、逃生、防汛、防爆、防护监视、紧急疏散照明、救援等器材和设备，并保持完好的。

2）未按照规定建立应急预案的。

3）未按照规定定期检查和及时维护城市轨道交通设施的。

4）遇有恶劣气象条件时，未按照应急预案和操作规程进行处置的。

5）在客流量急增危及安全运营时，未采取限制客流量的临时措施的。

6）停止运营时，未提前向社会公告和报告主管部门的。

7）发生安全事故时，未按照应急预案进行处置的。

（2）作业单位的法律责任。在城市轨道交通控制保护区内进行作业的作业单位未制定安全防护方案，或者未征得城市轨道交通运营单位同意的，由城市人民政府城市轨道交通主管部门给予警告，责令限期改正，并可处以1万元以上3万元以下罚款；造成损失的，依法承担赔偿责任；情节严重，构成犯罪的，依法追究刑事责任。

（3）个人或者单位危害城市轨道交通的法律责任。个人或者单位影响城市轨道交通安全正常运营的，由城市人民政府城市轨道交通主管部门责令改正，并可处以50元以上500元以下罚款。

个人或者单位危害城市轨道交通设施的行为，影响城市轨道交通安全的，对个人处以500元以上1 000元以下罚款，对单位处以1 000元以上5 000元以下罚款；造成损失的，依法承担赔偿责任。

（4）城市人民政府城市轨道交通主管部门工作人员的法律责任。城市人民政府城市轨道交通主管部门工作人员玩忽职守、滥用职权、徇私舞弊的，由其所在单位依法给予行政处分；构成犯罪的，依法追究刑事责任。

二、城市轨道交通管理条例

为了规范城市轨道交通管理，保障城市轨道交通建设的顺利进行和安全运营，维护乘客的合法权益，根据有关法律、法规，北京市、上海市和广州市等城市已制定了轨道交通管理条例，一般包括总则、规划与建设、设施保护、运营管理、设施管理、安全与应急管理、法律责任、附则等内容。根据轨道交通管理条例，部分城市政府还制定轨道交通运营安全管理规定和城市轨道交通乘坐守则等，对城市轨道交通的运营安全及其相关的管理活动、城市轨道交通乘坐规则进行规定。

现以《广州市城市轨道交通管理条例》为例，介绍城市轨道交通管理条例的主要内容。

1. 总则

总则一般规定了条例的制定目的、适用范围、遵循原则、主管部门等内容。

(1) 制定条例的目的。制定条例的目的是为了规范城市轨道交通管理，保障城市轨道交通建设的顺利进行和安全运营，维护乘客的合法权益。

(2) 适用范围。条例适用于本市行政区域内城市轨道交通的规划、建设、运营及相关的管理活动。

城市轨道交通，是指地铁、轻轨等城市快速轨道公共客运系统。城市轨道交通设施包括城市轨道交通的路基、轨道、隧道、高架道路（含桥梁）、车站（含出入口、通道）、通风亭、车辆段及控制中心、站场、车辆、机电设备、供电系统、通信信号系统及其附属设施等。

(3) 遵循原则。城市轨道交通应当遵循统一规划、安全运营、规范服务的原则。

(4) 主管部门。市建设行政主管部门主管本市城市轨道交通的行政管理，城市轨道交通经营单位由市人民政府依法确定。

2. 建设管理

市发展改革行政管理部门和市财政部门负责政府投资的城市轨道交通建设资金的筹集和管理。市城市规划行政管理部门负责组织编制城市轨道交通规划。

城市轨道交通工程建设应当遵守有关建设安全管理的法律、法规，符合技术标准和规范的要求，建立并执行建设过程动态安全监测制度。

3. 设施保护

(1) 控制保护区。城市轨道交通沿线设立城市轨道交通控制保护区，其范围包括以下几项：

1) 地下车站与隧道结构外边线外侧 50 m 内。

2) 地面和高架车站以及线路轨道结构外边线外侧 30 m 内。

3) 出入口、通风亭、车辆段、控制中心、变电站、集中供冷站等建（构）筑物结构外边线外侧 10 m 内。

4) 城市轨道交通过江隧道两侧各 100 m 范围内。

控制保护区的具体范围，由城市轨道交通经营单位提出方案经规划行政管理部门审核后，报市人民政府批准并公布。

(2) 城市轨道交通控制保护区内进行下列活动的，有关行政管理部门依照法律、法规进行行政许可时，应当书面征求城市轨道交通经营单位的意见，城市轨道交通经营单位应当在有关行政管理部门规定的期限内给予书面答复：

1) 建造、拆卸建（构）筑物。

2) 取土、地面堆载、基坑开挖、爆破、桩基础施工、顶进、灌浆、锚杆作业。

3) 修建塘堰、开挖河道水渠、采石挖砂、打井取水。

4）敷设管线或者设置跨线等架空作业。

5）在过江隧道段疏浚河道。

6）其他可能危害城市轨道交通设施的作业。

作业单位在城市轨道交通控制保护区内进行建造、拆卸建（构）筑物的，应当会同城市轨道交通经营单位制定城市轨道交通设施保护方案。

城市轨道交通经营单位可以进入作业单位的施工现场查看，发现作业单位的施工活动危及或者可能危及城市轨道交通设施安全的，可以要求作业单位停止作业并采取相应的安全措施。作业单位拒不采纳的，城市轨道交通经营单位应当报告市建设行政主管部门。

禁止损害、毁坏城市轨道交通设施。

4. 运营管理

（1）经营单位的运营管理责任。城市轨道交通经营单位应当建立健全管理制度、制定城市轨道交通运营服务规范，做好城市轨道交通设施的检查维护工作，确保其正常运行和使用，为乘客提供安全、便捷的客运服务。

城市轨道交通经营单位应当保持出入口、通道的畅通，设置安全、消防、疏散等各类指引导向标志。城市轨道交通经营单位应当在车站醒目位置公布首末班车行车时间、列车运行状况提示和换乘指示。列车因故延误或者调整首末班车行车时间的，应当及时向乘客告示。

城市轨道交通经营单位应当建立公共卫生管理制度，健全卫生档案，落实卫生管理措施，保持车站、车厢的整洁卫生，保证车站、车厢等公共场所的空气质量和卫生状况符合国家卫生标准。落实污染防治措施，减少地面线路列车运营时的噪声污染。

对从事轨道交通驾驶、调度等岗位的工作人员和参与救援的工作人员进行培训和考核。

城市轨道交通经营单位应当履行下列维护城市轨道交通治安保卫和消防的义务：

1）组织治安和消防安全检查，及时发现和消除安全隐患。

2）预防危害公共安全和扰乱轨道交通治安秩序的行为。

3）对在城市轨道交通范围内的治安违法犯罪行为进行制止，并及时报告公安部门。

4）依法应当履行的其他治安、消防防范义务。

在城市轨道交通设施范围内拍摄电影、电视剧或者广告等，应当经城市轨道交通经营单位同意。

（2）乘客乘车规定。乘客应当持有效车票乘车。无票、持无效车票或者逃票乘车的，由城市轨道交通经营单位按出闸站线网单程最高票价收取票款。城市轨道交通因故障不能正常运行的，乘客有权持有效车票要求城市轨道交通经营单位按照当次购票金额退还票款。乘客乘坐城市轨道交通，应当遵守城市轨道交通乘坐守则。城市轨道交通乘坐守则由行政主管部门制定并公布。

1）禁止下列影响城市轨道交通运营秩序的行为：

①非法拦截列车、阻断运输。

②擅自进入轨道、隧道或者其他有警示标志的区域。

③攀爬或者翻越围墙、栏杆、闸机、机车等。

④强行上下车。

⑤不按规定购票乘车，经城市轨道交通经营单位追索后仍拒付票款。

⑥其他影响城市轨道交通运营秩序的行为。

2）禁止下列影响城市轨道交通公共场所容貌、环境卫生的行为：

①在车站、站台或者其他城市轨道交通设施内停放车辆、堆放杂物、摆设摊档或者未经许可派发印刷品。

②在车站、站台、列车或者其他城市轨道交通设施内随地吐痰、便溺、吐口香糖、乱扔果皮、纸屑等废弃物。

③在车厢或者其他城市轨道交通设施上乱刻、乱写、乱画、乱张贴、悬挂物品。

④携带宠物、家禽等动物乘车。

⑤在禁止吸烟区域内吸烟。

⑥在车站、站台或者其他城市轨道交通设施内乞讨、卖艺、捡拾垃圾。

⑦其他影响城市轨道交通公共场所容貌、环境卫生的行为。

5. 安全与应急管理

（1）经营单位运营安全生产管理。城市轨道交通经营单位应当依法承担城市轨道交通运营安全生产责任，应当设立安全生产管理机构，配备专职安全生产管理人员，保证安全生产所必需的资金投入。严格按照消防管理、事故救援的规定，在城市轨道交通车站及车厢内按国家相关标准配置灭火、报警、救援、疏散照明、逃生、防爆、防毒、防护监视等器材和设备，并定期检查、维护、更新，保证其完好和有效。

城市轨道交通经营单位应当在城市轨道交通沿线采取技术保护和监测措施，评估城市轨道交通运行对车站、隧道、高架道路（含桥梁）等建（构）筑物的影响，定期对城市轨道交通进行安全性检查和评价，发现隐患的，应当及时消除。

城市轨道交通经营单位应当以方便乘客了解的方式在车站明示常见危险品的目录。城市轨道交通经营单位可以对乘客携带的物品进行运输安全检查。

（2）禁止危害城市轨道交通安全的行为。禁止携带易燃、易爆、有毒、放射性、腐蚀性等危险品进入城市轨道交通设施。

禁止下列危害城市轨道交通安全的行为：

1）擅自操作有警示标志的按钮、开关装置，非紧急状态下动用紧急或者安全装置。

2）擅自移动、遮盖安全消防警示标志、疏散导向标志、测量设施以及安全防护设备。

3）在轨道上放置、丢弃障碍物，向城市轨道交通列车、机车、维修工程车等设施投掷物品。

4）在城市轨道交通的地面线路轨道上擅自铺设平交道口、平交人行道。

5）损坏轨道、隧道、车站、车辆、电缆、机电设备、路基、护坡、排水沟等设施。

6）在城市轨道交通过江隧道控制保护区内的水域抛锚、拖锚。

7）在城市轨道交通地面线路或者高架线路轨道两侧修建妨碍行车了望的建（构）筑物或者种植妨碍行车了望的树木。

8）故意干扰城市轨道交通专用通信频率。

9）其他危害城市轨道交通安全的行为。

（3）经营单位运营应急管理。因城市轨道交通设施发生故障而影响运行时，城市轨道交通经营单位应当及时排除故障，尽快恢复运营。暂时无法恢复运营的，城市轨道交通经营单位应当组织乘客疏散和换乘。因节假日、大型群众活动等原因引起客流量上升的，城市轨道交通经营单位应当及时增加运力，疏导乘客。在城市轨道交通客流量激增，严重影响运营秩序，可能危及运营安全的情况下，城市轨道交通经营单位可以采取限制客流的临时措施。

市人民政府应当制定轨道交通运营突发事件应急预案。城市轨道交通经营单位应当制定运营突发事件先期应急处置方案，并建立应急救援组织，配备救援器材设备，定期组织演练。城市轨道交通经营单位制定的运营突发事件先期应急处置方案应当报市人民政府备案。

轨道交通运营发生自然灾害、安全事故或者其他突发事件时，市城市轨道交通经营单位应当按照先期应急处置方案组织力量迅速开展应急抢险救援，疏散乘客，防止事故扩大，减少人员伤亡和财产损失，同时报告政府有关部门。乘客应当服从城市轨道交通经营单位工作人员的指挥。

市人民政府相关部门以及电力、通信、供水、公交等单位应当按照应急预案的规定进行抢险救援和应急保障，协助城市轨道交通经营单位尽快恢复运营。

城市轨道交通运营中发生安全生产事故的，事故调查结论和事故责任由安全生产监督行政管理部门依照国家、省、市有关规定进行认定。

城市轨道交通运营中发生人身伤亡事故，按照先抢救受伤者，及时排除障碍，恢复正常运行，后处理事故的原则处理。城市轨道交通经营单位应当保护现场，保留证据，维持秩序；公安机关应当及时对现场进行勘察、检验，依法处理现场，出具伤亡鉴定结论。

在运营过程中发生乘客伤亡的，城市轨道交通经营单位应当依法承担赔偿责任；但伤亡是乘客自身健康原因造成的或者城市轨道交通经营单位证明伤亡是乘客故意、重大过失造成的除外。

6. 法律责任

城市轨道交通经营单位违反条例的，《安全生产法》《消防法》等有关法律、行政法规有规定的，依法进行处理；有关法律、行政法规没有规定的，由市行政主管部门责令改正，予以警告，并可处以罚款，对相关责任人给予处分，构成犯罪的，依法追究法律责任。

损害城市轨道交通设施、扰乱城市轨道交通营运秩序或者危害城市轨道交通安全构成治安违法的，由公安部门依照《中华人民共和国治安管理处罚法》的有关规定给予行政处罚；

构成犯罪的，依法追究刑事责任。

干扰城市轨道交通专用通信频率的，由无线电管理机构依照《中华人民共和国无线电管理条例》的有关规定给予行政处罚；构成治安违法的，由公安部门依照《中华人民共和国治安管理处罚法》的有关规定给予行政处罚。

作业单位在城市轨道交通控制保护区内施工，未制定、实施城市轨道交通设施保护方案或者拒绝城市轨道交通经营单位进入施工现场查看的，由行政主管部门责令改正；拒不改正的，行政主管部门可以对作业单位处以罚款；因此造成安全事故的，依法承担法律责任。

有碍城市轨道交通公共场所容貌和环境卫生的，由城市轨道交通经营单位责令其纠正违法行为，采取补救措施，视情节轻重处以警告，并可予以罚款。

损害城市轨道交通设施、影响城市轨道交通运营秩序或者危害城市轨道交通安全的行为，城市轨道交通经营单位有权对行为人进行劝阻和制止，可以责令行为人离开城市轨道交通设施或者拒绝为其提供客运服务，并依法告知有关行政管理部门进行处罚。

造成城市轨道交通设施损毁的，除依法给予行政处罚外，应当承担相应的民事法律责任。

行政管理部门、城市轨道交通经营单位依授权执法的工作人员玩忽职守、滥用职权或者徇私舞弊的，由其所在部门或者行政监察部门依法给予行政处分；构成犯罪的，依法追究刑事责任。

7. 附则

附则一般规定了条例颁布和实施的时间，如《广州市城市轨道交通管理条例》的附则规定："本条例自 2008 年 1 月 1 日起施行"。

第六章

城市轨道交通运营事故案例分析

第一节　城市轨道交通运营常见事故案例分析

一、工伤事故

【案例 1】　未按规定使用劳动防护用品造成的工伤事件

事故概况

某日，当班房建检修工甲接到某站门体故障的报告，便与房建检修工乙前往处理。在维修门体过程中，甲把门推开，此时门后一条约 4 m 长的 50 mm×50 mm 的角铁倒下，甲躲闪不及，左脚大拇指被角铁砸伤，无法走路，乙见状立即送甲去医院检查，照 X 光片发现甲左足第一趾骨骨折。

原因分析

(1) 物料乱堆放，存在安全隐患。维修人员将废弃的角铁放在门的背后，当甲在维修门体过程中推开门时，门后的角铁倒下，砸中其左脚大拇指。

(2) 未按规定使用劳动防护用品。据调查，甲所在的班组已按规定给甲发放了护趾工作鞋，并要求员工在上班时按规定佩戴劳动防护用品，但甲安全意识不强，贪图方便，没有穿护趾工作鞋上岗作业，导致被砸伤了脚趾。

防范措施

(1) 加强员工安全教育，提高安全意识。教育员工遵守有关规定，按规定正确佩戴劳动防护用品。

(2) 加强物品存放的管理，按规定存放好物品，物品堆放牢固，严禁随意堆放。

（3）加强班组管理，加强劳动防护用品使用情况的检查，杜绝类似违章现象。

【案例 2】 卸石碴作业造成的工伤事件

事故概况

某日，某工班组织 20 人在地面线路进行卸石碴作业，从平板车上将石碴卸下，施工过程中没有人员统一指挥，卸完石碴后甲和乙在装平板车侧档板时乙的右手无名指被挤压在挡板和插销之间，他用力往外抽，造成右手无名指指甲脱落，送医院检查发现右手无名指软组织损伤，末端骨折 0.5 mm，医生要求马上做皮肉移植手术并住医院治疗。

原因分析

（1）班组作业管理不到位，多人作业时没有统一指挥，班组安全教育不到位。

（2）甲和乙装挡板时没有沟通协调，安装挡板时不同步，使挡板将乙的手夹住。

（3）乙安全意识不强，没意识到作业过程中所存在的危险，手放的位置不当，导致手来不及抽出时被夹住，被夹住后处事不冷静，随即迅速将手抽出导致右手受伤。

防范措施

（1）加强员工安全教育，提高员工安全意识。员工的手、脚要在安全位置，以防受伤。

（2）加强班组作业管理，多人作业时要有统一指挥。

（3）加强沟通协调，两人或多人共同做的事（如搬放重物），要由一人统一指挥，避免因不同步而造成伤害。

【案例 3】 违规使用微波炉被烫伤

事故概况

某日凌晨，当值夜班的甲煮夜宵时，将鸡蛋直接放到微波炉里煮，煮熟后打开微波炉准备拿鸡蛋，此时，鸡蛋爆裂，溅到了甲的面部，甲疼痛难忍，同事将其送医院治疗。经医院检查，甲面部造成 5%面积的深 2 度烫伤，需住院治疗。

原因分析

（1）甲安全意识不强，没有“微波炉不能直接煮鸡蛋”的基本常识。

（2）值班地点没有使用微波炉的安全注意事项，所在班组也没有对员工进行相关教育。

防范措施

（1）在值班地点张贴使用微波炉的安全注意事项。

（2）加强员工安全教育，提高员工安全意识。

二、设备事故

【案例 4】 违反操作规程，带接地线合闸造成供电事故

事故概况

某日，某接触网工班在车辆段运用库 8、9 道进行接触网检修作业，完成作业时已超过计划时间，作业负责人甲为了快点送电，早点回去吃饭，在没有消除“接触网停电作业命令”、没有得到电力调度许可倒闸命令、没有监护人、没有确认接地线已撤除的情况下，要求作业组成员乙合上 D77 隔离开关，从而造成接触网对地短路事故。事故造成接触网两处轻微烧伤，钢轨与接地线接触处表面烧伤，两根接地线线夹烧伤。

原因分析

(1) 违章指挥。作业负责人甲简化了作业程序，严重违反了《接触网安全工作规程》，在未办理工作结束手续、没有撤除接地线、不具备送电条件且没有电调命令的情况下，违章指挥乙合闸送电，造成本事故。

(2) 违章操作。作业组成员乙在没有电力调度命令的情况下，对作业负责人甲的违章指挥没有拒绝执行或提出异议，违章合闸送电，造成本事故，违反了《接触网安全工作规程》。

(3) 作业组成员乙合闸送电时没有严格执行操作隔离开关时“一人操作，一人监护”制度，没有落实“自控、互控和他控”措施。其他作业人员对上述违章行为，未能及时制止。

防范措施

(1) 加强安全和业务学习，提高员工的安全意识和业务技能。

(2) 加强《接触网安全工作规程》的培训，规范作业流程，严禁简化作业流程，拒绝违章指挥和强令冒险作业。

(3) 作业过程中要严格执行“三控”(自控、互控、他控) 规定，防止类似事故发生。

【案例 5】　简化作业流程，带电错挂地线

事故概况

某日，接触网 A 班在车辆段配合机电检修作业，需在 B1 区两端挂接地线。甲接到电力调度命令后和乙去挂地线，为节省时间，甲、乙各自单独挂一组接地线。甲来到 B1 区的一端，用验电器验明接触线无电后，立即挂上接地线；此时，在 B1 区另一端的乙，为贪图方便，经问得知甲已经验明无电后。便直接挂接地线，当乙将地线的上端头往接触线靠近时，立刻听见“砰”的一声响同时出现火光。甲听到响声后立刻跑过来，经现场确认，乙越过了分段绝缘器，将地线错挂到带电的 A1 区接触网上，造成 A1 区短路跳闸。

原因分析

(1) 违反安全操作规程，简化作业流程。乙在得知甲验明无电的情况下，自认为接触网已停电，可以节省验电环节，简化了作业流程，将接地线错挂到带电的接触网上，造成事故，严重违反了安全工作规程。

(2) 未执行“一人操作，一人监护”制度。甲和乙两人为贪快省事，各自独自去挂一组接地线，未执行“一人操作，一人监护”制度，违反了《接触网安全工作规程》。

（3）乙走错位置，越过了分段绝缘器，将接地线挂到了带电的接触网上。

防范措施

（1）加强规章制度培训，提高员工安全意识，严禁简化作业流程，严格按停电、验电、挂地线的流程进行接触网挂地线作业。

（2）接触网挂地线和倒闸操作时，要严格执行“一人操作，一人监护”制度。

（3）全面进行作业安全检查和整顿，严禁违章作业，特别是对习惯性违章行为必须坚决查处。

【案例6】 未做好安全防护，误送电导致设备烧毁

事故概况

某日，区间泵房1＃水泵出现故障报警，当班电工甲分开电源开关，和乙前往检查维修。到了下班时仍没修好，甲和乙没有将电源线进行包扎处理和防护就返回车站，由于接班的丙和丁没按时到车站接班，甲和乙没交班便下班了。丙和丁到达车站后，发现区间泵房1＃水泵电源开关在分位，又没有挂“有人工作禁止操作”标志牌，以为是跳闸，便随手合闸送电，开关立即跳闸，经检查，1＃水泵烧毁。

原因分析

（1）甲分开电源开关检修水泵时，没有按规定挂“有人工作禁止操作”标志牌，在没修好水泵的情况下，没有做好防护，没有将故障检修情况交给下一班，是造成本事故的主要原因。

（2）丙和丁看到电源开关在分位时，没有查清楚是什么原因，就合闸送电，是造成本事故的直接原因。

（3）员工安全意识淡薄，劳动纪律不强，没有执行交接班制度，没有将故障及处理情况记录在交班本上，没有将没完成且不具备送电使用的情况交给下一班。

防范措施

（1）按“四不放过”原则分析事故原因，吸取教训，举一反三，杜绝违章违纪行为。

（2）加强业务和安全教育，增强员工的安全意识，检修作业时要严格落实技术措施和安全组织措施。停电检修时要挂“有人工作禁止操作”标志牌并做好安全防护。

（3）强化劳动纪律，按规定做好交接班工作，交接班时要将发现的故障隐患、故障处理情况和未完成的工作交给下一班。

（4）部门、车间要加强作业安全和劳动纪律的检查，防止类似事故发生。

三、消防事故

【案例7】 忽视动火安全造成火警事故

事故概况

某日，某工程承包单位在A站进行组合空调器拆除施工。一组施工人员在拆卸空调器滤网后将滤网堆放在地上，另一组施工人员使用气焊切割组合空调机的出入口钢管，切割时飞溅的钢渣落到堆放在地上的空调器滤网上，造成滤网着火，车站火灾报警系统立即报火警。施工人员发现滤网着火后，立即跑出设备房外拿灭火器来救火，与赶来的车站人员一起及时把火扑灭，未造成事故扩大。事故造成两个控制箱和部分管线被烧坏，5张空调器滤网被烧毁。

原因分析

忽视动火安全，违章操作。某工程承包单位未严格遵守动火安全规定，未办理动火手续擅自动火，动火时防火措施不落实；现场安全负责人责任不明确，拆下的空调器滤网未及时搬走，堆放在动火区域，也没有采取隔离等措施。

防范措施

（1）强作业安全培训，提高施工人员的安全意识。

（2）强化主体责任，加强作业安全的监管，认真落实作业安全防护措施，做好"三控"。

（3）需动火作业时必须严格遵守动火安全规定，办理动火手续，认真落实防火措施。

（4）动火区域内不得堆放易燃品，不能搬走的，要采取隔离措施。

【案例8】　违禁吸烟，乱丢烟头，引起垃圾桶着火

事故概况

某日，某班组在某地铁站施工，施工结束后将含油污的棉纱、手套丢弃在垃圾桶里，并就地休息，此时有几个班组成员在垃圾桶边抽烟，随后将未熄灭的烟头随手丢进垃圾桶里。约10 min后，车站值班员闻到有物品燃烧的烟味，便查找气味来源。最后在站台设备房的走廊里，发现一个不锈钢垃圾桶里着火并冒出浓烟，迅速使用灭火器将火灾扑灭。

原因分析

（1）该班组施工结束后，没有将含油污的棉纱、手套清走，直接丢弃在垃圾桶里。

（2）作业人员违反地铁站内严禁吸烟的规定，在地铁站内吸烟，并将未熄灭的烟头扔进垃圾桶，烟头点燃了桶内棉纱，引起垃圾桶着火。

防范措施

（1）强化安全意识，严查违章违纪。

（2）加强员工教育，禁止在地铁站、隧道等严禁吸烟的场所内吸烟。

（3）加强施工管理，施工后要做到工具清、场地清，用过的材料不得随地乱丢，妥善处理含油污的棉纱、手套，以防留下火灾隐患。

【案例9】　擅自离岗，造成火警事件

事故概况

某日，某地铁站设备区蓄电池室 FAS 系统报火警，车站行车值班员立即通知值班站长前往现场确认。值班站长和一站务人员到达蓄电池室后，闻到一股焦味，开门时发现钥匙不能插入匙孔，无法将门打开，马上返回车控室拿铁锤破门进入查看，发现充电机柜冒烟，立即组织人员将火扑灭。经检查发现充电机的一个滤波电容烧毁。

原因分析

(1) 事发时充电机正在对蓄电池进行充电，因充电电流较大，发热严重，加之电容器使用多年，已老化，绝缘下降，承受长时间的大电流和发热，导致起火烧毁。

(2) 充电作业时，作业人员将充电机设置到充电状态后，擅自离开，没有监测设备充电情况。

防范措施

(1) 加强维护保养，加强充电装置的检查，对存在安全隐患的元器件进行更换。

(2) 加强作业安全监管，严禁擅离职守，应严格按规程要求对充放电过程进行监护。

(3) 加强钥匙管理和门锁的维护，更换门锁后要及时将钥匙交给车站。

四、行车事故

【案例 10】 未确认信号机和道岔造成挤岔

事故概况

某日，一列车在洗车线进行洗车，洗车完毕，司机和副司机未与车厂信号楼值班员联系，未确认进厂信号机，亦未确认道岔，擅自动车（当时速度为 15 km/h），将车厂 4＃交分道岔挤坏。信号楼值班员听到挤岔警示后，立即用电台呼叫司机停车，司机紧急停车，列车在越过 4＃岔尖轨约 28～30 m 时停稳，造成了挤岔。

原因分析

(1) 司机、副司机安全意识不强，动车前未确认信号、进路、道岔，又未与车厂信号楼的信号值班员联系，是造成这起事故的主要原因。

(2) 当值司机、副司机简化作业程序，未认真执行呼唤应答制度。

防范措施

(1) 强调“安全第一”的指导思想，各工种密切配合，加强联系。如列车进、出车厂前，司机须与信号值班员联系，确认信号、进路、道岔后方可动车。

(2) 司机驾驶中及动车前的呼唤应答不能流于形式，要落到实处。

(3) 各级人员继续认真检查、监督规章制度落实情况，保证规章制度得到不折不扣认真执行。

（4）车厂派班员向司机安排作业计划时，同时布置安全注意事项。

【案例 11】　速度过高导致列车撞击车挡

事故概况

某日，一列车在试车线北端停稳后，报告信号楼要求开始调试作业。信号楼封锁试车线后，回复司机“试车线封锁，司机可以进行调试作业”，列车开始调试作业。

列车从北往南进行第一次调试，在制动工况下车组偶尔出现“空转滑行”现象，其他无异常。到达试车线南端停车换端，司机以人工模式从南往北动车，到试车线北端停车点停车。

司机采用人工模式由北往南驾驶，在制动工况下车组也偶尔出现“空转滑行”现象，其他无异常。列车停稳换端后，司机接到车厂调度的通知如果列车无故障就可以回库。司机按其指示执行，准备驾驶车组到试车线北端后结束调试申请回库（在以上行车中司机均未按要求在“一度停车”标前停车再动车）。

司机以人工模式由南向北动车，没有按要求在“一度停车”标前停车。车辆进入北端最后一个轨道区段时，由于速度过高，虽然采取了紧急制动措施，车辆仍然撞击到北端摩擦式车挡，撞毁尽头的混凝土车挡，司机立即报告车厂调度及信号楼。

原因分析

（1）司机严重违反了调试、试验有关安全规定，是造成本次事故的直接原因。

（2）主办部门没有明确调试的内容和要求，没有安排人员跟车指挥调试，对试车工作预想不足，是造成本次事故的原因之一。

（3）司机在本次调试过程中没有按要求在“一度停车”标前停车，是导致本次事故的原因之一。

（4）列车在试车线运行过程中多次出现“空转滑行”现象，由于司机经验不足，未能给予高度的警觉，并及时采取相应措施，是导致本次事故的原因之一。

防范措施

（1）完善试车线使用人工模式驾驶调试的规章制度，调试时要加派一名监控员进行监控。

（2）列车上试车线，主办部门必须派人跟车。试车线两端停车标前要预留 70 m 的停车距离。

（3）对所有车挡的技术状态进行检查，确保车挡的功能良好。

（4）在雨季和异常气候条件下，加强线路、信号、接触网的巡视，保证设备正常交付使用。

【案例 12】　线路未出清，工程车压地线

事故概况

某日，一工程车作业结束，返回某车站上行站台。3 时 10 分行车调度通过调度电话联系各站，逐站检查上行线路出清情况及防护撤除情况，各站依次回报上行线路已出清、防护

已撤除，行车调度随即通知车站排列工程车上行反方向回车厂进路。3 时 12 分行车调度通知工程车凭地面信号动车。3 时 24 分值班主任从洗手间回到中控室，当时工程车已运行两个区间。值班主任询问行车调度上行线地线是否已经拆除，行车调度意识到地线还没有拆除，立刻使用无线调度电话通知工程车立即停车待令。3 时 27 分行车调度询问工程车司机运行线路是否有异常，司机刚使用无线电台答复“线路没有异常”，就发现有两名供电人员从变电房开门出来，对地线进行检查，随后司机打开车门，发现离车站头端墙 20 m 处有一组地线，地线已在机车中部，附近没有红闪灯防护。

原因分析

（1）当班行车调度工作责任心不强，安全意识淡薄，未与电力调度核对并在登记本上标记地线位置，在未拆除地线的情况下，排列了工程车回厂进路，并盲目指挥司机动车，是造成本次事故的主要原因。

（2）当班值班主任工作责任心不强、安全意识淡薄，对当晚施工组织和行车作业安全预想不到位、安全监控不到位，未能发现当晚施工组织和工程车开行存在的安全隐患，是造成本次事故的原因之一。

（3）当班电力调度未掌握当晚现场地线具体位置，也未与行车调度核对地线所挂位置，没有做到“自控、互控、他控”。

防范措施

（1）电力调度在收到工班负责人挂地线作业完成的报告后，须与工班负责人核对地线的数量、位置和挂拆时间，在确认后通知行车调度，行车调度在施工作业登记本中对地线位置进行记录。排列进路时，必须检查确认进路上的地线已拆除。

（2）行车调度与电力调度确认挂地线的位置后，应在相应轨道区段设置“封锁区段/道岔”命令，作为行车调度在准备工程车回车厂进路时的防护。建立施工作业流程表，以卡片的形式规范施工作业进程，防止行车调度在施工作业过程中忘记某个步骤。

（3）每个调度班组在上中班时，对第二天夜班的施工计划进行审核，对工程车开行、停电区域、拆挂地线的地点要有一个全盘的了解。夜班交接班会时，值班主任要对重点的施工进行布置，各调度之间要沟通好，做好班前安全预想，保证施工安全顺利地进行。

【案例 13】 未确认信号机，列车闯红灯

事故概况

某日，一列车于 16 时 19 分进站停稳。接车副司机操作站台打开屏蔽门，接车司机则打开司机室侧门进入司机室与到达司机交接。待乘客上下完毕后，副司机关屏蔽门，司机通知交班司机关客室门，副司机关好屏蔽门后进司机室开主控钥匙，此时对讲机传来“交班司机已下车”，司机复诵后，副司机立即坐到主控台的驾驶座位上打开主控钥匙，没有确认前方信号机，就将方向手柄推向前位，接着推牵引手柄动车。动车后发现列车走向不是直向而是

侧向，司机和副司机意识到闯了出站信号机显示的红灯，进错了股道，便立即停车。列车在越过前方信号、压上道岔约 10 m 后停车。司机没有把情况汇报车站，而将方向手柄打到“后”位，退行越过信号机后进入站内停车。

原因分析

（1）该机车班组责任心不强，动车前精力不集中，没有确认信号就盲目动车。司机、副司机没有严格执行标准化作业程序和呼唤应答制度，司机没有对副司机进行认真监控进而在作业中失控，没有凭进路防护信号机的信号显示行车，导致事故发生。

（2）人员管理问题。当值司机是刚从 1 号线调到 2 号线的第二个班，对 2 号线来说也是新司机，至事发时 9 天时间换了 3 名司机。司机、副司机相互之间了解不够，使两个新司机配班不妥当。

（3）排班上的问题。该机车班组在 17 时 55 分至次日 0 时 28 分上了一个班；接着在次日 10 时 10 分至 18 时 25 分上第二个班，在第二个班第五个往返时在车站发生冒进信号事故（当天的交路表是跑 7 个往返共 8.3 h）。司机出勤前的休息不充分。

防范措施

（1）加强对客车司机工作责任心的教育，严格履行岗位职责和执行标准化作业程序，动车前和客车运行中要认真确认道岔、进路和信号，严格按信号显示行车。

（2）司机应认真执行在信号开放后再关闭客室门的作业程序。

（3）在行车工作中，各岗位员工必须严格执行呼唤应答制度和车务安全联控措施，做到信号不清不动车，未经确认不动车。

（4）科学合理地安排作业人员的班次、人员之间的搭配，防止行车作业人员出现过度疲劳现象和人为事故的发生。

第二节　城市轨道交通典型事故案例介绍

一、城市轨道交通消防事故

部分城市轨道交通消防事故案例见表 6—1。

表 6—1　　城市轨道交通消防事故案例

时间	事故地点	事故原因及后果简介
1971 年 12 月	加拿大蒙特利尔	火车与隧道端头相撞引起电路短路，造成座椅起火，36 辆车被烧毁，司机死亡

续表

时间	事故地点	事故原因及后果简介
1979年9月	美国纽约	丢弃的未熄灭烟头引燃油箱，造成两辆车燃烧，4名乘客受伤
1995年10月	阿塞拜疆巴库	电动机车电路短路起火，造成58人重伤
2003年2月18日	韩国大邱	大邱市地铁1号线的一辆列车驶进位于市中心的中央路车站时，车厢内一名50多岁的男子从随身携带的一个黑皮包里掏出一只绿色塑料牛奶罐，将牛奶罐内的易燃物洒到车厢座椅上并点了火。这场火灾造成198人死亡、146人受伤、289人失踪

二、城市轨道交通行车事故

部分城市轨道交通行车事故案例见表6—2。

表6—2　城市轨道交通行车事故案例

时间	地点	事故原因及后果简介
1991年8月28日	美国纽约	曼哈顿区发生地铁列车脱轨事故，造成至少6人死亡、100多人受伤
1999年8月23日	德国科隆	地铁列车相撞，造成67人受伤，其中7人重伤
2003年1月25日	英国伦敦	伦敦市中心发生地铁列车出轨事故，造成32名乘客受伤
2003年10月19日	英国伦敦	伦敦发生地铁列车出轨事故，导致7名乘客受伤，其中1人重伤
2007年7月5日	英国伦敦	伦敦地铁发生脱轨事故，造成至少1名乘客受轻伤，地铁部分线路暂停运行。据报道，造成此次事故的原因是铁轨上出现障碍物

三、城市轨道交通停电事故

部分城市轨道交通停电事故案例见表6—3。

表6—3　城市轨道交通停电事故案例

时间	地点	事故原因及后果简介
2003年8月28日	伦敦地铁	一场突如其来的停电事故给英国伦敦和英格兰东南部的地铁交通带来了巨大混乱。停电对伦敦发达的地铁网络的影响最为严重，当时正值下班高峰期，每小时有500多趟列车在伦敦地下穿梭。停电之后，近2/3的地铁列车停运，大约25万人被困在地铁中，许多地铁站被迫暂时关闭

四、城市轨道交通水灾事故

部分城市轨道交通水灾事故案例见表6—4。

表 6—4　　城市轨道交通水灾事故案例

时间	地点	事故原因及后果简介
1990 年 9 月 16 日	中国台北	纳莉台风带来的暴雨和洪水，造成 18 座车站受淹，受灾最重的车站位于客流最繁忙的区段，使台北地铁陷于瘫痪

五、城市轨道交通毒气泄漏事故

部分城市轨道交通毒气泄漏事故案例见表 6—5。

表 6—5　　城市轨道交通毒气泄漏事故案例

时间	地点	事故原因及后果简介
1995 年 3 月 20 日	日本东京	放在五节车厢中的 11 个可疑物在上班高峰时间同时泄漏毒气，造成东京地铁三条线路发生被称为“沙林”的神经性毒气泄漏事件，使 12 人死亡，5 000 多人受伤，14 人终身残疾